W0470599

Che ne pensi?

Complimenti per l'acquisto e grazie di aver scelto la collana *Digital Marketing Pro* per il tuo aggiornamento professionale.

Sono Luca Conti, curatore di questa collana dal 2010. Mi farebbe piacere conoscere la tua opinione sul volume che hai in mano e sulla nostra collana.

Rispondi al questionario che trovi all'indirizzo **www.lucaconti.it/questionario** oppure usa l'indirizzo email che trovi qui sotto, specificando il titolo su cui vuoi esprimere la tua opinione, critica o suggerimento e l'autore relativo. Inserisci nel messaggio il tuo nome e l'indirizzo, in modo da poter leggere con attenzione i tuoi commenti e girarli se utile ai rispettivi autori.

Email: wm2@hoepli.it

Posta: Luca Conti
c/o Hoepli S.p.A.
Via Hoepli 5, 20121 Milano
Redazione - 5° piano

Grazie fin da ora!

Contenuti extra

Alcuni libri della collana Hoepli *Digital Marketing Pro* contengono contenuti extra. Per potervi accedere, iscriviti con la tua email al seguente indirizzo. Riceverai una newsletter mensile con aggiornamenti, materiali da scaricare e molto altro.

Iscriviti: **www.lucaconti.it/DM**

Cristiano Carriero Monia Taglienti

Facebook Marketing Pro

Strategie e azioni per fare business

Serie a cura di Luca Conti

EDITORE ULRICO HOEPLI MILANO

via Hoepli 5, 20121 Milano (Italy)
tel. +39 02 864871 – fax +39 02 8052886
e-mail hoepli@hoepli.it

www.hoepli.it

ISBN 978-88-203-8461-6

Ristampa:

4 3 2 1 0 2018 2019 2020 2021 2022

Progetto editoriale: Maurizio Vedovati – Servizi editoriali (info@iltrio.it)
Redazione: Susanna Pedone
Copertina: Sara Taglialegne

Stampa: L.E.G.O. S.p.A., stabilimento di Lavis (TN)

Printed in Italy

Sommario

RINGRAZIAMENTI **XI**

GLI AUTORI **XIII**

HANNO CONTRIBUITO **XIV**

PREFAZIONE **XVII**

FACEBOOK È IL LUOGO DI INCONTRO TRA LA DOMANDA E LA RELAZIONE di Riccardo Scandellari **XXI**

INTRODUZIONE **XXIII**

Capitolo 1
Facebook per le aziende **1**

Come creare una Pagina Facebook 2
Come funziona una Fanpage 3
Come impostare una Fanpage 4
  Funzioni principali della tab "Generali" 4
  Restrizioni da impostare dalla tab "Generali" 7
  Funzionalità aggiuntive 7
Una nuova esigenza mass mediale 8
Come gestire correttamente la vostra community 9
Fanpage e ricerche interne a Facebook 10
L'importanza del tone of voice 12
Il calendario editoriale 13
I formati di contenuti disponibili 15
Pubblicate per il pubblico 17
Social, lavoro dipendente e reputazione online (a cura di Eleonora Baglivo) 18
  Chattare o navigare durante gli orari di lavoro 19
  La reputazione online 20
  Il caso del video contest di Banca Intesa 21
  Cosa fare per tutelare la privacy se un video privato finisce nel web? 22

Quando si integra il reato diffamazione? 23
Cinque cose che potete fare oggi 23

Capitolo 2
Facebook Marketplace **25**

Acquistare beni durevoli 27
Marketplace vicino ad Amazon o eBay? 29
Facebook Marketplace e gli altri strumenti di acquisto e vendita online (a cura di Valentina Sala) 30
Cinque cose che potete fare oggi 33

Capitolo 3
Facebook Local Marketing **35**

Facebook Places 36
Facebook Location 37
Facebook Bluetooth 39
Facebook Local Ads 40
Facebook e il marketing turistico: come attrarre clienti, aumentare le prenotazioni e proporre il proprio hotel (a cura di Irene Schillaci) 41
Come impostare la Pagina Facebook di una struttura turistica 44
Le tab da attivare per la vostra impresa locale: Vetrina, Eventi e Servizi 46
Booking engine: prenotare non è mai stato così facile con Facebook 50
Come scegliere i contenuti da pubblicare? 52
Cinque cose che potete fare oggi 55

Capitolo 4
L'uso aziendale dei gruppi **57**

Criteri di appartenenza al gruppo 57
Il Facebook Communities Summit 58
Un'alternativa ai gruppi: Workplace, la nuova intranet di Facebook 59
I gruppi de Le ROSA: Facebook riporta l'attenzione sul territorio (con il contributo di Giulia Bezzi) 61
Cosa fanno Le ROSA 62
La territorialità de Le ROSA 62
Il gruppo "Ciccio senti 'na cosa...": Facebook che induce al confronto sano e disinteressato (con il contributo di Simone Bennati) 62
Insights gruppi 63
PostPickr: crowdfunding, early user e made in Italy (a cura di Andrea Termini) 65

La campagna di crowdfunding per PostPickr 66
Quando la crisi mette in movimento gli utenti: il caso delle #FormicheCheNonMollano 67
Cinque cose che potete fare oggi 69

Capitolo 5
I contest online e le normative da rispettare
(a cura di Valentina Baldon) 71

Gli adempimenti normativi 72
Sanzioni e controlli 74
Concorsi a premi: le eccezioni 75
Concorsi di modico valore 75
Manifestazioni a premio con scopi benefici 76
Emittenti radio 76
Concorsi a premi su Facebook 77
Cinque cose che dovete fare se volete attivare un contest 79

Capitolo 6
Instagram per le aziende
(a cura di Roberta Pinna, con la partecipazione di Maria Luisa Spera) **81**

Individuate i vostri obiettivi di marketing e create un progetto 83
Come creare un account Instagram 83
Ottimizzate le informazioni del vostro profilo 84
Che cosa volete comunicare e in che modo? 86
Il calendario editoriale 91
Influencer marketing con Instagram 92
L'advertising su Instagram 94
Come investire il budget 95
Tipologie di post sponsorizzati 97
Che cos'altro potete fare? 101
Analisi dei dati 102
Cinque cose che potete fare oggi 103

Capitolo 7
Facebook Calendar **105**

Creare un evento 106
Gestire un evento 108

Promuovere un evento 110
Cinque cose che potete fare oggi 112

Capitolo 8
Comunicare la musica con i social media
(a cura di Eufemia Scannapieco,
Ylenia Cuccurullo e Luciana Lorenzo) **113**

A tono: create una strategia *ad hoc*, pianificando attività e obiettivi 114
A ritmo: gestite i canali attivati con il giusto linguaggio visivo 116
A voce: create e mantenete relazioni con il vostro pubblico 118
Di pancia: coinvolgete il pubblico in tutte le fasi! 120
A tutti: gestite la comunicazione in modo integrato
e monitorate i risultati 122
Cinque cose che potete fare oggi 123

Capitolo 9
Facebook e lo sport **125**

Conversazioni, gaming, diritti televisivi e remediation
(a cura di Alessandra Ortenzi) 125
Facebook tra sport e gaming 127
I diritti televisivi e Facebook 129
Quanto sport c'è in Facebook 131
Il futuro è Watch 132
Watch e il consumo di dati 132
Le analisi dei dati in ambito sportivo: come sfruttare
al meglio le interazioni degli utenti 133
Cosa racconta un dato? 133
Raccogliere e analizzare i dati in ambito sportivo: il caso Valentino Rossi 135
La Soccer Data Analysis (a cura di Simone Roselli) 137
Il social listening e l'intervento umano (a cura di Pierluigi Vitale) 139
Cinque cose che potete fare oggi 143

Capitolo 10
Tutelarsi: il contratto di prestazione di servizi digitali
(a cura di Federica De Stefani) **145**

La forma contrattuale 145
Il documento 146

La tipologia 146
Le parti e l'oggetto del contratto 147
Le parti 147
Il soggetto a favore del quale viene svolta l'attività 147
Le altre persone coinvolte 148
L'attività 148
Modalità e tempistiche di pagamento 149
Penali per mancato pagamento 150
Le clausole sulle lavorazioni extra 151
La risoluzione del contratto 151
Cinque cose che potete fare per tutelarvi 152

Capitolo 11
Facebook Ads
(a cura di Silvia Ciccomascolo) **153**

Targeting e profilazione: quando il cartellone stradale non basta 155
Audience Insights: conoscere la vostra community per proporre contenuti utili 156
Il budget 156
Obiettivi delle Ads: KPI vs vanity metrics 157
Gestione inserzioni 158
Pixel di monitoraggio: cos'è e come si installa 159
Report 161
Personalizzazione dei report 161
Business Manager, cos'è e come impostarlo 162
Perché fare pubblicità su Facebook 163
Social Graph, Open Graph e Graph Search: che cosa hanno in comune? 164
I pubblici personalizzati (a cura di Alessandro Piemontese) 164
File clienti 167
Traffico del sito Web 168
Attività nell'app 169
Attività offline 169
Interazione 170
I pubblici simili 172
Conclusioni 174
La pertinenza dei contenuti su Facebook (a cura di Elisa Gigli) 174
Il punteggio di pertinenza 174
AdEspresso 177
Cinque cose che potete fare oggi 177

Capitolo 12
Il marketing delle Fanpage 179

Le novità introdotte da Facebook a gennaio 2018 179
Cinque certezze cadute 182
A chi servono gli influencer? 188
Case study 190
Il "Sano e buono challenge" 190
Influencer "di settore" 191
L'antitrust e l'advertising 194
Non pensate a diventare influencer, pensate ai contenuti 195
Cinque cose che potete fare oggi 196

Capitolo 13
Strategie e azioni per creare video business o per uso personale 197

La pianificazione dei contenuti da diffondere con i video (a cura di Antonio Meraglia) 198
L'importanza dello script 198
Branding e video, la creazione improvvisata che danneggia 199
Tipo di video e formati: l'esperienza verticale 199
Facebook For Creators 201
Come registrarsi a Facebook For Creators 202
Facebook Live, pianificazione e diffusione di Live Video 203
Cosa sono le API Live 204
Cinque cose che potete fare oggi 207

Capitolo 14
Case study: quando i dati della gestione digitale raccontano il concept aziendale 209

Lactacyd, il detergente intimo che celebra le donne (ed è amato dagli uomini) 209
Ichnusa, l'anima sarda che si fa nazionale 212
Cinque cose che potete fare oggi 218

CONCLUSIONI 219

APPENDICE 221

Ringraziamenti

Scrivere un libro è sempre stato sempre un mio sogno: anni di studio, curiosità e passione per la comunicazione si sono concretizzati in queste pagine che avete tra le mani.

Ringrazio Cristiano per l'immensa fiducia che ha riposto in me, poche persone mi hanno fatto sentire così sostenuta pur lasciandomi la totale libertà di agire. Non potrò mai ringraziarlo abbastanza, è stato un compagno d'avventura silenzioso, ma presente.

Ringrazio Valentina per le revisioni, la sua meticolosità mista all'ironia è davvero ineguagliabile.

Ringrazio Francesca, il pezzo di me che vaga nel mondo, mi tiene per mano e supporta ogni passo.

Ringrazio Silvia, che mi ha spinto, anni fa, a creare il mio account Facebook, devo a lei l'innamoramento per questo strumento.

Ringrazio i miei Clienti, quelli che lo sono stati e quelli che lo saranno, perché terreno fertile di confronto e sostegno reciproco. Ringrazio i colleghi in Rete, sarebbero troppi per nominarli tutti – loro lo sanno – perché il confronto quotidiano, la stima che nutro per loro e la professionalità che mostrano è un bene inestimabile. Ringrazio i miei genitori, che con il loro esempio mi hanno fatto capire la misura delle cose fatte bene.

Ringrazio Eco, che mi ha insegnato il valore del vero amore, della forza e del coraggio.

Ringrazio la professoressa Tantini, fonte di conoscenza e insegnamenti di vita.

Ringrazio Gabriele che mi ha detto di non fermarmi, anche se lui poco dopo ha arrestato la sua corsa.

Monia

Ho scelto Monia perché avevo bisogno di una persona entusiasta, curiosa, piena di stimoli. Scrivere una nuova edizione di *Facebook Marketing* era una sfida difficile, e Monia è stata una co-autrice bravissima, che ringrazio.
Non sarei al mio sesto libro con Hoepli se non fosse per Luca Conti, curatore della collana, che ha avuto fiducia in me permettendomi di diventare autore, ormai 5 anni fa.
A lui devo tanto, a lui voglio dedicare questo libro.
Grazie Luca.

Cristiano

Gli autori

CRISTIANO CARRIERO

Storyteller e Digital PR, è co-fondatore de La Content Academy e di Martin Brando – The Storytelling Company. Collabora con alcune tra le più prestigiose agenzie di comunicazione italiane. Giornalista e blogger, scrive di calcio e cultura per *Rivista11* e di lavoro per *SenzaFiltro*. Collabora attivamente con molte aziende in progetti legati alla narrazione; è docente e formatore per l'Università Bicocca di Milano e il Muster di Fiordirisorse. Ha già pubblicato, per Hoepli, *Facebook Marketing*, *Content Marketing*, *Facebook marketing for Dummies*, *Local Marketing* e *Mobile Working*.

Sito: **www.cristianocarriero.me**

MONIA TAGLIENTI

Consulente comunicazione e marketing e digital strategist, si occupa di strategie digitali per PMI e di comunicazione integrata come freelance. Collabora come docente e formatore presso la BIC Lazio e organizza eventi per la promozione del territorio e lo sviluppo dell'imprenditoria femminile insieme allo Spazio Attivo della provincia di Latina. Partecipa in qualità di digital analyst a progetti di cooperazione internazionale per la promozione culturale e la valorizzazione del territorio. È iscritta a Rete al Femminile, Dottori in Scienze della Comunicazione e a Joomla! Lombardia. Ha contributo ai testi Hoepli *Digital Marketing per lo Sport* di Alessandra Ortenzi e *Web marketing turistico* di Michela Mazzotti.

Sito: **www.moniataglienti.it**

Hanno contribuito

Eleonora Baglivo

All'età di 24 anni ha conseguito con il massimo dei voti la laurea magistrale in giurisprudenza presso l'ateneo di Bologna, dove ora collabora con una cattedra di diritto amministrativo. Svolge lo stage ex art. 73 l. n. 98/2013 presso la Corte D'Appello di Ancona, affiancando il presidente della I sezione civile. In occasione di campagne di influencer marketing per importanti brand, collabora come event PR con La Content Academy s.r.l.s. Nel tempo libero scrive articoli per il blog giuridico associazionesuperpartes.it.

Valentina Baldon

Web content editor per Leevia, SEO copywriter, social media e web content manager.

Simone Bennati

Social media manager e autore del blog bennaker.com.

Giulia Bezzi

Imprenditrice, esperta SEO e di sviluppo contenuti online, speaker, docente, partner dell'evento SEO&Love; brand ambassador di KLEECKS, service innovativo per la gestione efficiente di progetti SEO. Founder de Le ROSA.

Silvia Ciccomascolo

Di sangue greco-italico, teutonica di nascita, apolide per vocazione. Content designer di formazione classica. Visual, brander e copywriter per imprevisti e piacevoli percorsi della vita. Creare e organizzare contenuti è la sua sfida quotidiana. Renderli "usabili" e accessibili la sua ambizione.

Federica De Stefani

Avvocato e autrice per Hoepli e Giuffrè Editore. Si occupa di diritto della Rete, privacy e contrattualistica.

Flavius Florin Harabor

Sviluppatore e ideatore di progetti web, con una forte esperienza in decine di linguaggi di programmazione. Negli anni e nel tempo ha sviluppato applicativi per Arduino, per Ubuntu Touch, per Android e ha collaborato allo sviluppo di applicazioni per iOS. Condivide le sue conoscenze attraverso il progetto InsiDevCode.eu e InsideTelegram.eu.

Elisa Gigli

Marchigiana classe 1988, Web Content Writer e Social Media Manager. Ma per gli amici è la "Comare 2.0". Crede nell'empatia e nel potere nelle parole. Un po' meno in quello della matematica-

Antonio Meraglia

Digital video strategist, imprenditore, è esperto in progetti di comunicazione, strategie di web marketing e di video.

Alessandra Ortenzi

È una giornalista sportiva con formazione informatica alle spalle. Nei suoi 25 anni di esperienza come docente tecnologico, ha sperimentato tutti i sistemi di comunicazione dedicandosi al mondo delle donne e allo sport. Autore del manuale *Digital Marketing per lo Sport* (Hoepli 2017) collabora con la FIP come consulente marketing digitale.

Alessandro Piemontese

Con Manjoo.it aiuta le persone a comprendere come cucinare e a mangiare meglio. Con La Content Academy aiuta le aziende a raccontare i propri valori. Foggiano che non fugge. Zemaniano per sempre. Scrive racconti per sé e racconta aziende per gli altri.

Roberta Pinna

Consulente freelance, è esperta nel supportare le aziende nell'utilizzo dei social network e nelle strategie di web marketing.
Svolge un ruolo operativo e collabora con diverse agenzie web e di comunicazione del territorio; inoltre è docente di corsi in Social Media Marketing. Tra i suoi interessi, l'organizzazione di eventi dedicati al digitale, il supporto delle startup come mentor durante i workshop come il Lean Startup Machine e ricoprire il ruolo di influencer.

Simone Roselli

Giornalista pubblicista iscritto all'Ordine dei Giornalisti del Lazio, scrive per il *Quotidiano della Sera* e *Corriere Laziale*, lavora per Sky906. Si occupa di lavoro, cronaca, diritti civili, ambiente. Nel 2011 ha fondato l'Osservatorio Calcio Italiano. Partecipa al Forum per diffondere la Cultura dello Sport nel mondo del Calcio.

Valentina Sala

E-commerce e web marketing manager presso l'azienda di moda Miroglio S.p.A.

Eufemia Scannapieco/Ylenia Cuccurrullo/Luciana lorenzo

Con la loro piano. digital agency pianificano strategie per il posizionamento dei brand attraverso gli strumenti di comunicazione online, rispettando linguaggio e promessa di marca.

Irene Schillaci

Social media strategist, copywriter e community manager, Irene Schillaci aiuta le strutture ricettive a sviluppare strategie di comunicazione per il web e a migliorare la loro reputazione online.
Lavora come consulente freelance e collabora con diverse agenzie di digital marketing.

Maria Luisa Spera

Progettista della comunicazione visiva: crea strategie di visual storytelling che aiutano i brand a comunicarsi al meglio e produce contenuti che traducono la loro identità in un'armonia d'immagini e testi.

Andrea Termini

Social media & web strategist freelance. Inizia come freelance nel 2013, collaborando con importanti brand soprattutto nel settore della moda e dello sportswear. Oggi lavora come consulente e digital strategist e formatore per agenzie di comunicazione e aziende.

Pierluigi Vitale

Consulente e formatore specializzato in social media analysis. Svolge attività di ricerca nei settori delle digital humanities e dell'information design presso l'Università degli Studi di Salerno. Ha pubblicato diversi paper scientifici in materia di trattamento e visualizzazione dei dati relativi agli user generated content, non solo testuali.

Prefazione

Dieci anni di Facebook

Dobbiamo usare il tempo come uno strumento, non come una poltrona.
J. F. Kennedy

L'anniversario dei dieci anni di Facebook è già alle nostre spalle.
Chi diceva che quella dei social network sarebbe stata una storia destinata a consumarsi in un tempo brevissimo, è rimasto deluso.
"Vedrai, è una moda passeggera", diceva qualcuno.
"Ma davvero pensi che le aziende possano usarlo come strumento di marketing?" ripetevano alcuni presunti guru che ora si ritrovano a rincorrere le esigenze di imprese che fortunatamente non li hanno ascoltati.
Facebook è cresciuto, è cambiato, si è evoluto, è diventato un media a tutti gli effetti. Non c'è gara con giornali e carta stampata, semmai c'è un tema legato alla "verità", all'autorevolezza del contenuto su cui i vertici di Menlo Park stanno lavorando.
Facebook è sempre più TV: lo streaming sempre più veloce ha trasformato i palinsesti. Oggi è possibile assistere a una partita di Champions League su Facebook e commentarla con i propri amici, e presto sarà possibile per altri eventi. Dai concerti di cantanti famosi al Super Bowl, passando per i Mondiali di calcio. In questo modo Facebook diventa il nostro first screen, che se ne fruisca da desktop o (soprattutto) da mobile. Il primo schermo, quello costantemente sotto i nostri occhi, quello che cattura costantemente la nostra attenzione.
Lo scenario – per i brand, per i professionisti, ma anche per gli utenti comuni – è cambiato. Ciò che valeva cinque anni fa, oggi non vale più. E non solo perché nel frattempo lo spazio per i brand è sempre meno, e quindi davanti a un sovraffollamento del palinsesto è ovvio abbia vita più facile chi investe di più, ma anche perché le nostre stesse abitudini sono cambiate.

Grazie allo smartphone siamo sempre connessi, spesso Facebook è la nostra prima fonte di informazione (su questo andrebbe aperta una discussione), il concetto stesso di "amicizia" è cambiato, e non è più legato a una vicinanza fisica. Le Stories hanno restituito al social quel carattere di spontaneità che si stava perdendo.
Va da sé che il libro che ho scritto assieme a Luca Conti, circa cinque anni fa, parla di un'altra epoca, di un altro marketing e di un social network che ieri era tale, mentre oggi è un ecosistema di contenuti da un lato da maneggiare con estrema prudenza, dall'altro impossibili da ignorare: sono una grandissima opportunità per chi saprà gestire il cambiamento.
Che non è solo un cambiamento di piattaforma, ma di attitudini delle persone.
In pochi hanno sottolineato, infatti, che in questi dieci anni in cui Facebook ha avuto una crescita esponenziale, siamo cresciuti noi. Se la mia generazione – ribattezzata "Generazione X" da Douglas Coupland che ci definiva sovraistruiti, sottoccupati, chiusi nel privato e imprevedibili – ha accolto con sorprendente entusiasmo e grande cooperazione (in termini di contenuti generati) l'arrivo e la conseguente esplosione di Facebook, non altrettanto si può dire delle successive generazioni: quella dei Millennial, molto meno preoccupata di noi del precariato, e la Generazione Z che potrebbe cambiare definitivamente il mondo della comunicazione con una ricerca costante, quasi ossessiva, della verità.
Nel frattempo, i ragazzi che dieci anni fa condividevano contenuti su Facebook in modo compulsivo oggi sono quarantenni che curano con più attenzione il proprio personal branding: si preoccupano dell'autorevolezza e della reputazione che il proprio profilo comunica, mentre si lasciano andare sulle Stories di Instagram, ma solo perché "tra 24 ore non ci saranno più".
Al tempo stesso, ci sono nuovi utenti fortissimi che non sanno com'era concepito il primo Facebook, ma che rappresentano il futuro di questa piattaforma, soprattutto per i brand che vi investono ingenti cifre economiche e sono ossessionati dai Millennial, principalmente perché fanno fatica a comprenderne le logiche comunicative.
Questo nuovo volume non poteva ignorare questo passaggio.
La mia idea, e quella della mia co-autrice Monia Taglienti, è proprio di partire da capisaldi che possano permettere a questo volume di diventare un punto di riferimento per chi vorrà fare marketing sul social network numero uno al mondo. Rispetto al fortunato (e meritevole) *Facebook Marketing*, già figlio dei precedenti *Fare Business con Facebook*, si tratta di un volume più strategico, adatto a diverse tipologie di lettori, che non si limita a elencare le tattiche e

le azioni da compiere a breve termine, ma aiuta i lettori/fruitori a pensare Facebook come un media che si evolverà ancora.
Abbiamo voluto approfondire per la prima volta temi come la privacy, l'utilizzo di Facebook durante il lavoro, e altri aspetti legali grazie al contributo dell'avvocato Federica De Stefani.
Abbiamo affrontato con Valentina Baldon l'argomento dei contest online, da sempre scomodo per questioni di adempimenti, sanzioni e controlli.
Ma non solo: in un'era in cui tutto è global, abbiamo deciso di raccontare (perdonatemi, sono uno storyteller) come si fa local marketing con Facebook. Mettendo al centro di tutto la community, perché non è più tempo di piacere a tutti: è la costruzione della nicchia la vera sfida. Gli altri macrotemi a cui tengo particolarmente sono Facebook Marketplace, gli strumenti di vendita online, e l'advertising integrato fra Instagram e il social blu. Una parte estremamente importante è dedicata all'analisi dei dati e dei KPI perché, oggi più che mai, le azioni sui social devono essere misurabili, ed è questo che fa la differenza.
Abbiamo voluto dedicare dei capitoli allo sport, alla musica, al turismo e ai casi aziendali di successo. A questi ultimi tengo particolarmente, perché le aziende dimostrano che esistono delle buone pratiche di comunicazione su Facebook, delle pratiche ingaggianti, oltre a un advertising mirato e specifico per il proprio target.
La scelta del titolo non è casuale. Rispetto ai tempi di *Facebook Marketing* siamo diventati tutti un po' più "Pro". Lo è diventato certamente Luca Conti, che continua a curare la collana Hoepli *Web & Marketing 2.0* (oggi *DM Pro*), lo sono io che ho aggiunto 5 anni di esperienza sul campo con aziende tra le più importanti in Italia, lo è Monia Taglienti che abbiamo scelto perché è una professionista che ama studiare, sporcarsi le mani, monitorare i risultati.
Pro lo sono soprattutto i lettori, che conoscono lo strumento e lo utilizzano. Lettori che rispetto a qualche anno fa non hanno bisogno di trucchi, né di segreti, ma di strategie e di "visioni" future.
Vi consiglio di tenere questo volume sulla scrivania, sarà un prezioso alleato per il vostro marketing.
Mettetevi comodi, iniziamo.

Cristiano Carriero

Facebook è il luogo di incontro tra la domanda e la relazione

Essere presenti in un luogo molto frequentato ci dà l'opportunità di essere visti, riconosciuti e avvicinati da altre persone. Prima dell'avvento ed esplosione del digitale, erano le piazze dei paesi, i mercati rionali o i centri commerciali i luoghi adatti a questi scopi. Strutture che attiravano le persone grazie alla possibilità di essere raggiunte facilmente, alla disponibilità di prodotti e alla varietà della scelta.
Oggi abbiamo nuove piazze digitali in cui stringere amicizie, informarci e intrattenerci. Tra queste, la più frequentata si chiama Facebook. La maggioranza delle persone ci va per puro diletto, per uscire dalla noia della vita, per incontrare l'anima gemella o per organizzare una pizza con gli amici. Questo rende particolarmente "sfidante" la comunicazione di tipo professionale sulla piattaforma, dove occorre strizzare l'occhio a un registro comunicativo più adatto alla *forma mentis* di un pubblico che si aspetta leggerezza.
Questo è un libro di Business. Racconta come ottenere attenzione o clienti attraverso questa piattaforma, ma non dobbiamo dimenticare i motivi per cui le persone si collegano e si intrattengono in questi luoghi virtuali. Esiste un fattore primario che dobbiamo curare per poter avere un minimo di rilevanza nel News Feed, ovvero nella successione di post che ognuno si ritrova alimentata e distribuita da un algoritmo che interpreta, e tenta di anticipare, ogni singola esigenza informativa. Ottenere i favori di questo modello matematico significa stimolare le variabili che esso interpreta come segnali di interesse generale da parte del vasto pubblico e delle singole persone. Come spiegheremo nel libro, le manifestazioni di interesse che ognuno comunica a Facebook attraverso interazioni, tempi di permanenza, affinità personale o semplici click rappresentano la mole di informazioni chiamata "big data", utile a stabilire cosa sia più interessante per ogni singolo utente, in modo da allungare i tempi di permanenza e indurci a tornare sulla piattaforma.
Il problema quindi nasce dalle due diverse esigenze, che possono essere soddisfatte solo se convergono. Quella di Facebook, che non vuole annoiare la

propria utenza per paura che questa se ne vada su altre piattaforme. Quella di chi tenta di fare business in un luogo in cui sono maggiormente apprezzati i contenuti leggeri e spensierati. I facoltosi proprietari di questa piazza digitale ci concedono più o meno visibilità (questo vale anche a pagamento) solo se rispettiamo gli interessi e i voleri dei frequentatori dell'applicazione.

Uno dei fenomeni più ricorrenti in chi vuole ottenere una migliore esposizione mediatica consiste nel cedere il passo a un registro che maggiormente intercetti Like e commenti.

Essere sottoposti a benchmarking è uno stimolo che gratifica l'ego di chi posta e dimostra, a chi lo legge, che l'autore ha un seguito attivo che lo tiene in considerazione; il seguito è una metrica inconfondibile, che attesta l'autorità del profilo. Ottenere interazioni, per molte aziende e personaggi della Rete, diventa più importante del contenuto stesso, quasi una competizione. Per questo motivo, chi cerca questo genere di appagamento ha scoperto che proporre contenuti di attualità in cui inserire provocazioni e prese di posizione forti, che generano contrasto, consente di ottenere la reazione di chi si imbatte nel contenuto. Di conseguenza l'affinità che si crea con chi interagisce aumenta le probabilità che questi interlocutori vedano anche i contenuti successivi.

Facebook, oltre a essere una piazza o un mercato, è anche il luogo in cui le persone alimentano le proprie virtù e frustrazioni. L'ego, il desiderio di apparire, di essere accettati e amati giocano un ruolo fondamentale in chi comunica e in chi riceve la comunicazione. Pubblicare mettendo al centro i desideri dell'altro è imprescindibile se l'obiettivo è essere ascoltati.

C'è un grande rischio al quale ci esponiamo, sia come aziende sia come persone. Chi cerca Like e commenti matura uno stile attraverso cui muovere le leve dell'approvazione o della controversia, non pensando più, di fatto, al contenuto come a un elemento che dia valore al pubblico, ma a creare la provocazione che sappia innescare il dibattito. Queste interazioni non servono a nulla se non generano, in chi ne fruisce, percezioni di autorevolezza, professionalità e buona conoscenza della materia che viene trattata. Sono solo numeri effimeri di un coinvolgimento che non porta nuovi clienti o opportunità professionali. Del tutto inutili se l'obiettivo che ci siamo prefissati è ottenere vendite o opportunità di lavoro.

Cercare l'approvazione fine a se stessa non fa altro che alimentare l'ego e allontanare gli obiettivi.

> *Se hai bisogno di incoraggiamento, lodi e pacche sulle spalle da tutti, fai di ciascuno il tuo giudice.*
> Fritz Perls

Riccardo Scandellari
Giornalista ed esperto di personal branding e marketing digitale

Introduzione

Un 2018 pieno di novità

Facebook aggiorna di continuo le sue piattaforme. Il 2018 è iniziato con diverse novità interessanti, prima tra tutte l'aggiornamento dell'algoritmo del social blu[1]. Annunciato con grande enfasi su tutti i media, promette di restituire la piattaforma alle persone. L'aggiornamento del ranking permetterà agli utenti di rimanere connessi con:

- i parenti e amici che ricevono più interazioni;
- i gruppi;
- le Fanpage che investono nella piattaforma.

In questo modo si avranno un aumento delle discussioni intorno a temi a cui gli utenti sono davvero legati e una diminuzione dei post pubblici delle Fanpage che fino a oggi hanno affollato il Feed senza riscuotere successo.
Facebook è gratuito per le persone, ma a pagamento per le aziende che vogliono perseguire obiettivi business grazie alla piattaforma. Lo storytelling, la brand awareness o le visite nel punto vendita hanno tutte un chiaro scopo: il business.
Facebook è un mezzo di comunicazione potentissimo che mette a disposizione un database utenti targettizzato per anagrafica, geolocalizzazione, interessi, posizione lavorativa, sentimentale e comportamentale: non può essere gratuito.
Se si inserisce in strategia questo strumento, si deve sapere che è come acquistare un passaggio in TV o in radio con uno spot pubblicitario oppure un cartellone stradale o la pagina di un giornale, con il valore aggiunto che l'advertising Facebook è monitorabile, tutti gli altri mezzi non lo sono.

1. https://newsroom.fb.com/news/2018/01/news-feed-fyi-bringing-people-closer-together.

Il team Facebook assicura[2] che l'aggiornamento dell'algoritmo permetterà che nel Feed entrino in modo più agevole:

1. notizie che la community considera affidabili;
2. notizie considerate dagli utenti rilevanti dal punto di vista informativo;
3. notizie pertinenti per la comunità locale delle persone.

Bisogna quindi:

1. inserire budget da destinare al team che si occupa del social media marketing e alla piattaforma stessa;
2. considerare piani editoriali che non siano autoreferenziali, ma di reale interesse per gli utenti;
3. curare la propria community con azioni diverse sulla piattaforma, creando magari microcomunità dei gruppi divise per lavorazioni (come consigli per gli acquisti, post vendita, confronto tra utenti ecc.).

L'altra novità è che Facebook ha provveduto a eliminare il tasto "Condividi" (Figura I.1) da alcuni post degli utenti, per permettere un'esperienza più reale ed efficiente per le persone.

Figura I.1 Il tasto "Condividi" viene a mancare, rimangono sotto il post di Michela Mazzotti solo il tasto "Mi piace" e "Commenta".

2. https://newsroom.fb.com/news/2018/01/trusted-sources.

Di fatto, prima di questi cambiamenti, alcuni post venivano condivisi, ma il post stesso non era visualizzato da determinati utenti per via dell'impostazione della privacy, il che si traduceva nella trasmissione di un forte senso di limitazione all'interno della piattaforma.
Sempre per quanto concerne i post si sta implementando la possibilità di commentare in modo privato, in modo che solo l'emittente del messaggio possa leggere la risposta (Figura I.2).

Figura I.2 La feature che permette di commentare in modo privato i post senza dover ricorrere ai messaggi.

Il livello organizzativo dei contenuti sta finalmente acquisendo importanza. È possibile suddividere i post in relazione alle proprie collezioni e ritrovare in maniera più agevole i contenuti salvati (Figura I.3).

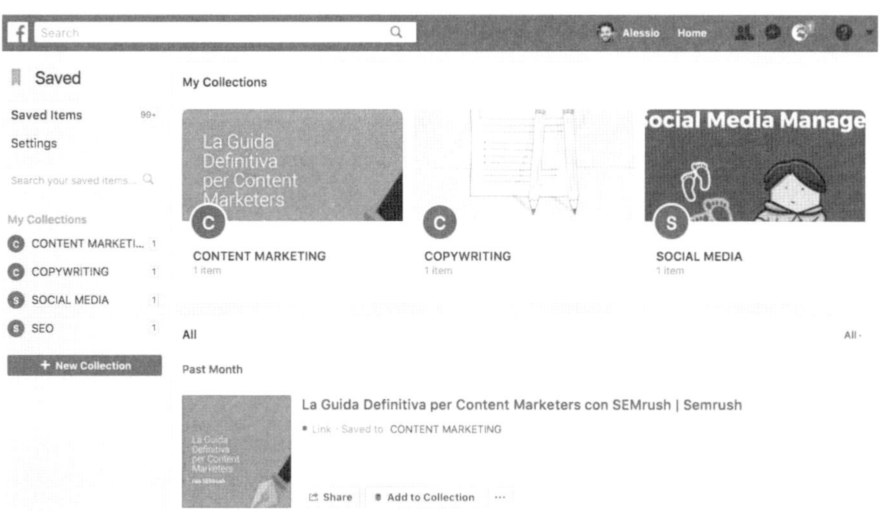

Figura I.3 I contenuti sono salvati per cartelle nel post di Lino Castrovilli.

Infine, è notizia di febbraio 2018 che negli USA Facebook stia sperimentando il tasto "downvote", molto vicino come significato al "Non mi piace": "Stiamo sperimentando su un piccolo gruppo di utenti USA una funzione che possa permettere alle persone di darci riscontri ai commenti delle Pagine pubbliche". Se si clicca sul tasto, compaiono una serie di opzioni come "offensivo", "ingannevole" o "fuori tema", che darebbero la possibilità agli utenti di esprimersi su un contenuto opinabile, irrilevante o su una fake news.
Proprio queste ultime sembrano aver dominato il dibattito sull'informazione nell'ultimo anno[3]. Saranno quindi gli stessi utenti a stabilire l'affidabilità delle fonti di notizie. Per contrastare le fake news, il social chiederà alle persone di indicare se si fidano delle fonti da cui ricevono informazioni e in base a questi giudizi verrà deciso cosa mostrare e cosa no nel Feed. Facebook creerà quindi una sorta di "classifica" delle testate per autorevolezza e, sulla base dei pareri e dei suggerimenti raccolti dagli utenti, stabilirà la diffusione dei contenuti.

Instagram

Di proprietà di Facebook, anche Instagram si aggiorna continuamente. Senza dubbio gli aggiornamenti di Instagram portano gli utenti a rimanere sempre più incollati alla piattaforma; questa fase di cambiamenti, con un particolare focus sulle Stories, continua con:

1. la possibilità di inserire in primo piano sul profilo le Stories più rappresentative, che permangono oltre le 24 ore dalla loro creazione;
2. Instagram Live, che vive in azioni marketing e nelle prassi sociali collaborative tra utenti. La possibilità di unirsi ai live di qualcun altro rafforza l'idea di engagement;
3. la possibilità che il Feed di Instagram si organizzi di nuovo su una griglia 4x4 e non 3x3, mandando in fumo la calendarizzazione dei contenuti organizzati a partire dalla seconda logica;
4. la pulizia che sta operando Instagram a danno di tutti quei bot, pod e spam che affollavano la piattaforma, per offrire finalmente contenuti di qualità;
5. la possibilità di seguire gli hashtag oltre che i profili e quindi di ritrovare i contenuti pertinenti nel Feed;
6. l'advertising a opera delle aziende che investono nella piattaforma permetterà agli utenti di avere un feed con contenuti aderenti ai loro interessi.;

3. A. Fontana, *#IoCredoAlleSirene*, Hoepli, Milano 2017.

7. la possibilità (in fase di test) di inserire Stories con il solo formato testo, offrendo quindi il modo agli utenti di lanciare i propri status in real time[4];
8. la possibilità di introdurre oltre che gli sticker a foto o video sulle Stories anche le GIF, usufruendo di una libreria che ne contiene migliaia, Giphy[5];
9. l'introduzione della visualizzazione dell'orario di ultimo accesso all'app nella sezione Direct[6];
10. l'invio delle notifiche per gli screenshot effettuati sulle Stories.

WhatsApp Business

Al momento scaricabile solo per dispositivi Android, WhatsApp Business – sempre di proprietà di Facebook – è utile per proprietari di piccole attività commerciali e permette di:

1. interagire velocemente con i propri clienti;
2. organizzare i messaggi da inviare;
3. rendere chiare le informazioni relative alla propria attività.

WhatsApp Business offre l'opportunità di:

1. inserire il profilo dell'attività con indirizzo, email, sito web, descrizione e categoria;
2. impostare messaggi automatici per i momenti in cui nessuno è disponibile a interagire con i clienti oppure per salutare l'ingresso dei nuovi clienti con un messaggio di benvenuto;
3. salvare risposte rapide da inviare a domande frequenti;
4. avere statistiche sempre aggiornate sullo stato dell'app e dei messaggi.

4. http://wabetainfo.com/instagram-to-support-text-stories-and-new-screenshot-notification.
5. http://blog.instagram.com/post/170041256272/180123-gif-stickers.
6. https://instagramersitalia.it/novita-instagram-sara-visibile-lorario-dellultimo-accesso.

Capitolo 1
Facebook per le aziende

L'uomo è ciò in cui crede.
Anton Cechov

Lo strumento che Facebook dedica a soggetti non personali, come aziende, marchi, prodotti, attività commerciali, istituzioni, associazioni non profit e organizzazioni, oltre che a professionisti e personaggi pubblici, è la Fanpage, che ha caratteristiche proprie dell'ambiente business. Gli utenti possono mettere il Like alla Pagina, seguirla o commentarla e mettere le famose reaction sia ai post sia ai commenti delle Fanpage.
In questo capitolo vedremo come portare un utente sulla propria Pagina e le operazioni che contribuiscono a fidelizzarlo. Parleremo di privacy, calendario editoriale, visual e strategia integrata.
Quando nacquero le Pagine Facebook, nel 2007, si concentravano sul concetto di fan. Il bottone "Diventa fan" venne successivamente sostituito da Facebook con "Mi piace", che consente di costruire un pubblico attivo di potenziali clienti: l'apprezzamento di contenuti è un valore aggiunto per la Pagina stessa, che rende il brand più desiderabile.

Fan e potenziale cliente hanno due accezioni molto diverse, occorre focalizzare l'attenzione sulle persone.

Si definiscono ancora fan coloro che seguono una Pagina, ma di fatto oltre ciò sono persone che a tutti gli effetti hanno mostrato un interesse per:

- i contenuti trasmessi dalla Pagina;

- le informazioni riguardanti la Pagina;
- le conversazioni nate con gli altri utenti sulla Pagina.

Come creare una Pagina Facebook

Ricordiamo rapidamente come impostare una Pagina Facebook: innanzitutto è necessario cliccare sul tasto “Crea una Pagina” dalla tab apposita. In alternativa nella colonna di sinistra, sotto le informazioni riguardanti gli elementi salvati, i gruppi, la lista di amici, in fondo si trovano i link per creare un’inserzione, una Pagina, gruppo o evento (Figura 1.1).

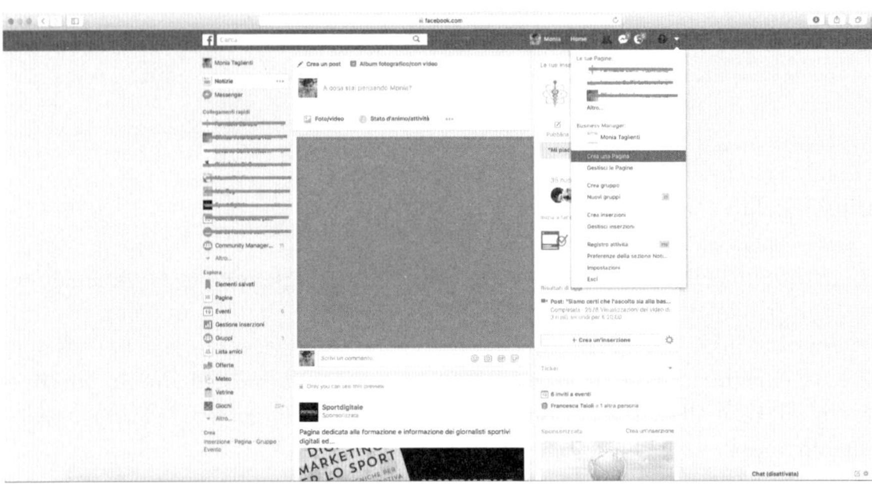

Figura 1.1 Come creare una Pagina partendo dalla barra blu iniziale.

Dopo aver cliccato su “Crea una Pagina” bisogna sceglierne il tipo. Si hanno a disposizione le categorie:

- impresa locale o luogo;
- azienda, organizzazione o istituzione;
- brand o prodotto;
- artista, gruppo musicale o personaggio pubblico;
- intrattenimento;
- causa o comunità (Figura 1.2).

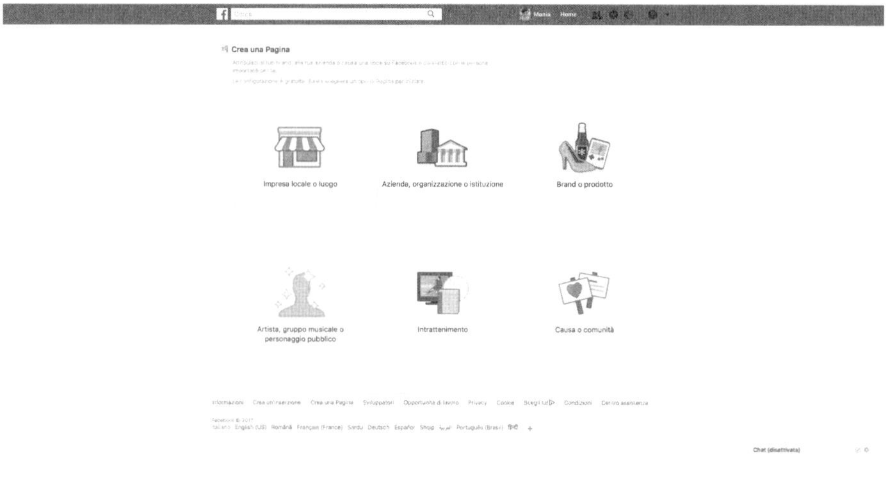

Figura 1.2 Tipo di Pagina.

Scegliere nel modo corretto la categoria della propria Fanpage è fondamentale per due motivi specifici:

- la categoria verrà inserita sulla Fanpage e darà immediatamente l'idea del settore di appartenenza della vostra azienda;
- la Fanpage sarà collocata nella corretta porzione di settore e ciò sarà utilissimo in ottica di indicizzazione nel motore di ricerca interno di Facebook e per Facebook Places[1], una sezione della piattaforma ricca di informazioni circa il luogo specifico ricercato e di conseguenza le Pagine a esso legate. Dopo aver inserito il luogo, si apriranno i risultati di ricerca divisi per: luoghi consigliati, dove mangiare, dove bere, cosa vedere, alberghi e acquisti.

Come funziona una Fanpage

Le Pagine rappresentano il motore economico di tutte le attività di Facebook: la società di Zuckerberg guadagna delle inserzioni pubblicitarie e anche per questo gli utenti continuano a disporre del social in maniera gratuita.
Chiunque abbia un account personale può creare una Pagina o aiutare a gestirne una: in quest'ultimo caso il profilo deve essere reso amministratore o editor[2].

1. http://www.facebook.com/places.
2. Dalla Pagina stessa andare su "Impostazioni" in alto a destra e poi a destra su "Ruoli della Pagina".

Gestire una Pagina Facebook significa inserire lo strumento Facebook in un'accezione più ampia di strategia digitale. Anche in questo senso, dunque, la piattaforma non può essere considerata gratuita per chi ha obiettivi di business: per raggiungerli, le aziende devono considerare il costo della strategia digitale, del consulente che la fornisce e del comparto operativo che si occuperà della Pagina, del social media manager, del community manager e del social media analyst.

Come impostare una Fanpage

È opportuno impostare alla perfezione la Fanpage relativamente:

- alle informazioni di base e di contatto;
- ai ruoli della Pagina;
- al pubblico preferito dalla Pagina.

Cliccando sulle impostazioni e raggiungendo la prima tab "Generali" si visualizzano una serie di funzioni (Figura 1.3) che andiamo brevemente a riepilogare.

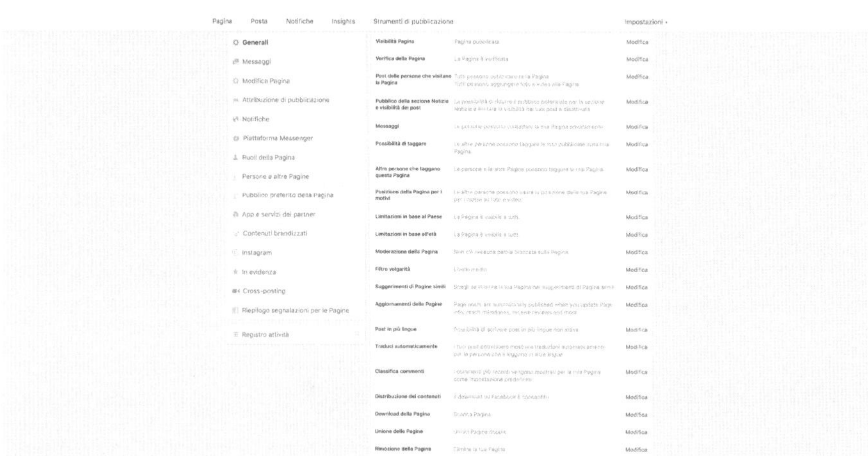

Figura 1.3 Tab "Generali".

Funzioni principali della tab "Generali"

a. **Visibilità Pagina**: se la Pagina è *under construction*, è possibile renderla visibile agli utenti solamente quando sarà perfetta e tutte le informazioni saranno impostate nel modo corretto.

b. Verifica della Pagina: consente che venga visualizzata tra i primi risultati di ricerca. Per ottenere la verifica, a un'impresa viene richiesto il numero di telefono pubblico dell'azienda correlata alla Pagina: si riceverà una telefonata da parte di una voce guida, si dovrà inserire il codice dettato e la Pagina verrà verificata. È possibile anche verificare le Fanpage con i documenti (utenze aziendali o bollette telefoniche, la licenza aziendale, la dichiarazione dei redditi, il certificato istitutivo o lo statuto di società anonima e via dicendo).

Impostate tutte le informazioni della Fanpage in modo accurato per evitare esuberi di budget successivi.

c. Post delle persone che visitano la Pagina: questa impostazione regola i permessi di pubblicazione dei fan. Potete consentire alle persone di pubblicare i post con foto e video sulla vostra Pagina o controllare i post prima che vengano pubblicati. I post in questione verranno così verificati nel Registro attività. Potete anche decidere di disabilitare i post delle altre persone sulla Pagina, per evitare il fastidio di contenuti indesiderati come le pubblicità di altre aziende (resta sempre valida l'alternativa di bloccare i profili "spammatori").

d. Pubblico della sezione Notizie: con questa funzione si procede alla selezione del pubblico nei post, che può essere limitato in base agli interessi, al genere, all'età e altri dati. Un'opzione comoda per differenziare i post nel calendario editoriale della Pagina, da mostrare in base alla profilazione dell'utenza (Figure 1.4a, b, c).

Figura 1.4a Chi può vedere il post nella sezione Notizie.

Figura 1.4b Come scegliere chi può vedere il post.

Figura 1.4c Limitate il post in base a età, genere, luoghi e lingue.

e. **Messaggi**: con questa funzione date la possibilità agli utenti di contattare privatamente la Pagina.
f. La funzione **Possibilità di taggare** consente invece:
   - alle persone e alle altre Pagine di taggare la Fanpage: questo è fondamentale per permettere di inserire il proprio tag in post di altre Pagine o altri profili personali, e per far intercettare meglio la Pagina stessa tramite post di terzi;
   - di taggare foto e video pubblicati sulla Pagina.

Permettere alle persone di usare la Pagina come posizione, infine, aiuta gli utenti a individuare meglio la vostra collocazione.

Restrizioni da impostare dalla tab "Generali"

a. **Limitazioni in base al Paese**: consente di mostrare la Pagina solo alle persone che risiedono in determinate nazioni e di nasconderla alle persone che si trovano in altri Paesi; se non si indica nessun Paese, la Pagina sarà visibile a tutti.
b. **Limitazioni in base all'età**: consente di stabilire l'età necessaria per l'accesso alla Pagina e ai contenuti.
c. **Moderazione della Pagina**: è consentito anche bloccare delle parole per diminuire la quantità di contenuti inappropriata; queste parole non saranno visibili sulla Pagina.
d. **Filtro volgarità**: consente di bloccare delle parole offensive sulla Pagina. Sono previsti diversi livello di blocco: medio, non attivo e più restrittivo.

Funzionalità aggiuntive

I **suggerimenti di Pagine** simili consentono di suggerire la vostra Pagina alle persone quando ne visitano altre correlate. Gli **aggiornamenti delle Pagine**, invece, avvisano gli utenti con un post, nel News Feed, di cambiamenti relativi ai pulsanti, alla descrizione, al numero di telefono, all'indirizzo, agli orari di lavoro, al sito web della Pagina.
Potete anche consentire alle persone che gestiscono la Pagina di scrivere post in più lingue e di tradurre automaticamente i post quando sono disponibili.
Classifica commenti mette a disposizione degli utenti un filtro per visualizzare i commenti con il maggior numero di "Mi piace" o il numero di risposte, che saranno visualizzati prima di tutti gli altri. Questo permette di agevolare l'interazione degli utenti con i commenti più attivi e a Facebook di offrire un'esperienza più pertinente ed efficiente.

La **distribuzione dei contenuti** autorizza o meno il download dei video postati dalla Pagina. Se si seleziona "Non consentire il download" su Facebook, i video caricati non potranno essere scaricati dagli utenti.
Facebook offre, inoltre, l'opportunità di unire Pagine doppie che rappresentano però la medesima realtà aziendale. Si può procedere con l'invio della richiesta se le Pagine:

- hanno nomi simili;
- rappresentano lo stesso oggetto;
- hanno lo stesso indirizzo se dispongono di un luogo fisico;
- hanno un amministratore in comune.

La **rimozione della Pagina** consente di cliccare su "Elimina" ed eliminare la Pagina: si avranno 14 giorni di tempo per disattivare la richiesta, dopo questo periodo verrà richiesto di confermare se eliminare in modo definitivo la Pagina stessa oppure no.
Le **azioni consigliate**, infine, aumentano le interazioni con il pubblico che vi accede e permettono un più alto tasso di coinvolgimento.

Una nuova esigenza mass mediale

Con la nascita della Rete si è reso necessario tutelare i diritti fondamentali della persona in una dimensione nuova e diversa rispetto a quella della vita offline. Serve una regolamentazione che possa fornire soluzioni univoche e di facile attuazione che entrino nel profondo di due esigenze contrapposte: da un lato quella di condividere le proprie opinioni e tracciare i propri comportamenti in Rete[3] e, dall'altro lato, di tutelare la propria privacy o addirittura di essere dimenticati dalla Rete (parliamo del cosiddetto diritto all'oblio).

"Serve una regolamentazione che possa fornire soluzioni univoche."

Questa necessità si ritrova anche nell'ambiente lavorativo, dove coesistono le esigenze del datore di lavoro e del dipendente, dove c'è l'interesse dell'azienda a ottenere una prestazione lavorativa corretta improntata sui canoni di diligenza, fedeltà e lealtà, e insieme di tutelare la sfera personale del lavoratore.

---

3. Una recente ricerca condotta dal Dipartimento di neuroscienze cognitive e psicologia della università di Harvard ha dimostrato che dare informazioni di sé procura piacere allo stesso modo del cibo, del denaro e del sesso. La ricerca, dal titolo "Disclosing informations about the self is intrinsically rewarding", condotta da D.I. Tamir e J.P. Mitchell, è stata edita da M. Gazzaniga dell'università della California e pubblicata il 22 maggio 2012 nel sito www.pnas.org/lookup/suppl/doi:10.1073/pnas.1202129109/-/DCSupplemental.

Come gestire correttamente la vostra community

L'algoritmo di Facebook considera un insieme di fattori non totalmente conosciuti, ma che hanno portato a pensare che gli aggiornamenti delle Pagine siano da considerare in relazione a:

- quanti investitori vogliono raggiungere uno stesso target;
- quanto gli utenti interagiscono con la Pagina.

Facebook sta procedendo a test riguardanti il Feed Esplora[4], che permetterà agli utenti di avere un Feed personalizzato, dedicato a foto, video e contenuti secondo gli interessi che hanno mostrato sulla piattaforma.
Facebook è un utilissimo strumento di business; è giusto che chi vuole utilizzare le potenzialità di questo social, investa in esso: proprio come per un passaggio in radio, per uno spot in TV, per una pubblicità sulla carta stampata, anche per Facebook è necessario collocare del budget disponibile.

> La discriminante tra le Pagine visualizzate e non visualizzate è il budget che si investe nella piattaforma.

Il budget a disposizione non deve essere considerato solo in relazione alle campagne advertising, che la maggior parte delle volte sono create senza nessuna competenza e quindi portano via solo tempo e soldi a chi le crea.

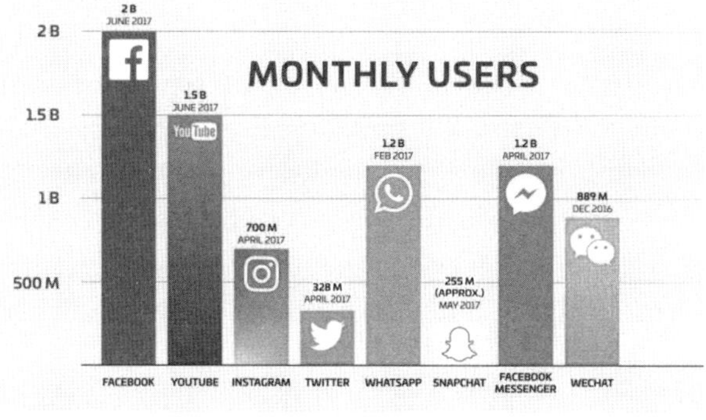

Figura 1.5 Traffico mensile degli utenti Facebook (fonte: Canale Telegram Skande).

4. https://techcrunch.com/2017/10/18/facebooks-discovery-focused-explore-feed-hits-the-desktop.

Un traffico mensile generato da 2 miliardi di persone fa comprendere quanto la piattaforma sia una vera e propria azienda (strutturata e quotata in Borsa), che ha bisogno degli investimenti delle aziende che vogliono arrivare a ottenere una visibilità maggiore rispetto alle altre. Perché Facebook dovrebbe offrire gratuitamente la sua gargantuesca mole di dati alle aziende che vogliono raggiungere il ritorno dell'investimento?

Fanpage e ricerche interne a Facebook

Una Pagina Facebook rappresenta l'azienda, il soggetto che l'ha creata: si è quindi legalmente responsabili del marchio, del prodotto e dell'impresa che si sta rappresentando, al pari di quello che succede su un sito web. Con la diffusione degli smartphone, gli utenti passano su Facebook molti momenti nel corso della giornata: non avere una Pagina equivale a non esistere e a non essere raggiungibili dalla fascia di popolazione attiva di età compresa tra i 25 e i 44 anni[5].
Fanpage e sito web viaggiano a braccetto per le strade della strategia digitale.

Se il sito web è la musica, Facebook è l'amplificatore.

In una logica di interazione e coinvolgimento totale dell'utente, è opportuno offrire contenuti che siano utili e approfonditi. Lo strumento Facebook, attraverso le numerose tab a disposizione delle Pagine, consente di curare i contenuti, di coinvolgere gli utenti e di offrire un'esperienza immersiva. Recentemente Facebook ha iniziato a penalizzare i siti web che caricano lentamente le loro pagine, proprio per offrire un'esperienza smart[6]. In questa direzione, Facebook ha creato la funzione **Prefetch**[7], che permette di precaricare i link nell'app Facebook prima che vengano toccati. Prefetch ha una duplice funzione:

- diminuisce il tempo di caricamento del contenuto da mobile;
- riduce il tasso di abbandono tra l'inserzione e il contenuto completo sul sito.

Altra particolarità di Facebook è il **motore di ricerca interno**, utile per effettuare ricerche. All'inserimento di una parola chiave, il sistema proporrà il contenuto più attinente; la Search Facebook offre dunque la possibilità, in

5. Digital 2017, We Are Social 2017, diapositiva 88/255 Digital Yearbook.
6. https://www.facebook.com/business/news/improving-mobile-site-performance.
7. https://www.facebook.com/business/help/1514372351922333?__mref=message_bubble.

un'unica schermata, di filtrare i contenuti presenti sulla piattaforma. Avete così modo di selezionare i risultati in base a chi li ha pubblicati (Figura 1.6), scegliendo:

- Tutti;
- Tu;
- I tuoi amici;
- I tuoi amici e gruppi;
- una sorgente precisa.

I filtri permettono di raffinare i risultati nei gruppi, scegliendo quelli:

- in qualsiasi gruppo;
- nei propri gruppi;
- in un gruppo specifico.

A seconda del luogo taggato invece si vedono i contenuti pubblicati:

- ovunque;
- relativi ai luoghi più vicini al profilo che fa la ricerca;
- relativi a un luogo specifico.

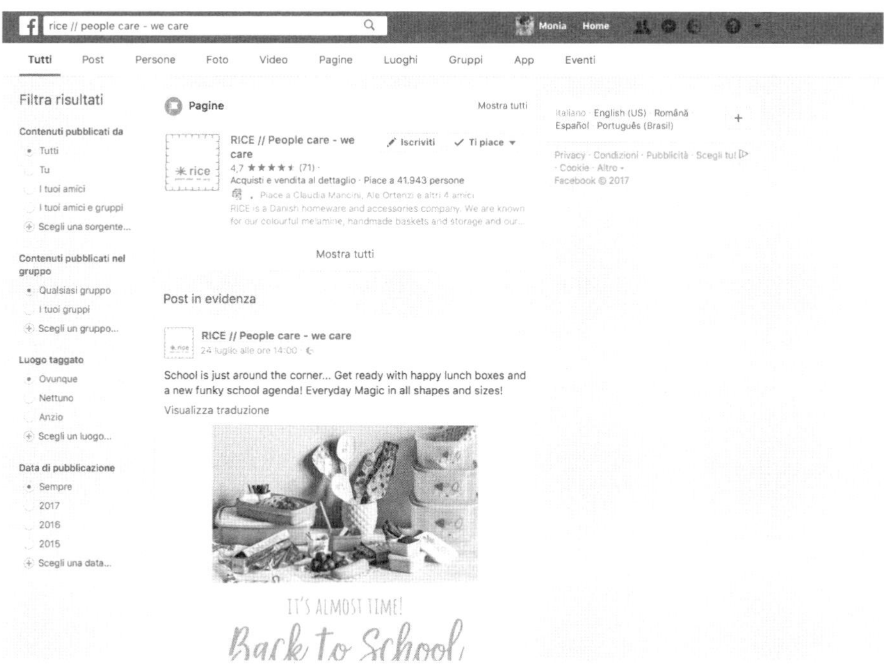

Figura 1.6 Come filtrare i contenuti generati dalla ricerca per parole chiave di Facebook.

I filtri a seconda della data di pubblicazione invece selezionano i contenuti pubblicati:

- sempre;
- negli ultimi tre anni a disposizione;
- in una data specifica.

I filtri appena elencati si applicano a ogni tipo di risultato associato alle parole chiave inserite nella Search Facebook, e cioè:

- post che le contengono;
- persone collegate a esse;
- foto (distinte quindi tra foto di amici e gruppi o foto pubbliche);
- video;
- Pagine attinenti;
- luoghi taggati;
- gruppi;
- app collegate;
- eventi (qualora ci fossero).

L'importanza del tone of voice

In un'epoca in cui 1 italiano su 3 è presente su Facebook è fondamentale parlare alle persone nel modo più familiare possibile.
Quando si gestisce una Pagina è difficile scegliere il linguaggio da utilizzare; di solito i clienti non conoscono il gergo tecnico, per cui è bene parlare alla propria community in un modo semplice che possa essere facilmente comprensibile, per favorire le interazioni. Non ci troveremo (quasi) mai in un flagship store che offre diamanti a parlare in modo tecnico di caratura, brillantezza e luce; nello stesso modo occorre fornire le informazioni adeguate con tono familiare e credibile, autorevole ed empatico al tempo stesso.

> *"È bene parlare alla propria community in un modo semplice."*

Se la Pagina che gestite è correlata a un'attività di design, sarà difficile parlare di archi a volta o composizione dei materiali di finitura, a meno che il vostro obiettivo sia il mercato B2B e quindi vi stiate rivolgendo a dei professionisti del settore.
L'errore più comune è di utilizzare un linguaggio ampolloso e tecnico per apparire competenti, mentre non si è mai così competenti come quando si riesce a spiegare con le parole più semplici un concetto articolato. Gli utenti

hanno bisogno di comprendere ciò che pubblicate e di essere spronati a interagire con esso.
Se un contenuto, un post testuale, un video sono di difficile comprensione, l'utente perderà interesse, abbandonerà la Pagina, si rivolgerà a Pagine più familiari, che lo accolgono, parlano con esso e comunicano in modo semplice.
Il tone of voice è fondamentale per aumentare la reach della Pagina, per mantenere un alto livello di engagement e per permettere all'utente di sentirsi a casa. Scegliere il tone of voice significa procedere, inizialmente, con l'analisi del target di riferimento, capire come si esprime e come interagisce con Pagine simili a quella da noi gestita e procedere con la stesura del calendario editoriale.

Il calendario editoriale

L'importanza del calendario editoriale è correlata agli obiettivi che ci siamo prefissi per la Pagina che stiamo gestendo, a loro volta fondamentali per la stesura dei contenuti da pubblicare nell'arco della settimana, del mese o del trimestre.
Individuare i punti di interesse degli utenti appartenenti alla community è funzionale alla strategia attuata.
È bene ricordare di suddividere il calendario editoriale a seconda del numero di lavorazioni giornaliere da effettuare sulla Pagina in cui si sta lavorando. Un vero e proprio appuntamento quotidiano con la Fanpage che, a seconda degli orari, dei giorni, delle stagionalità e degli obiettivi prende forma.
Il motivo per il quale i social network hanno avuto e stanno avendo un grosso successo è dato dal fatto che l'esperienza di acquisto si è totalmente sconvolta: le persone si fidano delle persone e l'azienda è fatta da persone.
In un tempo non troppo lontano tutto ciò era a dir poco impensabile: la comunicazione si basava fondamentalmente su un approccio *top down*, e i contenuti cadevano a pioggia su degli utenti passivi, molto spesso inconsapevoli e poco informati. Oggi l'interazione con le aziende è più familiare, in un approccio *bottom up*, che consente agli utenti di conversare con le aziende e di essere assistiti nel processo di acquisto.

Il processo di vendita, lontano dalle vecchie logiche del direct marketing, si fa assistenziale[8].

8. G. Fabris, *Il nuovo consumatore: verso il postmoderno*, Franco Angeli, Milano 2003.

I potenziali clienti sono persone reali con vite frenetiche, veloci, piene di input: imprescindibile è cercare di non generalizzare e pensare a quell'utente che vogliamo raggiungere; allo stesso tempo, lo strumento Facebook ci viene in aiuto attraverso la possibilità di indirizzare un contenuto (foto, video e così via) a uno specifico target.

Pensare che le persone siano su Facebook per acquistare può essere un grande errore. Il processo di vendita si attiva conseguentemente all'innesco di una vera e propria relazione. Il coinvolgimento è lo strumento che porterà la Pagina ad avere utenti fidelizzati e si attiva attraverso:

- un mood sentito;
- prassi condivise;
- valori comuni;
- un prodotto che diventa uno status symbol.

Figura 1.7 Esempio di post con tone of voice familiare e vicino agli utenti (fonte: Fanpage La Roche-Posay).

Il calendario editoriale, creato a seconda degli obiettivi, concernerà il content marketing che vi avvicina alla nostra community. Gli obiettivi di un calendario editoriale social possono spaziare da un aumento della brand awareness al portare traffico al sito, dal vendere un prodotto alla promozione offline della location. Ogni step deve essere analizzato e ogni obiettivo scritto e sviscerato anche nei termini utilizzati.

I formati di contenuti disponibili

Facebook mette a disposizione diversi strumenti per comunicare in maniera opportuna con gli utenti della community; contenuti diversi per diversi obiettivi alla base della strategia.
Con Facebook potete dunque creare:

- **Post testuali**: sono frasi volte a descrivere un comportamento, dare un'informazione o porre domande agli utenti. Possono essere accompagnate o meno da post visuali.
- **Post visuali**: sono immagini, foto a 360°, GIF o video che possono essere utili a corredo del testo, per dar carica emotiva e incisività al contenuto verbale. Possono infatti essere postati da soli oppure insieme al testo. Fate attenzione: Facebook non apprezza le immagini che contengono al loro interno troppe parole, perché offrono un'esperienza di bassa qualità agli utenti.
- **Note**: sono dei veri e propri articoli inseriti nella Fanpage, che contengono immagini, testo in grassetto, testo in corsivo e sezioni. Le note Facebook possono ricordare la parte blog di un sito web e hanno una tab dedicata all'interno della Pagina.
- **Sondaggi**, messi a disposizione dalla piattaforma per interrogare gli utenti su un dato argomento e ricevere risposte in relazione a esso. I sondaggi possono avere forma quantitativa o qualitativa, a seconda della natura delle opzioni di risposta.
- **Eventi**, utili per il lancio di un nuovo prodotto, un periodo promozionale, l'inaugurazione di un nuovo punto vendita e via dicendo. Permettono di tenere sotto controllo il numero persone interessate e i partecipanti, inviare notifiche alle persone inserendo dei contenuti nell'evento stesso e sfruttarlo come utile strumento marketing in relazione a uno specifico argomento. In più, possono accogliere al loro interno link a piattaforme esterne di prenotazione o vendita biglietti.
- **Canvas**. Facebook lo definisce "un'esperienza a schermo intero che viene caricata velocemente". Attraverso questo strumento gli utenti non si limiteranno a guardare la vostra inserzione, ma saranno parte interagente di essa.

- **Branded content**, contenuti brandizzati che rispondono alla forte esigenza delle Pagine business che vogliono di avvalersi del supporto del brand terzo che fornisce il prodotto e degli influencer che hanno necessità di taggare un prodotto della Fanpage produttrice. Di fondamentale importanza, vista l'esponenziale crescita dell'influencer marketing e dell'aggiornamento delle linee guida in contenuti sponsorizzati, fare attenzione ai branded content.

Oltre a sfruttare le opzioni appena elencate, potete rimanere in contatto con la vostra community attraverso uno strumento sempre più al centro delle attenzioni della piattaforma: **Facebook Messenger**. Soprattutto le piccole e medie imprese, ancor di più dei grandi brand, hanno il dovere di far sentire la vicinanza ai propri utenti.
Da una ricerca che Facebook ha commissionato a Nielsen, è emerso che i messaggi degli utenti alle aziende sono aumentati del 67%[9]. Si comprende bene quanto Facebook Messenger possa essere al tempo stesso strumento di interazione con il pubblico, leva marketing per il sostegno alla vendita e strumento di customer assistance post vendita. Oltre ciò è possibile creare adv su Messenger, andando a selezionare "Sponsored Messenger" nella creazione del contenuto sponsorizzato (Figura 1.8).

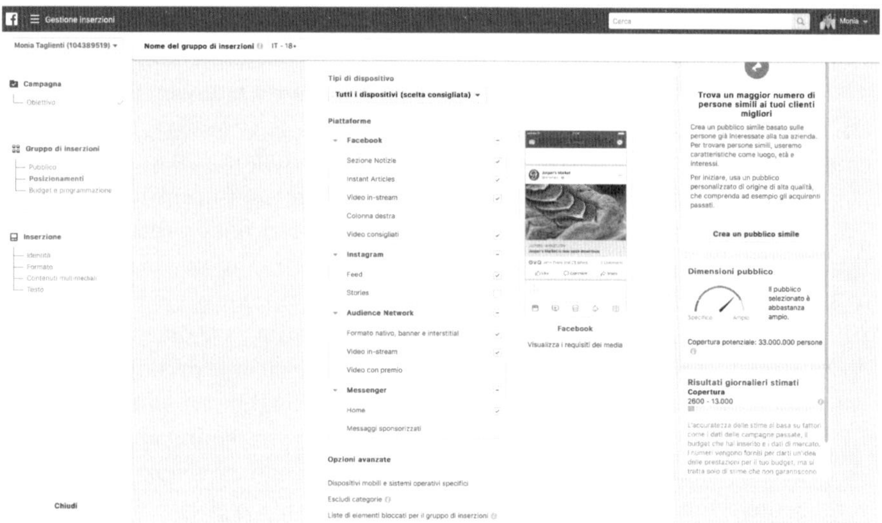

Figura 1.8 Come creare contenuti sponsorizzati in Messenger.

9. https://www.facebook.com/iq/articles/more-than-a-message-the-evolution-of-conversation.

Pubblicate per il pubblico

È fondamentale comprendere che il pubblico perderà interesse se non si sentirà "ingaggiato" dai contenuti che pubblichiamo su Facebook. È facile intuire che il calendario editoriale deve:

- coinvolgere;
- intrattenere;
- informare.

Per **coinvolgere**, un contenuto non deve essere necessariamente autoreferenziale e trattare del mercato di riferimento della Fanpage: si può prendere spunto da una notizia in real time e farla propria, basta ovviamente che la notizia possa rientrare in misura generale nel *mood* della Pagina, evitando forzature e stonature inserite pur di generare traffico (Figura 1.9).

> Il coinvolgimento totale si ottiene attraverso i contenuti attinenti al mercato di riferimento.

Per intrattenere la community è necessario creare delle rubriche che seguano sì la logica degli obiettivi prefissati, ma che tendano anche ad accompagnare l'utente durante l'arco della giornata o della settimana, come un appuntamento fisso; ancora meglio se, in qualche modo, torna utile alle persone: gli utenti saranno più spronati a seguire la Pagina e a interagire con essa. Se volete ricorrere ai giveaway, vi ricordiamo che il loro uso non può prescindere dalla regolamentazione dei contest online, pena multe o chiusura della Pagina, come vedremo nei capitoli successivi.

Un calendario editoriale vincente mette al centro l'informazione mista all'*entertainment*: le persone sono online per trovare contenuti utili e divertirsi. Seguendo questa logica dobbiamo individuare contenuti trasversali che possono essere di reale utilità alla nostra community. Per esempio, se si sta gestendo una Fanpage di un gruppo di farmacie sarà bene focalizzare l'attenzione su prodotti di vario genere legati alla nutrizione, alla cosmesi o su apparecchi e strumenti medicali; dare delucidazioni riguardanti il sistema sanitario nazionale, informazioni riguardanti il territorio, gli anziani e bambini e pillole relative all'approccio alla salute degli utenti, che generino spiegazioni e conoscenza. In questo modo la Fanpage sarà per l'utente un utile punto di riferimento e non solo un volantino online, cosa in cui si trasforma molto spesso.

Figura 1.9 Quando il copy è forzato e comprende errori grammaticali, oltre tutto in adv (Fonte: Leevia).

Social, lavoro dipendente e reputazione online

(a cura di Eleonora Baglivo[10])

Le nuove tecnologie (geolocalizzatori, programmi di sorveglianza installati su dispositivi elettronici e via dicendo) offrono al datore diversi strumenti di controllo con i quali si possono monitorare luogo, tempo e azioni del dipendente. Ancora più facile è poi seguire i movimenti del lavoratore attraverso le "tracce" che lascia sui propri profili social: post, foto, localizzazioni ecc. La consultazione dei profili social, dei blog e dei siti web del lavoratore risulta inoltre fondamentale per ricostruire un quadro della personalità del soggetto, delle sue abitudini e delle sue opinioni, rilevanti sia in corso di rapporto lavorativo sia al momento dell'assunzione.

10. Dottoressa in giurisprudenza, vincitrice del premio istituito dalla Fondazione di Studi Amministrativi "Umberto Borsi" per la migliore tesi amministrativa italiana negli A.A. 2015/2016 e 2016/2017.

Tutta questa serie di informazioni consente al datore di lavoro di mettere continuamente alla prova il rapporto di fiducia con i propri dipendenti, che può incrinarsi a causa di condotte lesive della reputazione dell'azienda o del datore di lavoro, o anche a causa di comportamenti negligenti sul posto di lavoro.
Un esempio è quello della dipendente della Lloyd Banking Group[11], licenziata per aver insultato l'amministratore delegato perché, a detta di lei, lui percepiva uno stipendio sproporzionato rispetto al suo; o quello della dipendente di Ivell Marketing & Logistic[12], licenziata per aver scritto sulla sua bacheca Facebook "Il mio lavoro è noioso".
Si pensi ancora al caso limite, ma comunque verosimile, del dipendente in malattia che, assente alla visita di controllo, posta su Facebook una sua foto al mare.

Chattare o navigare durante gli orari di lavoro

Secondo lo Statuto dei Lavoratori, allineato con il livello di tutela offerta dal Codice sulla Privacy, affinché un datore possa legittimamente controllare a distanza l'attività dei lavoratori, tramite impianti audiovisivi e altri strumenti, è sufficiente e necessario che sorgano esigenze organizzative, produttive e di sicurezza del lavoro, nonché quella di tutela del patrimonio aziendale. Nell'attuare questi tipi di controllo il datore deve tuttavia rispettare una serie di limiti:

- deve comunicare al dipendente le modalità d'uso degli strumenti e di effettuazione dei controlli;
- non può indagare circa le opinioni politiche, religiose, sindacali, lo stato di salute e la vita sessuale del lavoratore, perché ininfluenti ai fini della valutazione dell'attitudine professionale e per i quali c'è il diritto di esercitarli liberamente. Si potrebbe derogare solamente quando la raccolta di alcuni dati sensibili risulti funzionale alla gestione, oltre che all'instaurazione e all'estinzione, del rapporto di lavoro. Che poi, al datore, basterebbe controllare il traffico Internet dei dipendenti e mediante la cronologia dei siti visitati da ciascun lavoratore, per ricavare una vera e propria profilazione del soggetto, anche nei suoi dati cosiddetti sensibili;
- deve rispettare la dignità del soggetto.

---

11. G. Finocchiaro, F. Delfini (a cura di), "Diritto dell'informatica" (parte II, pp. 212-213), http://www.vanityfair.it/news/lab/2011/04/07/critiche-capo-facebook-licenziamento.
12. *Ibidem.*

Emblematica in questo contesto è la pronuncia della Cassazione[13] che ha ritenuto giustificato il licenziamento intimato a un lavoratore dipendente, sorpreso al telefono lontano dalla pressa cui era addetto; la pressa, rimanendo incustodita per oltre dieci minuti, si era bloccata. Inoltre, nel suo armadietto era stato scoperto un iPad con il quale era stato accertato, tramite la creazione di un falso profilo di donna da parte del responsabile HR, che il dipendente chattasse durante l'orario di lavoro.
Si è così riconosciuta l'ammissibilità dei controlli difensivi "occulti", anche a opera di personale estraneo all'organizzazione aziendale, in quanto diretti all'accertamento di comportamenti illeciti compiuti nell'orario lavorativo, ferma comunque la necessità di attuare tali controlli con modalità non eccessivamente invasive e rispettose delle garanzie di libertà e dignità dei dipendenti. La creazione del falso profilo Facebook rientra in questi limiti e non costituisce dunque, di per sé, violazione del principio di correttezza nell'esecuzione del rapporto datore-dipendente.

La reputazione online

Il web è uno spazio privo di confini fisici, in cui i processi informativi e relazionali vivono in maniera amplificata in termini di creazione, diffusione e permanenza temporale.
In Rete chiunque può fare informazione: non esistendo una selezione qualitativa di essa, spesso si manifesta incompleta, o addirittura falsa. L'utente si trova dunque a navigare in un *mare magnum* di contenuti e non sempre è capace di filtrare l'affidabilità di essi, anche perché chi utilizza il web in maniera consapevole, ed è capace di discernere un'informazione attendibile da quella che non lo è, rappresenta una fetta minoritaria degli utenti del sistema.
Le notizie, oltre ad avere una divulgazione molto rapida, possono potenzialmente avere vita eterna; il web è un archivio di informazioni di una memoria senza tempo, tenuto conto che una volta inserito un contenuto in un determinato sito Internet, questo è replicato in altri siti e nella cache.
I social network, in particolare Facebook, non possono essere considerati siti privati, in quanto non solo accessibili ai soggetti non noti cui il titolare del sito consente l'accesso, ma sono altresì suscettibili di divulgazione dei contenuti anche in altri siti. In sostanza, un post su Facebook implica una sua possibile diffusione a un numero imprecisato e non prevedibile di soggetti e quindi Facebook va considerato come un sito pubblico.

---

13. Cassazione civile, sez. lav., 27/05/2015, n. 10955.

Un post di critica su Facebook verso una determinata azienda può ledere la sua reputazione digitale che, a oggi, è considerata un bene di rilevanza economica autonoma, al pari del marchio e dell'avviamento di impresa.
In molteplici casi dei soggetti dipendenti sono stati licenziati per aver leso la reputazione aziendale tramite un post sul proprio profilo di un social network, che contenevano lamentele o critiche al datore di lavoro. L'attuale orientamento giurisprudenziale va nel senso di ritenere legittimo il licenziamento per giusta causa quando il post sul social network non possa essere considerato semplicemente uno sfogo inelegante e volgare o un intercalare di routine, ma una "condotta idonea a incrinare il rapporto di fiducia tra le parti del rapporto, soprattutto quando, data la pubblicità del profilo Facebook, lo stesso risulti visibile a un numero significativo di contatti e senz'altro a tutti coloro che, conoscendo il lavoratore, siano in grado di comprendere a chi sia rivolto il turpiloquio"[14].
Sempre riguardo alla lesione della reputazione economica, altro interessante caso giudiziario, un vero e proprio *leading case* in materia, fu quello del 2011[15] relativo al Suggest Search di Google, strumento che associa in modo automatico a una digitazione dell'utente una parola (grazie a un software che raccoglie e aggrega informazioni già pubblicate sul web, visualizzando quelle più ricercate da altri utenti nell'ultimo arco temporale), orientando così la ricerca. Il ricorrente lamentava la lesione della sua reputazione personale ed economica perché il servizio suggeriva le parole "truffa" e "truffatore" accanto al suo nome. Il tribunale aveva concluso che deve considerarsi diffamatoria la semplice associazione al nome di una parola come truffa, perché l'utente che legge è indotto immediatamente a dubitare dell'integrità morale del soggetto il cui nome appare associato a tali parole e a sospettare una condotta non lecita da parte dello stesso. Per quanto la condotta di Google non fosse intenzionale, è comunque una condotta colposa e la società ne è responsabile per non aver modificato o eliminato i suggerimenti.

Il caso del video contest di Banca Intesa

Si tratta di un video motivazionale[16] realizzato dalla direttrice e dagli altri dipendenti della filiale di Banca Intesa di Castiglione delle Stiviere, che nell'ottobre 2017 ha scatenato un boom di visualizzazioni e commenti derisori. Il motivo della viralità? La gestualità, gli slogan e la canzone della direttrice, insomma un tentativo di team building ed employer branding molto

14. Tribunale Milano, 01 agosto 2014, Rivista Italiana di Diritto del Lavoro, fasc. 1, 2015, p. 82.
15. Tribunale Milano, 31/03/2011 (ud. 24/03/2011, dep.31/03/2011).
16. https://www.facebook.com/katiaghirardi2/videos/598766250456047.

lontano da quello che oggi viene considerato un buon modo per comunicare. Da quanto è emerso, il video faceva parte di un contest aziendale lanciato internamente da Banca Intesa dove si doveva "raccontare il bello" della propria filiale; il video più emozionante sarebbe stato poi proiettato durante dei meeting. Il video, quindi, che non sarebbe mai dovuto fuoriuscire dal circuito aziendale, deve essere finito in qualche scambio privato, e poi da lì qualcuno deve averlo condiviso sui canali social.
Premesso che bisognerebbe analizzare più nel dettaglio la questione, e lungi dal volere rintracciare i responsabili, bisogna chiedersi in primo luogo perché quel video sia diventato di pubblico dominio senza l'autorizzazione dei soggetti filmati. Occorre cioè ricostruire la diffusione illecita del contenuto per risalire (cosa assai difficile) al cosiddetto "paziente zero" ossia colui che per primo ha immesso il video in Rete: se costui è un dipendente della Banca, oltre a potersi configurare una propria responsabilità personale per pubblicazione illecita, potrebbe sorgere la responsabilità della Banca quale titolare del trattamento dei dati personali dei propri dipendenti, salvo che essa dimostri di aver adottato "tutte le misure idonee a evitare il danno". Sempre ipotizzando che il responsabile sia un dipendente di Banca Intesa, ci si può chiedere poi se la sua condotta integri una lesione all'immagine, avendo comunque minato la serietà, professionalità e autorevolezza dell'istituto e se possa sussistere un licenziamento giustificato per rottura del rapporto fiduciario con il proprio datore.

Cosa fare per tutelare la privacy se un video privato finisce nel web?

È difficilissimo fermare la diffusione online di video privati che diventano virali (perché a sfondo sessuale o per altri motivi), una volta pubblicati. Non si tratta tanto di un problema di tutela giuridica, quanto di una difficoltà tecnica e materiale di eliminare definitivamente contenuti illeciti nel web.
La prima cosa da fare è agire subito: contattare la Polizia Postale e chiedere di impedire immediatamente la visibilità di quella foto o video. In contemporanea diffidare i provider che hanno pubblicato il video anche se, davanti alla richiesta di un privato o di un avvocato, il provider non è obbligato a cancellarlo; è obbligato a farlo quando arriva un provvedimento del giudice o del Garante della privacy. Bisogna quindi rivolgersi a uno di questi due soggetti al fine di ottenere un provvedimento con il quale venga ordinato ai provider individuati di rimuovere il contenuto pubblicato senza consenso.
In molti casi, tuttavia, cancellare ogni traccia di un video o di una foto è un'impresa impossibile. Può accadere che vengano condivisi in modo ampio

e quindi anche su siti di difficile identificazione, o che tolti da alcuni siti rispuntino poi su altri. In altri termini, allo stato della tecnica attuale, è possibile solo arginare la diffusione di contenuti illeciti, ma non bloccarla totalmente.

Quando si integra il reato diffamazione?

La diffusione di un messaggio offensivo all'altrui reputazione attraverso l'uso di una bacheca Facebook o il profilo di un altro social network può integrare un'ipotesi di diffamazione, nella fattispecie aggravata per l'uso di un mezzo di pubblicità, avendo il social network la capacità di raggiungere un numero indeterminato di persone.
La diffamazione presuppone una critica che trasmoda nella gratuita aggressione dell'altrui reputazione, esposta in tono scorretto e con l'uso di termini volgari, o comunque molto forti. Deve esserci inoltre una precisa individuazione del destinatario dell'offesa che deve essere oggettivamente deducibile, in termini di affidabile certezza, dalla stessa offesa, non essendo consentito il ricorso a intuizioni di soggetti che ritengano di potere essere destinatari dell'offesa.
Inoltre, come precisato dalla Cassazione nel 2016[17], l'amministratore del blog, o il titolare di un sito Internet, ricevuta notizia dell'avvenuta pubblicazione sul proprio portale di commenti offensivi dell'altrui reputazione, risponde di diffamazione, in concorso con l'autore del commento, se non rimuove tempestivamente il commento, consentendo che lo stesso continui a esercitare la propria efficacia diffamatoria.

"Una legge specifica sul web non esiste ma la privacy è tutelata online come lo è offline. C'è invece nel Web mancanza di cultura e consapevolezza. Il diritto arriva dopo, come il medico quando c'è già il malato. Si deve allora fare prevenzione[18]."

Cinque cose che potete fare oggi

1. Iniziate a investire del budget nei contenuti della vostra Pagina.
2. Fate analizzare la velocità di apertura del vostro sito e controllate se sia installato Facebook Prefetch.

17. Sentenza Cassazione penale, V sez., n. 54946 del 27 dicembre 2016.
18. Giusella Finocchiaro, avvocato e prima in Italia a insegnare all'università (alla Facoltà di Giurisprudenza a Bologna) diritto di Internet.

3. Controllate attraverso le keyword utili al vostro business come risulta la vostra Pagina dalla Search Facebook.
4. Create un calendario editoriale settimanale, mensile e trimestrale con i contenuti che volete condividere.
5. Analizzate la vostra community e parlate con questa nel giusto tono con essa.

Capitolo 2
Facebook Marketplace

Con il talento si vincono le partite, ma è con il lavoro di squadra e l'intelligenza che si vincono i campionati.
Michael Jordan

Da agosto 2017 in Italia, e in altri 17 Paesi in Europa (Austria, Belgio, Repubblica Ceca, Danimarca, Finlandia, Francia, Germania, Ungheria, Irlanda, Lussemburgo, Paesi Bassi, Norvegia, Portogallo, Spagna, Svezia e Svizzera), gli utenti hanno la possibilità di accedere a Facebook Marketplace, sia da dispositivi mobile sia da desktop.
Con Marketplace Facebook, dopo la tab Vetrina delle Fanpage, lancia la sua piattaforma *e-commerce:* la sezione per acquistare oggetti collegata al social network blu.

Figura 2.1 Come poter accedere a Marketplace da desktop.

Facebook Marketplace ha una sua homepage dedicata e personalizzata automaticamente in base ai gusti dell'utente dichiarati attraverso Pagine, gruppi, acquisti precedenti e così via.

Per accedervi, da desktop si clicca sull'icona apposita nella colonna di sinistra, sotto la foto profilo; dalle app Facebook bisogna andare nella parte inferiore per quanto riguarda iOS o nella parte superiore per quel che concerne Android (Figura 2.2).

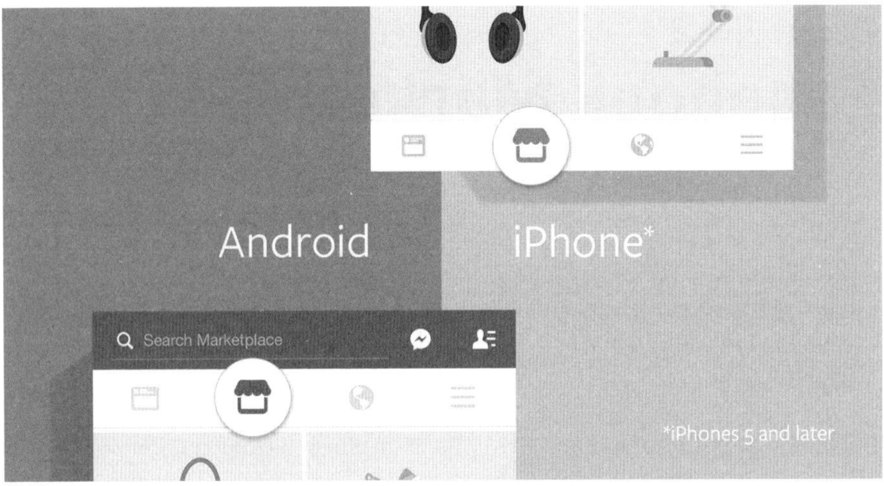

Figura 2.2 Dove poter trovare l'icona di Marketplace su Android e iOS.

La trattativa viene gestita direttamente tra persone, che possono vendere a utenti che hanno più di 18 anni di età nella piazza più grande del mondo, dove si può trovare di tutto (dai mobili alle automobili) e dov'è vietata la vendita di prodotti come alcol o armi da fuoco, e di animali.

Un po' di dati sull'e-commerce

In un'economia globale come quella che viviamo in questo secolo, il processo d'acquisto ha subito degli stravolgimenti.
Le vendite e-commerce nel 2016 coprono un giro d'affari pari a 20,9 miliardi: 18,8 milioni di acquirenti acquistano online (il 7,5% da tablet e il 13,5% da smartphone); gli acquisti mobilità sono sempre più diffusi tra i giovani (il 24,2% degli utenti fra i 25 e 34 anni e il 28,8% degli utenti 35 e i 44 anni, le fasce di utenza tipiche di Facebook).
Salgono, poi, nei vertici delle vendite e-commerce del 2016, il dettaglio non alimentare (65% dei casi), gli alimentari (34%), abbigliamento, calzature e informatica (tra il 28 e il 27%). Il turismo e il tempo libero contribuiscono sempre di più al fatturato per un totale di 460 milioni di euro, che è il valore delle vendite grocery nel canale online.

Proprio come Fabris afferma nel suo *Il nuovo consumatore post moderno*, sono necessarie più empatia e innovazione e i negozi che hanno introdotto elementi innovativi crescono a una velocità del +6,7%.
Secondo il Rapporto Coop Digitale 2016, il consumatore vuole più empatia, il punto vendita vincente e una shopping experience diversa dalle altre, prodotti freschi, una comunicazione utile al sostegno del processo di acquisto, un'offerta innovativa e che sia in grado di sfruttare le nuove tecnologie della comunicazione e dell'informazione.

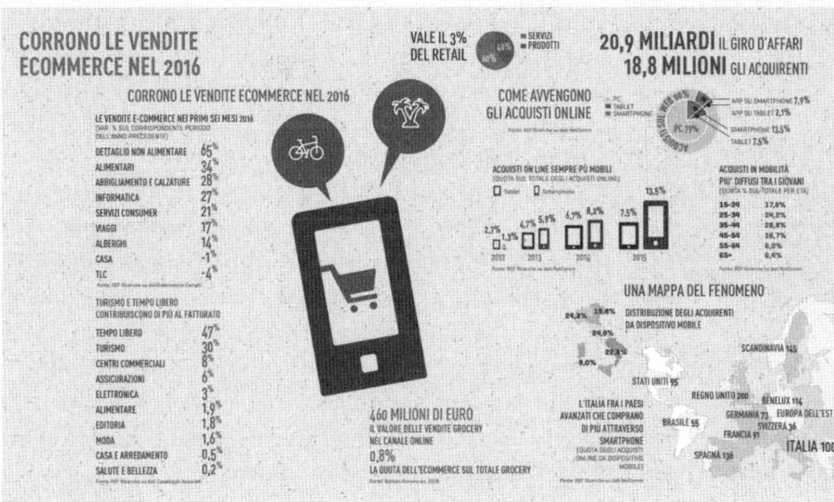

Figura 2.3 – Le vendite e-commerce nel 2016 (Rapporto Coop Digitale).

Acquistare beni durevoli

Gli utenti Facebook hanno l'opportunità di comprare gli articoli che desiderano a un prezzo più basso e nelle loro vicinanze.
Per comprare beni costosi è necessario dedicare tempo alle ricerche attinenti agli acquisti, al controllo dei documenti necessari e ai metodi di pagamento impostati.
Facebook Marketplace offre l'opportunità di guadagnare vendendo gli articoli; le offerte vengono ricevute in modo rapido, basta:

- **scattare una foto** che mostra l'articolo nelle sue condizioni attuali;
- **descrivere attraverso parole semplici le condizioni dell'articolo** (quindi se, per esempio, sono compresi gli imballi originali, ricevute o certificati, in modo da indurre gli utenti ad avere maggior fiducia) e spiegare il motivo per quale si sta vendendo;

- **proporre il prezzo giusto**. Facebook Marketplace offre l'opportunità di avere a disposizione anche un confronto con articoli simili a quelli che state mettendo in vendita.

In ultimo è possibile contrassegnare l'articolo come venduto, in modo da non ricevere più offerte. Una modalità d'acquisto molto similare è già presente nei gruppi Facebook.

"La piattaforma Facebook cerca di instillare fiducia e sicurezza negli acquirenti."

Dal punto di vista umano e sociale la piattaforma promuove le interazioni fra il venditore e l'acquirente: su Facebook Marketplace è possibile porre domande o fare offerte su Messenger, avere informazioni prima dell'acquisto o negoziare sul prezzo e concordare il luogo per lo scambio fisico.

A questo proposito, la piattaforma Facebook cerca di instillare fiducia e sicurezza negli acquirenti, supportandoli anche nelle fasi offline della vendita. Nel sito dedicato a Marketplace, per esempio, consiglia di fissare l'appuntamento per lo scambio in un luogo pubblico e di portare con sé un amico; dice che è buona norma incontrarsi dove c'è molta gente, come per esempio, un bar, una stazione di polizia, un supermercato e suggerisce di comunicare ad altre persone il luogo dell'incontro, se non è possibile portare con sé nessun amico.

Figura 2.4 Homepage di Facebook Marketplace.

PayPal o il denaro contante sono ottime opzioni di pagamento, che rendono certi di aver realmente acquistato un bene materiale, visto che ancora oggi non è consentito agli utenti italiani trasferire denaro su Messenger, come invece è possibile negli Stati Uniti, in Francia e nel Regno Unito[1]. Marketplace mette a disposizione una normativa dedicata alle vendite[2]. Inoltre offre l'opportunità di segnalare acquirenti, venditori e articoli che non rispettano gli standard della community[3] o non sono sicuri; inoltre si possono segnalare attività criminali o illegali alle autorità locali.

Marketplace vicino ad Amazon o eBay?

Anche se si vocifera dal World Economic Forum[4] che i grandi giganti del tech abbiano i giorni contati per via delle loro posizioni monopolistiche, Facebook, Amazon, Google, eBay, Spotify, Netflix vivono un'era di importante successo, dettato dall'individuazione corretta dei bisogni degli utenti e dalla conseguente capacità di fornire loro soluzioni sempre più adeguate alle esigenze. Facebook Marketplace, al momento in cui scriviamo, permette la compravendita tra utenti privati di diversi prodotti, ed è molto simile a Trovaprezzi.it, Subito.it e Kijiji. La parte di piattaforma Facebook dedicata alla vendita indubbiamente potrà diventare terreno fertile per settori come automotive e immobiliare, dove gli agenti già si muovono con i loro profili personali e cercano di attirare lead utili. C'è da chiedersi se Facebook aprirà Marketplace alle aziende, in modo da collegarvi così le attività della tab Vetrina della Fanpage o se rimarrà uno step al di sotto, per lasciar progredire le Pagine con le funzionalità accessorie.

Lontani per metodo di pagamento e settore di applicazione, Amazon e eBay agiscono su leve marketing diverse, il primo focalizzandosi su un immenso catalogo prodotti e sull'immediatezza delle spedizioni, il secondo favorendo la logica delle aste che premia chi è abituato da tempo all'acquisto in questa metodica.

Su Marketplace ancora non esiste la possibilità di rilasciare recensioni per il venditore o l'acquirente e valutazioni dell'articolo acquistato: di fatto siamo in un primo step ancora tutto da monitorare per comprendere a pieno il successivo utilizzo, soprattutto in termini business. Di fatto, oggi, già alcuni profili personali lo utilizzano per scopi lavorativi: notate per esempio le immagini di auto in vendita, visibilmente provenienti da parchi auto di autosaloni, oppure più immobili in vendita sotto lo stesso profilo personale o, ancora, prodotti provenienti dalla categoria dei servizi attinenti all'area dei professionisti. Il fatto che Facebook Marketplace sia stato implementato da pochi mesi nella piattaforma non permette un raffronto oggettivo con i grandi Marketplace

1. https://newsroom.fb.com/news/2017/11/send-money-to-friends-in-messenger-now-in-euros-and-british-pounds.
2. https://www.facebook.com/policies/commerce.
3. https://www.facebook.com/communitystandards.
4. https://www.agi.it/economia/facebook_google_soros_davos-3415295/news/2018-01-26.

esistenti, ma solleva sicuramente tesi sull'importanza che potrebbe avere in termini di local marketing e di successive Local Ads. Permettere di vendere in una parte dedicata della piattaforma potrebbe essere un nodo cruciale per tante PMI, che oggi portano un valore economico totale di 500 miliardi di euro (pari al 70% del PIL)[5]. Secondo dati ISTAT 2015, nel nostro Paese sono attive più di 4 milioni di imprese con meno di 250 addetti. Comprendiamo bene quanto sia importante, per l'Italia, una porzione di Facebook dedicata ad aziende che non potrebbero farcela da sole a implementare risolutivi e-commerce o negozi virtuali su grandi marketplace, che richiedono importanti commissioni sulle vendite. Oltre ciò, Marketplace presenta altri vantaggi:

a. consente una rapida analisi della concorrenza nelle vicinanze (l'utente riesce a visionare in fretta i prodotti suddivisi per raggio chilometrico e dunque i loro prezzi);
b. potenzialmente è raggiungibile da un database di oltre 2 miliardi di utenti nel mondo – tanti sono gli iscritti a Facebook – che si trattengono sulla piattaforma e contestualmente possono trovare prodotti e servizi. Gli altri marketplace vengono raggiunti solo per gli acquisti e poi abbandonati; nell'ambiente che contiene Marketplace, invece, gli utenti passano buona parte della loro giornata;
c. può moltiplicare la valenza delle figure professionali atte a gestire la presenza digitale dell'azienda.

Implementando funzioni aggiuntive e aprendo il mercato agli operatori business, Facebook Marketplace potrebbe diventare un valido competitor delle storiche piazze virtuali di compravendita, avendo il valore aggiunto della circoscrizione territoriale e al tempo stesso quello dell'agire globale, in piena ottica di "Think global, act local".

Facebook Marketplace e gli altri strumenti di acquisto e vendita online

(a cura di Valentina Sala[6])

Facebook sta attuando la sua strategia online per coprire un settore che fino a poco tempo fa gli era quasi estraneo: quello delle vendite online direttamente nella piattaforma.

Per quanto concerne l'e-commerce, settore in crescita che sta entrando sempre più rapidamente nella vita delle persone, Facebook ha dichiarato

5. http://www.associazionepmi.it.
6. E-commerce manager di Miroglio Fashion s.r.l., Valentina Sala collabora con OkNetwork Digital Media Agency come marketing manager e come docente dei corsi di web marketing, social media marketing ed email marketing.

espressamente guerra ai colossi, avendo dalla sua un ampio database utenti, targettizzato per anagrafica, interessi e comportamenti.
Dopo la vendita diretta all'interno dei gruppi e le vetrine per le Pagine, l'ultima novità verso la conquista del mercato online è, come avete letto, Marketplace. Si tratta, per ora, di uno spazio virtuale dove gli utenti, attraverso il proprio account personale, possono vendere oggetti nuovi o usati. Non ci sono ancora grandi evidenze per poter giudicare l'efficacia dello strumento, ma sicuramente verrà valutato dalle persone come una possibile alternativa agli altri canali di vendita online, soprattutto quelli che richiedono più investimenti o entry fee.
Un'indagine condotta[7] da Human Highway per eBay ha mostrato che le piccole e medie imprese italiane hanno fiducia nell'e-commerce e che si sono attivate per aggiungere questo canale alle proprie strategie, in modo da combattere la crisi economica che sta attraversando l'Italia. Le PMI e i privati sembrano quindi essere il target centrale di questa prima versione di Facebook Marketplace.

"Facebook stesso spinge lo scambio tra privati."

Il suo più grande punto di forza è rappresentato proprio dalla piattaforma in cui è inserito. Parliamo di Facebook, ovvero dell'enorme piazza virtuale dove possiamo trovare più di 2 miliardi di utenti attivi al mese.
Chi gestisce una o più Pagine Facebook lo sa bene: lo scopo di avere e mantenere una Pagina non è direttamente legato alla vendita, ma alla creazione di una relazione con l'utente affinché sia stimolato e interessato a quello che l'azienda ha da offrire e la scelga rispetto ai competitor. I social non sono luogo di vendita, ma Marketplace potrebbe colmare questo gap: unire la relazione e la trasparenza delle conversazioni tra utenti alla possibilità di vendita disintermediata. Il tutto su un'unica piattaforma, che permette di ottimizzare i costi di gestione e abbassare quelli di promozione attraverso le campagne di Facebook advertising e retargeting senza link in uscita, ma rimanendo all'interno dell'universo di Zuckerberg.
Per il momento le logiche di Facebook Markeplace si avvicinano più a quelle di portali come Subito.it[8] o Trovaprezzi.it[9]: non è un reale competitor di altri siti e-commerce come Amazon o siti monomarca, siamo ancora a un primo step di implementazione.

---

7. http://www.ilfoglio.it/articoli/2016/10/18 news/e-bay-2-pmi-on-line-su-3-impiegano-piu-di-4-addetti-105473/?refresh_ce
8. https://www.subito.it.
9. https://www.trovaprezzi.it.

Facebook stesso, nelle pagine di presentazione della nuova feature, spinge lo scambio tra privati e fa leva sulla vicinanza fisica tra venditore e acquirente. Se da un lato l'accessibilità, la facilità d'uso e la presenza di miliardi di utenti sono ottime ragioni per usare Facebook come canale di vendita, dall'altro ci sono dei grossi limiti per chi vuole fare della vendita online una strategia solida.

a. **Non siamo a un livello business.** L'attivazione, solo per account personali, impone una gestione manuale e personalizzata che non è possibile per attività strutturate e complesse. Non sempre c'è la possibilità di gestire tutto il carico di lavoro personalmente.
b. **Il pagamento non avviene sulla piattaforma**, ma deve essere gestito esternamente dalle parti. Questo pone reali problemi sulla sicurezza da entrambi i lati, venditore e acquirente, nonché sulle modalità stesse di consegna del prodotto venduto. Per dovere di cronaca, pare che si stia testando l'uso di pagamenti tramite WhatsApp[10], sempre di proprietà Facebook.
c. Un altro importante svantaggio è legato alla gestione del database clienti. **La piattaforma non prevede l'attivazione di azioni di CRM** o di lead nurturing in modo sistemico e automatizzato. Lavorare sui contatti e sui clienti acquisiti è una delle attività chiave per un e-commerce che vuole essere stabile.

Via libera, sicuramente, alle piccole attività di artigianato, dove il catalogo prodotti non arriva a più di qualche decina di pezzi e la produzione non è industrializzata. Esattamente quello che già succede su Etsy[11], ma senza fee sui pagamenti e con molti più utenti già attivi.
Vale lo stesso discorso per attività di ristorazione o di servizi immateriali che vogliono usare Marketplace come vetrina e mezzo di prenotazione. Pensate ai professionisti che vendono corsi online, per esempio, oppure a piccole imprese che possono usare Marketplace come mini vetrina per attrarre l'impareggiabile numero di utenti presenti su Facebook su altri canali di vendita più strutturati.

10. http://www.ilsole24ore.com/art/tecnologie/2017-08-11/whatsapp-lavora-payments-ecco-come-effettueremo-pagamenti-dentro-chat-151026.shtml?uuid=AE3RtvBC.
11. https://www.etsy.com.

Cinque cose che potete fare oggi

1. Inserite un prodotto in vendita su Facebook Marketplace.
2. Impostate il luogo e le informazioni utili agli utenti che volete raggiungere.
3. Quotidianamente aprite la sezione "In vendita" di Marketplace per controllare quanti utenti avete raggiunto.
4. Rispondete alle richieste di utenti interessati che vi arrivano attraverso Facebook Messenger.
5. Vendete o acquistate in luoghi sicuri.

Capitolo 3
Facebook Local Marketing

Non si è mai lontani abbastanza per trovarsi.
Alessandro Baricco

La sociologia classica dà molta importanza allo spazio nell'analisi della società. Come diceva Georg Simmel: "Lo spazio è, infatti, la condizione di possibilità dell'essere insieme. La società prende necessariamente forma nello spazio"[1].
Facebook permette all'interazione tra individui di essere personalizzata, elastica e adattiva. Giddens sosteneva che i rapporti sociali fossero tirati fuori dai contesti locali e che l'interazione fosse *stirata* nello spazio e nel tempo[2].
Facebook ha offerto una nuova opportunità ai rapporti tra utenti e tra questi e le aziende, basata sull'interazione diretta attraverso l'accessibilità a uno spazio immenso.
Aumentando la velocità e l'accessibilità a luoghi distanti, lo spazio è diventato più piccolo: la mobilità e la velocità riducono enormemente lo spazio a disposizione, di fatto facendo vivere l'utente perennemente in uno spazio locale. La società locale ha bisogno, quindi, di essere organizzata in un contesto specifico che consideri gli aspetti sociali, economici e politici. Di fatto sulla piattaforma Facebook, sociale per eccellenza, avvengono scambi, interazioni e forme più moderne di buon vicinato. Pensiamo a Facebook Marketplace, ai suggerimenti per trovare amici nelle vicinanze e a Facebook Places[3], che del resto sono solo alcune delle leve utili per far interagire l'utente o l'azienda con il contesto territoriale di riferimento, non ancorato a radici fisse ma in continua evoluzione e mobilità.

---

1. A. Bagnasco, M. Barbagli, A. Cavalli, *Corso di Sociologia*, Il Mulino, Bologna 1997.
2. *Ibidem.*
3. Controllate se la vostra Fanpage è inserita in Facebook Places.

Facebook Places

Facebook Places offre l'opportunità di digitare il nome del luogo in cui ci troviamo e di ottenere come risultati di ricerca consigli:

- sui luoghi;
- su dove mangiare;
- su dove bere;
- su cosa vedere;
- sugli alberghi;
- su dove fare acquisti.

Facebook Places appare come una grande pagina contenente luoghi correlati di informazioni importanti, come per esempio gli eventi in programma e i posti visitati dagli amici oltre che quelli più popolari nelle vicinanze. Mostra inoltre una piccola descrizione testuale inserita nella barra di ricerca, contenente dati sulla popolazione residente e sulla geografia del territorio.

Facebook Places permette alla vostra azienda di essere presente nel macro contenitore del territorio in cui operate.

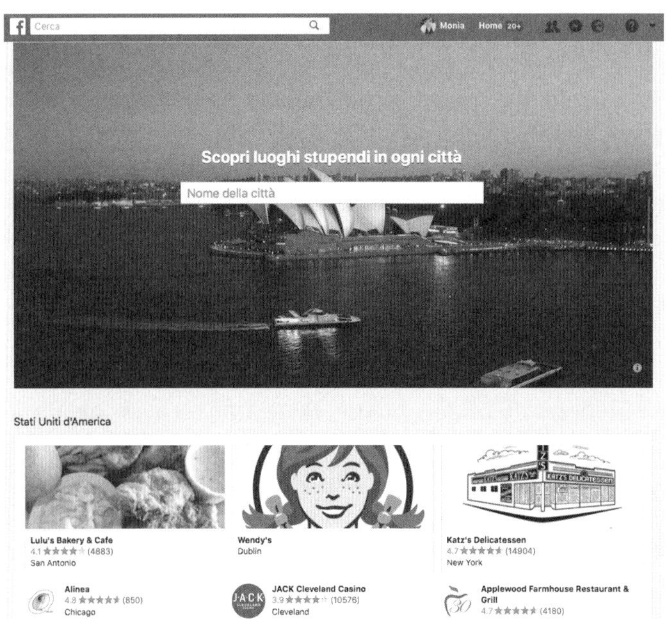

Figura 3.1 Homepage di Facebook Places.

Facebook Places è lo strumento attraverso il quale Facebook offre un servizio di geolocalizzazione interno al social utile soprattutto per le aziende del territorio, un vero e proprio social network specifico che parla solo delle attività commerciali del posto che si sta visitando, riporta le recensioni degli utenti e i loro check-in: si comprende quindi l'importanza sostanziale che hanno nella gestione della propria Fanpage.
Gli aspetti gestibili attraverso gli strumenti del local business di Facebook sono dunque di fondamentale importanza per le aziende di piccole-medie dimensioni; in questi casi specifici, ancor più importante è avere una Pagina Facebook rivendicata e verificata, in modo che il link interno a Facebook Places possa portare direttamente alla Pagina ufficiale l'utente, che troverà così più facilmente il punto vendita. Questo conduce di fatto ad avere un numero più ampio di clienti alla porta.

Facebook Location

La funzione Location di Facebook è un altro importante passo avanti per lo sviluppo della local search di catene franchising o attività commerciali che hanno più di una sede, tipo negozi con più di un punto vendita.

Facebook Location[4] serve a unire più sedi e gestirle sotto un unico centro di comunicazione, coordinando quindi l'immagine del brand da un'unica interfaccia (Figura 3.2).

Figura 3.2 Come richiedere l'accesso alla posizione per creare le Pagine per le sedi della propria attività.

4. https://www.facebook.com/help/contact/911181838969039?helpref=faq_content.

Facebook Location offre l'opportunità di trovare local business e le relative recensioni degli utenti suddivise per categorie (servizi idraulici, bellezza, cosmesi e cura del corpo, servizi per le aziende, pubblicità e marketing, medicina e salute, autolavaggi, farmacie fisioterapia, consulenti finanziari, contabili, addestratori cinofili e molto altro). Un vero e proprio motore di ricerca interno alla piattaforma Facebook, che renderà più facilmente individuabile la vostra azienda sul territorio.
Per aumentare la notorietà del proprio brand con l'advertising, Location permette alle aziende di:

- creare contenuti localizzati;
- gestire le inserzioni local (Figura 3.3);
- aiutare i clienti a trovare l'azienda velocemente;
- aggregare le registrazioni sulla Pagina principale.

Figura 3.3 Come gestire le Pagine delle vostre sedi aziendali.

Pubblicare una Pagina Facebook per ogni sede aziendale è vivamente consigliato per poter ricevere le recensioni suddivise per ciascuna e ottenere dati statistici localizzati per i contenuti pubblicati. Richiedere l'accesso alla posizione[5], creare più Pagine per l'azienda e unirle poi nella sezione location è un processo abbastanza articolato che prevede l'inserimento del nome, dell'indirizzo email di contatto e la selezione del numero di punti vendita posseduti (da 2 a 10, da 11 a 25 o più di 25), nonché la selezione della Pagina di appartenenza nella quale inserire i luoghi creati.
In questo modo nella vostra Pagina (da desktop nella colonna di sinistra proprio sotto la vostra immagine, mentre da mobile nella barra delle tab in alto, proprio sotto l'immagine di copertina), troverete la tab Luoghi: cliccandoci arriverete alla mappa del vostro territorio di appartenenza, da cui potrete gestire le vostre sedi aziendali, aggiungerne altre o modificare uno dei luoghi già inseriti.

5. https://www.facebook.com/help/contact/911181838969039.

Cliccando su “Impostazioni” potrete accedere a diverse funzioni di visualizzazione messe a disposizione per gli utenti: per esempio potete permettere alle persone che visitano le Pagine di vedere altre nelle vicinanze della vostra azienda o di mostrare i post della Pagina centrale sulle Pagine delle vostre sedi (Figura 3.4).

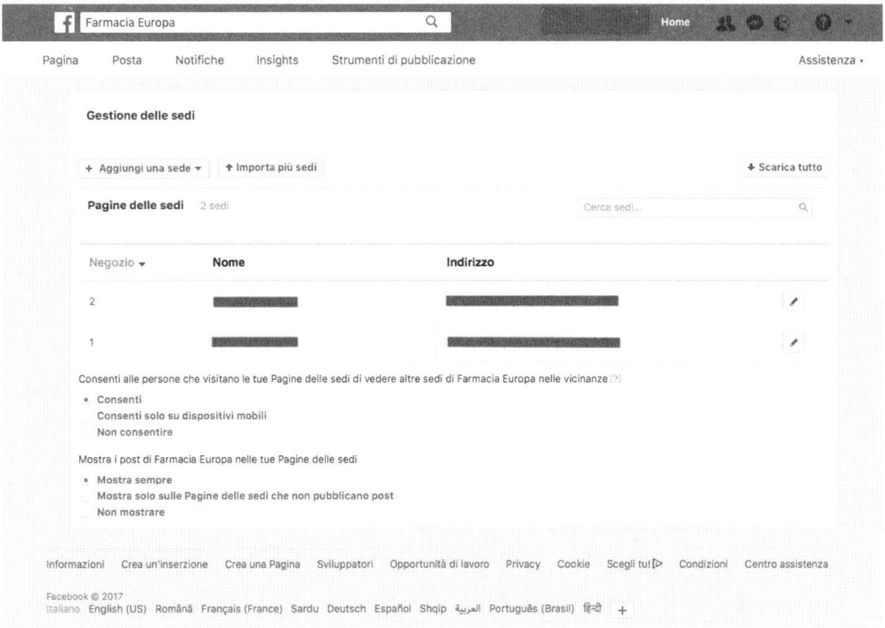

Figura 3.4 Gestione delle sedi.

Facebook Bluetooth

L’interesse di Facebook per il business local si manifesta anche con Facebook Bluetooth: per richiederne l’attivazione[6] bisogna raggiungere la Pagina messa a disposizione e procedere con l’ordine (Figura 3.5). I beacon di Facebook Bluetooth permettono di mostrare alle persone presenti in un punto fisico dell’attività informazioni *ad hoc*, come una foto e una nota di benvenuto, il suggerimento di fare il check-in e inserire il Like alla Fanpage, i post sulla Pagina Facebook e le raccomandazioni degli amici che sono già stati lì.

6. https://placetips.fb.com/beacons.

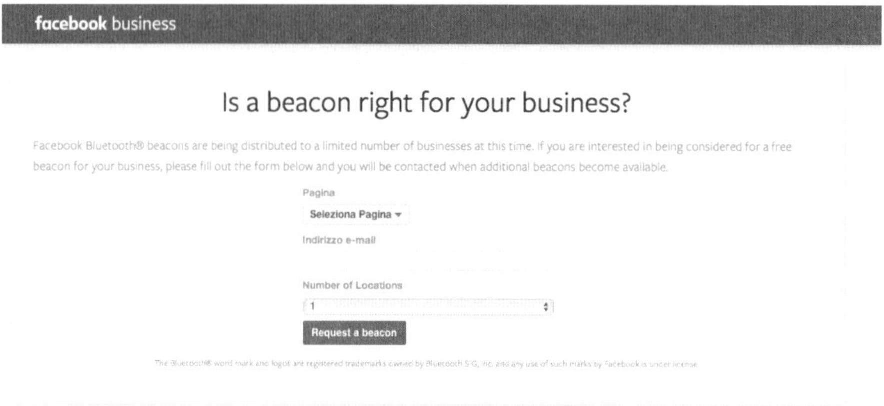

Figura 3.5 Come richiedere i beacon di Facebook Bluetooth.

Place Tip funziona attraverso Wi-Fi e GPS, ma con Facebook Bluetooth potete offrire informazioni più dettagliate e più vicine all'utente, e un'esperienza più immersiva per attività come un ristorante, un museo o un negozio.

Facebook Local Ads

Con gli strumenti di Facebook per il marketing locale è possibile impostare di conseguenza anche Local Ads (cioè annunci dedicati alle attività locali targettizzati sul territorio strettamente circostante) e inserire call to action come "Chiama ora" e "Ottieni indicazioni stradali" importanti per attività business che necessitano di essere ritrovate e raggiungibili facilmente dall'utenza.

> Facebook vi permette di procedere con pubblicità local che raggiungono davvero gli utenti sul territorio.

Così facendo la pubblicità tradizionale, come la cartellonistica stradale e il volantinaggio, perde il posto a favore dell'advertising di Facebook, che permette: di realizzare campagne di *local awareness* e quindi acquisire lead geolocalizzati in aree di interesse; di raggiungere così un numero maggiore di potenziali clienti nei dintorni, segmentandoli anche per categoria e per interessi in maniera molto più specifica.
Inoltre, a differenza delle sponsorizzazioni classiche, potete monitorare realmente i risultati calcolando i contatti acquisiti, il coinvolgimento ottenuto e il ritorno dell'investimento.

Potete procedere dunque con advertising local, scegliere di realizzare campagne con call to action specifiche e utili alla vostra attività sul territorio: avete l'opportunità di identificare un'audience nel vostro distretto territoriale di appartenenza e segmentarla in maniera dettagliata rispetto agli interessi della popolazione di riferimento. Potete inoltre programmare la durata dell'advertising in relazione alle azioni reali degli utenti e di conseguenza pesare meglio il budget destinato alla comunicazione. La differenza con l'agire su un pubblico molto più ampio o sul territorio nazionale è evidente.

"Avete l'opportunità di identificare un'audience nel vostro distretto territoriale di appartenenza."

Facebook e il marketing turistico: come attrarre clienti, aumentare le prenotazioni e proporre il proprio hotel

(a cura di Irene Schillaci[7])

Facebook è uno degli strumenti più efficaci per la promozione di una destinazione o di una struttura turistica. Secondo Internet Marketing Inc.[8], il 52% degli utenti di Facebook ha programmato le vacanze facendosi ispirare dalle foto condivise dai propri amici; inoltre, dopo aver cercato la vacanza sui social media, il 33% delle persone ha cambiato idea sull'hotel scelto prima della ricerca. All'interno del microcosmo di Facebook, le persone amano condividere fotografie e video dei propri momenti felici; raccontano le proprie esperienze d'acquisto, positive e negative; chiedono e offrono consigli su negozi, prodotti, ristoranti, alberghi. Guardano le immagini condivise dai propri contatti, leggono i loro racconti di viaggio e ascoltano i loro consigli. Facebook è estremamente attento all'utilizzo che le persone fanno della piattaforma; non a caso, gli aggiornamenti degli ultimi anni hanno introdotto diverse funzioni. Oltre alla possibilità di lasciare recensioni sulle Pagine, ci sono:

- **Facebook Services** (Figura 3.6)[9], il "motore di ricerca" dei servizi e delle attività locali. Le attività presenti sono suddivise per categoria prin-

7. Social media strategist, copywriter e community manager, Irene Schillaci aiuta le strutture ricettive a sviluppare strategie di comunicazione per il web e a migliorare la loro reputazione online.
8. https://www.internetmarketinginc.com/blog/importance-social-media-travel-brands.
9. https://www.facebook.com/services.

cipale, sottocategoria e area geografica: nei risultati di ricerca compaiono per prime quelle attività che hanno un numero maggiore di recensioni e il rating più alto. I filtri in base ai quali modificare la ricerca sono i luoghi visitati dagli amici, gli orari di apertura e il prezzo; tra i risultati di ricerca sono evidenziate anche quelle Pagine a cui le persone nella nostra rete di contatti hanno messo "Mi Piace".

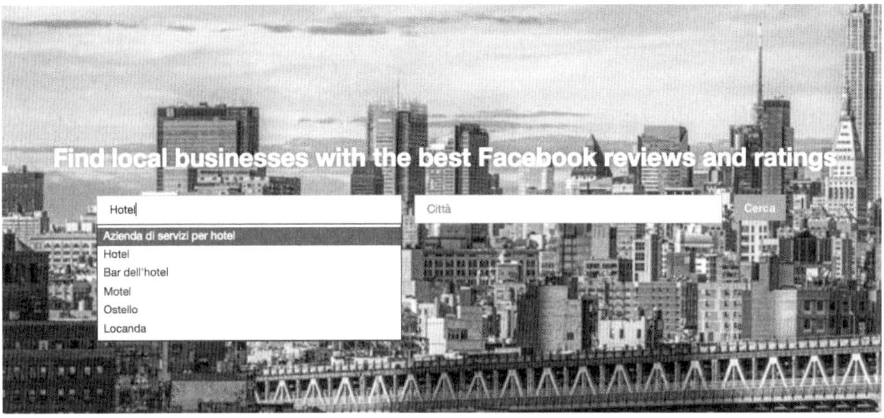

Figura 3.6 Facebook Services (ricerca hotel).

Attualmente esiste un collegamento con Facebook Places: la ricerca restituisce anche l'elenco di città vicine in cui trovare la stessa categoria di attività locale; i posti migliori da vedere nella città in cui viene fatta la ricerca; dove mangiare; dove bere; dove fare acquisti; gli hotel, i luoghi visitati dagli amici e quelli salvati da noi.
Pian piano Services si sta integrando anche con la Graph Search: al momento, sono indicate anche varie attività locali "complementari" suddivise per categoria. Purtroppo si riscontra ancora qualche problema con la lingua italiana.

- **Facebook Recommendations** (Figura 3.7)[10], una delle ultime impostazioni introdotta in ordine temporale, che permette di chiedere dei consigli riguardo una località, con un post pubblico o riservato alla propria rete di contatti. Chiunque commenti il post avrà la possibilità di consigliare un luogo, inserendo un link alla Pagina Facebook, e il luogo consigliato sarà aggiunto automaticamente alla mappa. In alternativa, si può aggiungere il luogo direttamente, senza commentare il post.

10. https://www.facebook.com/recommendations.

Figura 3.7 La ricerca di consigli attraverso post Facebook.

- **Facebook Places** (Figura 3.8), a cui ho già accennato parlando di Services, che consente di esplorare gli eventi e tutto ciò che una città offre: si sta trasformando in una "lista" di cose da fare, man mano integrata in Facebook City Guides.

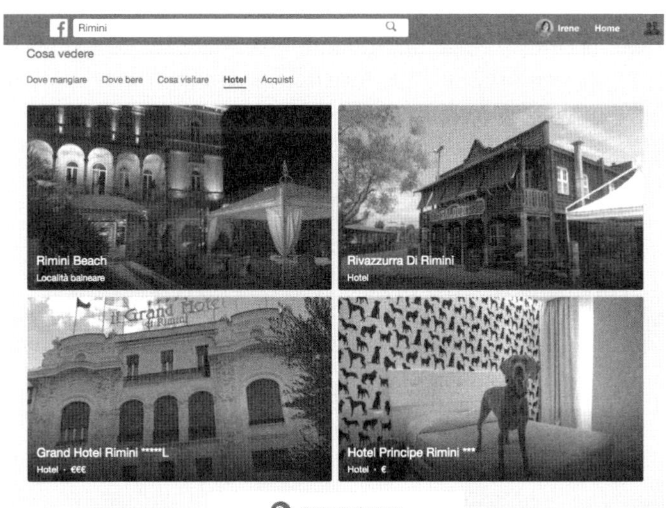

Figura 3.8 Facebook Places (cosa fare a Rimini, hotel).

- La recente app **Facebook City Guides** (Guide della città), un'evoluzione di Facebook Places in chiave turistica. City Guides, non ancora disponibile per tutte le città, racchiude suggerimenti per eventi, attrazioni turistiche e luoghi da visitare, bar e ristoranti, selezionati in base ai posti più visitati dagli abitanti del luogo e ai check-in compiuti dagli amici con i quali interagiamo di più[11].

Avere una Pagina Facebook ottimizzata per il proprio hotel diventa sempre più indispensabile; allo stesso modo, le recensioni si confermano il mezzo più importante per farci trovare da chi non ci conosce ancora. Tutte le nuove funzioni introdotte hanno in comune un unico punto di partenza: il meccanismo di riprova sociale, teorizzato dallo psicologo Robert B. Cialdini nel suo saggio *Influence: The Psychology of Persuasion*[12]. Secondo Cialdini, le nostre azioni sono influenzate dall'evidenza sociale, ovvero dalle azioni che compiono le persone intorno a noi. Le persone all'interno della nostra cerchia di amici sono quelle di cui abbiamo fiducia: è dunque normale che i loro consigli, i loro check-in e le loro recensioni abbiano un peso maggiore nella scelta dell'hotel o, in generale, della destinazione per la prossima vacanza.
Di questi nuovi strumenti e di come sta cambiando il panorama del local marketing su Facebook ne ha già ampiamente parlato Silvia Signoretti[13]. Quello che mi interessa sottolineare è che, aggiornamento dopo aggiornamento, Facebook dimostra di avere molto a cuore le attività locali e il settore travel. Per una struttura turistica essere su Facebook significa riuscire a intercettare la domanda latente, ovvero intercettare i bisogni delle persone con cui viene a contatto, conquistarle e creare una base di clienti entusiasti, pronti a recensire positivamente la loro vacanza, a ritornare anno dopo anno e a suggerire alla propria rete di contatti la struttura.

Come impostare la Pagina Facebook di una struttura turistica

La Pagina Facebook di una struttura turistica è una Pagina local, ovvero una Pagina a cui corrisponde un luogo reale, con un indirizzo fisico e un numero di telefono. Per verificare la Pagina della propria struttura è necessario, quindi, seguire una procedura di riconoscimento via telefono oppure inviare via posta dei documenti che attestino che la Pagina si riferisce a un'attività

11. Per una spiegazione sul funzionamento di Facebook City Guides: http://silviasignoretti.com/facebook-city-guide-in-vacanza-con-le-guide-di-facebook.
12. R.B. Cialdini, *Influence: The Psychology of Persuasion*, Collins, 2006.
13. S. Signoretti, "Il ruolo dei social media in un progetto di local marketing", in F. Antonacci, C. Carriero, *Local Marketing: strategie per promuovere e vendere sul territorio*, Hoepli, Milano 2017; S. Signoretti, "Local Search e Locations - Facebook per le realtà locali", in A. Sportelli, *La pubblicità su Facebook*, Hoepli, Milano 2016.

locale realmente esistente (per esempio, il contratto telefonico). Chiaramente, è molto più semplice procedere via telefono. Da *Impostazioni > Generali > Verifica Pagina:*

- inserite il numero di telefono della struttura, il Paese e la lingua;
- cliccate "Chiama ora" per ricevere una telefonata automatica da Facebook con un codice di 4 cifre;
- inserite il codice ricevuto e procedete con la verifica.

A questo punto, accanto al nome della vostra attività comparirà un badge grigio. Se la Pagina da verificare rappresenta la Pagina ufficiale di una destinazione turistica, la procedura cambia. In questo caso, si tratta di una Pagina di pubblico interesse e va richiesto un badge blu, compilando una richiesta online[14] e fornendo alcuni documenti che attestino la motivazione della richiesta.
Perché è importante verificare la propria Pagina Facebook? Il badge di verifica è un sigillo di garanzia da parte di Facebook: attesta che la Pagina visitata rappresenta la Pagina ufficiale della vostra struttura (o della destinazione), migliora la vostra reputazione e aiuta le persone che non vi conoscono a fidarsi di voi.
Una volta creata e ottimizzata la vostra Pagina Local[15], scopriamo quali tab e impostazioni possono aiutarvi a comunicare al meglio la vostra struttura su Facebook.
Un'impostazione che vi suggerisco di modificare immediatamente riguarda la possibilità di scrivere post in più lingue: attivando questa funzionalità potrete scrivere un unico post e sarà Facebook a mostrarlo alle persone nella lingua più pertinente, in base alle loro impostazioni. Le reazioni e i commenti saranno aggiunti nello stesso post. Per attivare questa funzionalità, cliccate su *Impostazioni > Generali > Post in più lingue*. Sempre nelle impostazioni generali potete scegliere le opzioni di visibilità dei post, attivando la selezione del pubblico in "Pubblico della sezione/Notizie e visibilità dei post": per ogni singolo post, ciò vi consentirà di limitare il target e scegliere un pubblico specifico da voi selezionato in base agli interessi, al genere, all'età; inoltre, potrete escludere una parte del pubblico in base alla posizione geografica e alla lingua.
In ultimo, da *Impostazioni > Messaggi* potete redigere delle risposte automatiche istantanee o creare un messaggio di saluto per le persone che si connettono via Messenger alla vostra Pagina Facebook per la prima volta. Per esempio, potreste dare loro il benvenuto nella vostra struttura, oppure

14. Ecco le istruzioni per richiedere un badge blu: https://www.facebook.com/help/contact/342509036134712.
15. Per l'ottimizzazione di una Pagina locale, vedi S.Signoretti, "Il ruolo dei social media in un progetto di local marketing", in op. cit., pp. 137-144.

informarle che le richieste di prenotazione sono gestite solo via email o comunicare che la richiesta inviata sarà gestita al più presto. Nella Figura 3.9 vediamo il messaggio del B&B Cinecittà4You di Roma.

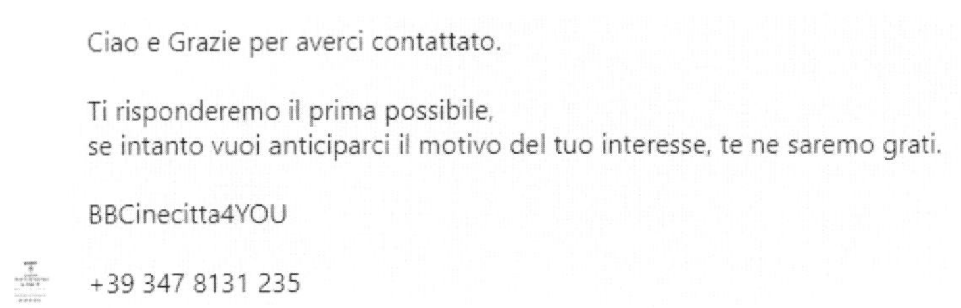

Figura 3.9 B&B Cinecittà, Messenger automatico.

Le tab da attivare per la vostra impresa locale: Vetrina, Eventi e Servizi

Le tab impostate di default per un'impresa locale sono: Home, Post, Recensioni, Video, Foto, Informazioni, Community e Gruppi. Cliccando su *Impostazioni> Modifica Pagina* è possibile modificare le tab predefinite, aggiungerne alcune e rimuoverne altre[16].

Tra le tab "facoltative" proposte da Facebook quelle più utili per una struttura turistica o una destinazione sono le tab Servizi e Vetrina. Entrambe danno la possibilità di presentare servizi o prodotti in vendita. Quindi su Facebook si vende? Non proprio. Con la tab Servizi è possibile presentare e mettere in primo piano i servizi offerti dall'hotel, scegliendo se indicare il prezzo o no. La tab Vetrina, invece, permette la vendita di prodotti. Dopo aver aggiunto la tab, è necessario accettare le condizioni di vendita[17] e scegliere il metodo e la valuta di pagamento: si può decidere di gestire il pagamento internamente a Facebook oppure inviare le persone al proprio sito web, dove procederanno con l'acquisto. La Vetrina è pronta; adesso bisogna solo creare una descrizione del proprio "negozio online" (200 caratteri al massimo) e inserire i prodotti, seguendo le linee guida di Facebook per aggiungere immagini, descrizioni e varianti di prodotto (Figura 3.10)[18].

16. Le sezioni e tab che possono essere rimosse sono: Eventi, Gruppi, Note, Servizi, Vetrina, Offerte e Recensioni.
17. L'accordo commerciale e i termini di servizio sono disponibili solo in lingua inglese al seguente link: https://www.facebook.com/legal/commerce_product_merchant_agreement.
18. Le linee guida di Facebook per l'aggiunta di prodotti alla vetrina sono disponibili a questo link: https://www.facebook.com/business/help/481150918755515.

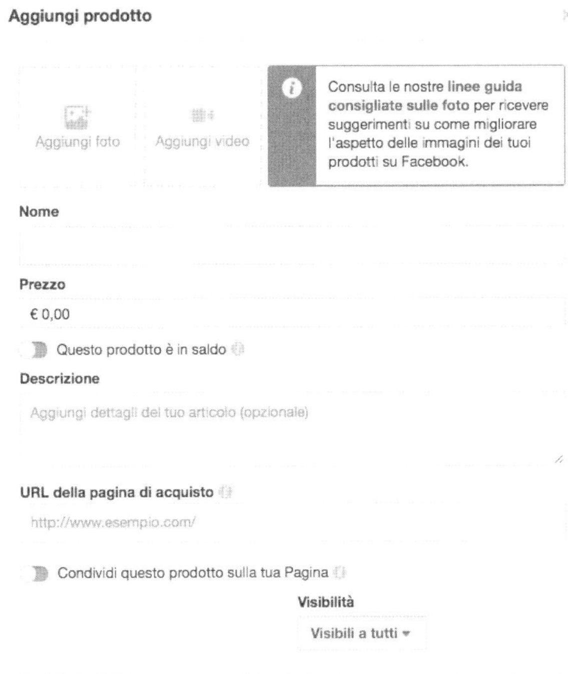

Figura 3.10 Aggiunta di un prodotto sulla tab Vetrina di Facebook.

Nel caso specifico di una struttura turistica con un proprio booking engine, la Vetrina potrebbe limitarsi alla presentazione delle stanze o di pacchetti dedicati per ponti o festività; oppure potrebbe essere usata per la vendita di servizi ancillari: nel vostro hotel avete un ristorante aperto al pubblico? O una SPA? Potreste usare la vetrina proprio per parlare di questi servizi aggiuntivi e attrarre nuovi clienti che non stanno cercando un soggiorno. Per esempio, l'Astoria Park Hotel di Riva del Garda utilizza la Vetrina proprio per promuovere dei pacchetti dedicati ad alcuni periodi dell'anno (Figura 3.11).
Lo stesso hotel ha attivato anche la tab Servizi, usandola per presentare gli extra e i servizi accessori offerti, differenziandoli così dalle offerte vere e proprie (Figura 3.12).
Anche le destinazioni turistiche che si promuovono su Facebook possono inserire queste tab e magari usare la Vetrina per la vendita diretta di tour organizzati, biglietti per eventi, attrazioni turistiche e musei; un esempio in questo senso è rappresentato da Bologna Welcome, la DMO (Destination Management Organization) che si occupa della promozione turistica della Città Metropolitana di Bologna.

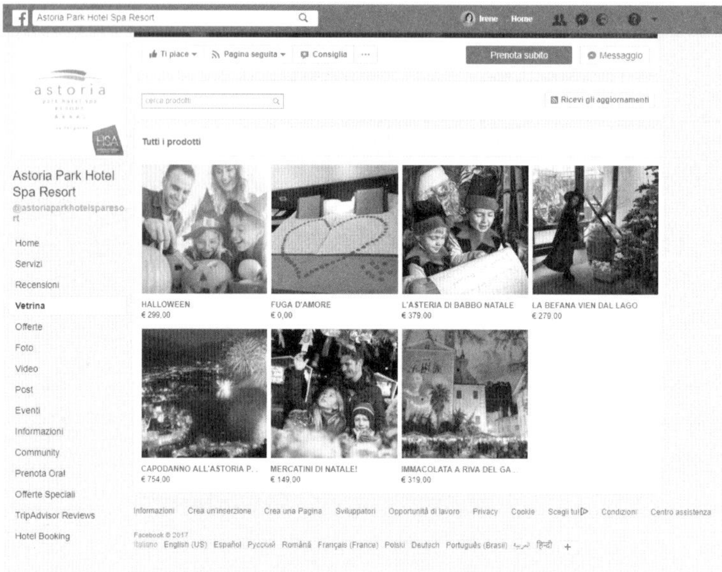

Figura 3.11 Astoria Park Hotel (vetrina).

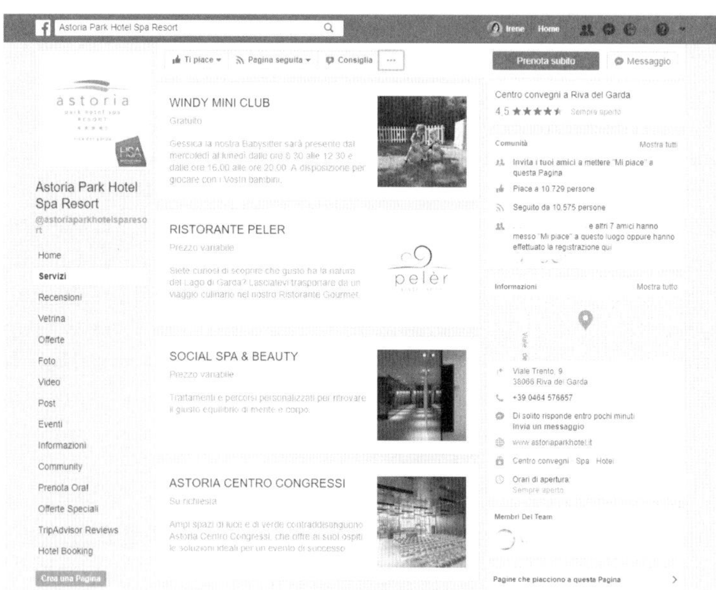

Figura 3.12 Astoria Park Hotel (servizi).

Insieme alle tab Servizi e Vetrina, le destinazioni turistiche dovrebbero attivare la tab Eventi e usarla per promuovere tutti gli eventi del proprio territorio, compresi quelli organizzati da altri enti. Difatti, è possibile aggiungere alla propria Pagina anche gli eventi di cui non si è organizzatori: una bella opportunità per la promozione territoriale, che anche le singole strutture turistiche dovrebbero sfruttare. Qualcuno lo fa già, per esempio l'Hotel Rudy di Cervia. Se la vostra struttura lo consente, potete lasciare spazio alla fantasia e organizzare voi stessi degli eventi, dedicati ai vostri ospiti o aperti al pubblico: magari avete un bar o un ristorante che volete far conoscere anche a chi abita nella vostra città? La tab Eventi fa proprio al caso vostro.
Un'altra tab utile per le strutture turistiche e le destinazioni è quella relativa alle Offerte, che potrebbe essere usata per promuovere un last minute o un'offerta a scadenza temporale, da poter acquistare online o direttamente presso la struttura.

Figura 3.13 Creazione di un'offerta su Facebook.

Un'altra applicazione che non può mancare sulla Pagina Facebook della vostra struttura è TripAdvisor Reviews[19]. Fate un respiro: che lo vogliate o no, prima di prenotare una vacanza le persone leggeranno le recensioni lasciate da altri viaggiatori come loro. Perché non rendere tutto più semplice, integrando l'applicazione nella vostra Pagina Facebook? Tra i plus di TripAdvisor Reviews c'è anche la possibilità di scrivere una recensione senza uscire da Facebook (Figura 3.14).

19. Per installare l'applicazione di TripAdvisor per Facebook, visitate il sito https://www.tripadvisor.it/FacebookApp e seguite le istruzioni.

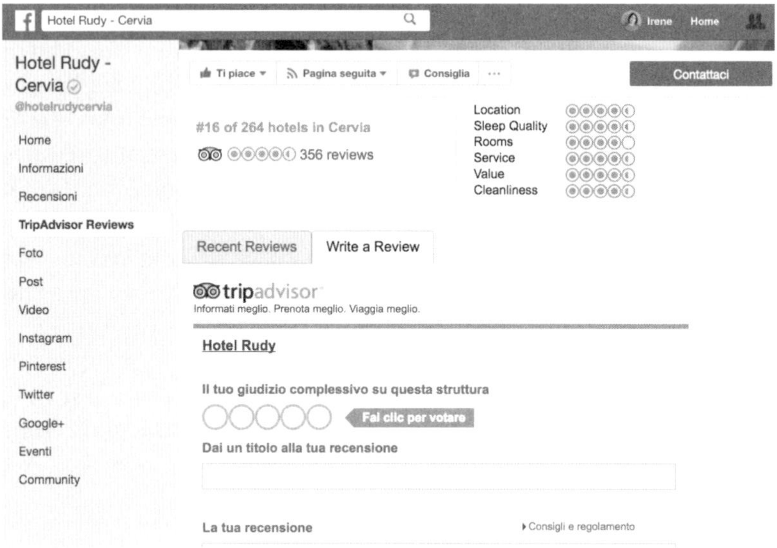

Figura 3.14 Hotel Rudy Cervia (app TripAdvisor).

Booking engine: prenotare non è mai stato così facile con Facebook

L'integrazione più importante, però, è quella che consente alle persone di usare il vostro booking engine e portare a termine la prenotazione, sempre senza uscire da Facebook. Ormai tutti i fornitori di booking engine offrono anche un'applicazione per integrare lo strumento di prenotazione nella propria Pagina Facebook. Ciò fa capire quanto questo canale sia fondamentale per incrementare le prenotazioni dirette.

Ritornando, per esempio, sulla Pagina Facebook dell'Astoria Park Hotel, è possibile notare l'integrazione con due diverse applicazioni, entrambe fornite da Booking Expert[20]: Prenota Ora! e Offerte Speciali. La prima permette di conoscere tutte le tipologie di camere disponibili per le date selezionate e offre anche la possibilità di avere maggiori informazioni sulla camera e vedere una galleria fotografica (Figura 3.15).

La seconda, invece (Figura 3.16), è riservata proprio alle offerte speciali e sfrutta alcune delle "armi persuasive" teorizzate da Cialdini[21]: l'autorità (sistema ufficiale di prenotazione); l'impegno e la coerenza (miglior prezzo garantito, miglior policy garantita); la riprova sociale, garantita dall'esclusi-

20. http://www.bookingexpert.it/booking-engine.html.
21. R.B. Cialdini, *Influence: The Psychology of Persuasion*, Collins, 2006.

vità (pacchetti e offerte speciali esclusive); l'urgenza e la scarsità (la scadenza con il timer in bella vista sull'offerta).

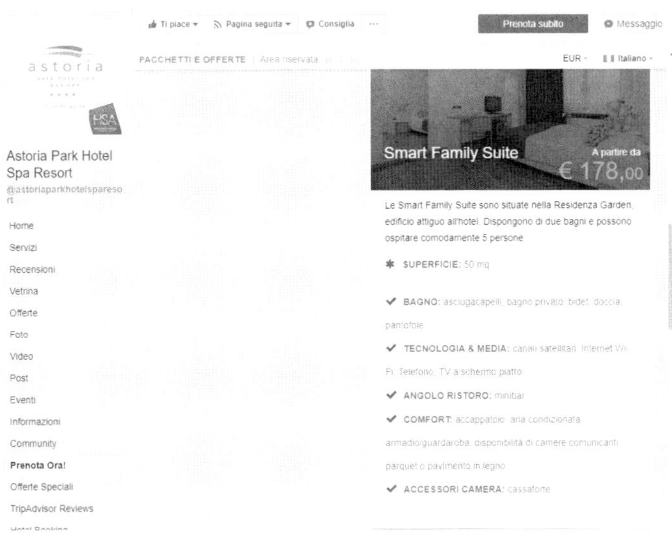

Figura 3.15 Astoria Park Hotel (Prenota Ora!).

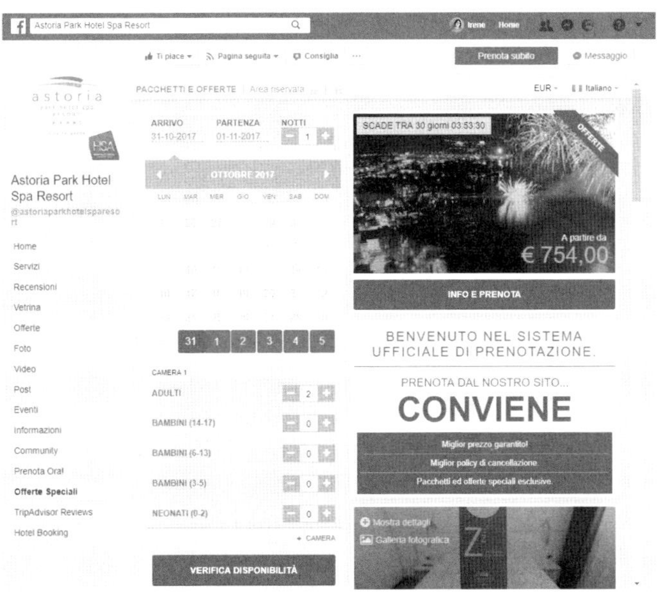

Figura 3.16 Astoria Park Hotel (Offerte Speciali).

In questa sede, citare tutti i fornitori di booking engine che permettono l'integrazione con la Pagina Facebook sarebbe impossibile. A titolo esemplificativo, mi limito ad aggiungere l'Oxygen Lifestyle Hotel di Rimini (che utilizza simpleBooking[22]) e il White Hotel and Resort di Vieste (che utilizza Ericsoft[23], Figura 3.17).

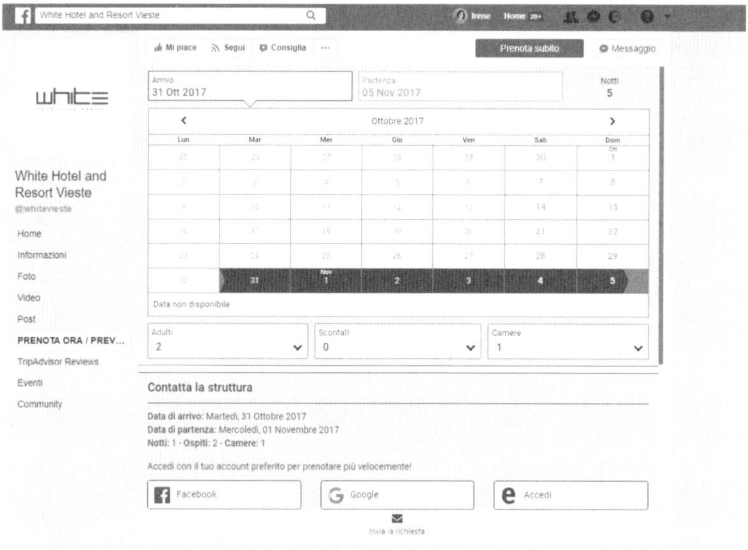

Figura 3.17 White Hotel (form di prenotazione).

Per quanto riguarda la vendita dei servizi ancillari, se vi affidate a un'agenzia web che può sviluppare per voi delle applicazioni, potreste crearne una che rispecchi il vostro stile di comunicazione. È questo il caso dell'i-SUITE Hotel di Rimini, che ha integrato nella sua Pagina Facebook i-SUITE gifts, un'applicazione per acquistare dei voucher personalizzabili: si possono comprare un soggiorno speciale, una cena nel ristorante interno o dei trattamenti benessere nella SPA.

Come scegliere i contenuti da pubblicare?

Dopo aver impostato correttamente la Pagina Facebook, il compito più gravoso è di popolarla di contenuti. Cosa pubblicare e con quale frequenza? Per stabilire quali contenuti condividere sulla vostra Pagina Facebook, la prima

22. http://www.simplebooking.travel/it/.
23. http://www.ericsoft.com/it/booking-engine-hotel.

cosa che vi consiglio di fare è scrivere una lista con i vostri punti di forza, analizzare la tipologia di clienti abituali e stabilire quali persone vorreste raggiungere grazie a Facebook.
Per esempio, se la vostra struttura è un family hotel con un'identità ben definita, potete anche permettervi di condividere informazioni "a carattere personale" sulla Pagina Facebook, a patto che siano in linea con la vostra comunicazione online (sito Internet e altri social network) e offline. Nella Figura 3.18 vediamo il Family Hotel La Grotta di Vigo di Fassa, che ha ben chiaro quale sia il suo target di riferimento e condivide spesso informazioni di questo genere.

Figura 3.18 Family Hotel La Grotta, esempio di contenuto Facebook.

Sul sito Internet dell'hotel, la nonna Maria racconta di come, insieme al marito Sandro, nel lontano 1974, abbia trasformato la loro vecchia casa di contadini in un hotel. Un hotel a conduzione familiare da allora. Anche senza conoscere la storia dell'hotel, il post condiviso su Facebook rispecchia esattamente i valori espressi sul sito Internet: la tradizione, l'amore familiare e l'esperienza. Chi ha già soggiornato in hotel proverà nostalgia e inizierà a pensare di prenotare un nuovo soggiorno. Chi, invece, non è mai stato ospite della struttura, molto probabilmente deciderà di fidarsi di chi incarna così bene i propri valori, scegliendo l'hotel La Grotta per la prossima vacanza con la famiglia.

Quindi, dopo aver stabilito chi siete, cosa sapete fare bene e chi sono i vostri clienti, potete iniziare a pensare a un piano editoriale, una "scaletta" di contenuti da pubblicare sulla vostra Pagina Facebook, suddivisi per giorni e per tipologia. Il piano editoriale dovrà servirvi da bussola: non abbiate paura di abbandonarlo se ce ne fosse l'esigenza, ma non navigate a vista.

"Sfruttate i contenuti generati dai vostri ospiti."

Parlate di ciò che può interessare ai vostri clienti e alle persone che vorreste intercettare con: foto e video della vostra struttura e del territorio; foto e video del personale; post con link al vostro blog, perché sicuramente ne avrete uno; aneddoti divertenti durante la stagione in corso; foto di regali ricevuti dai clienti; gli eventi organizzati nel vostro hotel e nel territorio.

Sfruttate i contenuti generati dai vostri ospiti: quante volte le persone che soggiornano da voi hanno parlato della vostra struttura su Facebook, condividendo fotografie o video? E della destinazione? Per esempio, la maggior parte dei contenuti condivisi dalla Pagina Facebook dell'Azienda di Promozione Turistica dell'Emilia-Romagna è composta da fotografie scattate dagli utenti[24] e condivise con l'hashtag ufficiale #inEmiliaRomagna.

Azioni necessarie per la strategia digitale della vostra struttura sono indubbiamente:

- misurare le interazioni: controllate quali contenuti hanno riscosso maggiore interesse e riproponete contenuti simili, magari creando una rubrica giornaliera, settimanale o mensile;
- dedicare un budget alla pubblicità: tramite le inserzioni su Facebook potete raggiungere un pubblico estremamente profilato;
- interagire: rispondete ai commenti e alle recensioni in maniera gentile e personalizzata per costruire una buona reputazione;
- monitorare i competitor, ma non copiare: ciò che va bene per loro potrebbe non essere adatto al raggiungimento dei vostri obiettivi di marketing.

---

24. Prima di usare qualsiasi fotografia, video o altro contenuto condiviso dagli utenti è doveroso verificare di avere tutti i permessi necessari per evitare di ledere i diritti degli interessati (autori, persone ritratte nelle immagini e così via). Per maggiore chiarezza vi consiglio F. De Stefani, *Le regole della rete*, Hoepli, Milano, 2017.

In conclusione, su Facebook potete costruire relazioni con le persone; potete rispondere alle recensioni, migliorando la vostra reputazione; potete raggiungere persone che ancora non vi conoscono, creando delle inserzioni e scegliendo con estrema precisione il pubblico a cui mostrarle; potete "inseguire" le persone che hanno visitato il vostro sito web senza concludere l'acquisto, inserendo un pixel di tracciamento sul vostro sito e facendo delle campagne di remarketing; potete mostrare le vostre offerte speciali e portare a termine delle prenotazioni, senza far uscire le persone dalla piattaforma. Facebook, quindi, è certamente uno strumento da includere in una strategia di promozione per una struttura o per una destinazione turistica.

Cinque cose che potete fare oggi

1. Controllate se la vostra Fanpage è inserita in Facebook Places.
2. Correggete le informazioni riguardanti la vostra attività, come indicazioni stradali e numero di telefono.
3. Se avete più di una sede richiedete l'accesso alla posizione e attivate Facebook Location.
4. Ordinate Facebook Beacon.
5. Iniziate a impostare le vostre campagne di local advertising.

Capitolo 4

L'uso aziendale dei gruppi

È ben difficile, in geografia come in morale, capire il mondo senza uscire di casa propria.
Voltaire

"Il gruppo sociale è un insieme di persone fra loro in interazione con continuità, secondo schemi relativamente stabili, che definiscono membri del gruppo e sono definiti come tali da altri" (Merton 1949)[1].
Le interazioni in un gruppo possono avvenire su basi conflittuali o interagenti, a seconda delle divergenze di opinioni e interessi che si incontrano o si scontrano in continuazione.
Il gruppo assume diverse accezioni a seconda che sia composto da amici, da utenti collegati a interessi specifici oppure da colleghi lavoro. La differenza scaturisce anche dal grado di relazione offline: l'utente riserva in genere maggiore accortezza nella scrittura di post e commenti che coinvolgono in qualche modo interlocutori che incontra dal vivo, anche se le norme di buona educazione estenderebbero il riguardo anche a chi non si conosce e non si incontrerà mai nella vita.

Criteri di appartenenza al gruppo

L'appartenenza a un gruppo può avere i caratteri più o meno definiti. Nei gruppi esistono regole precise sui requisiti, sulle procedure per l'ammissione e sul comportamento da tenere per continuare a far parte del gruppo stesso.
Un individuo sceglie di entrare in un gruppo per l'interesse che esso suscita: interesse all'appartenenza in sé, interesse verso i contenuti condivisi e verso gli obiettivi di fondo della micro community.

1. A. Bagnasco, M. Barbagli, A. Cavalli, *Corso di Sociologia*, il Mulino, Bologna 1997.

All'atto della creazione del gruppo, è possibile impostarne la privacy scegliendo tra pubblico, chiuso, segreto. Ciascuna di queste scelte allarga o restringe i limiti alla possibilità di iscriversi e di visualizzare il nome del gruppo, i tag, i membri e altre funzioni.
Un utente può iscriversi massimo fino a 6.000 gruppi, una volta raggiunto il limite dovrà abbandonarne qualcuno prima di iscriversi ad altri.
Molti gruppi permettono ai membri di aggiungere i propri amici al gruppo. Altri, come quelli per le scuole, consentono di aggiungere profili anche se non fanno parte degli amici. Spesso un profilo che non ha chiesto di far parte di un gruppo percepisce in modo negativo l'inserimento *ex abrupto*. Occorrerebbe chiedere sempre prima all'utente che si sta includendo nel gruppo se vuole appartenervi e spiegare i motivi che sono alla base del gruppo stesso.

Il Facebook Communities Summit

A giugno 2017 Facebook ha ospitato il primo Facebook Communities Summit, dove Mark Zuckerberg ha annunciato nuove funzionalità per supportare le community e ha introdotto le novità per i gruppi Facebook (Figura 4.1).

Figura 4.1 Le novità del Facebook Communities Summit.

Ogni mese circa 2 miliardi di persone si connettono tra di loro e creano comunità su Facebook: l'obiettivo della piattaforma è di avvicinare sempre più persone e creare una comunità globale; per far ciò, le micro-community attive nei gruppi sono fondamentali per la condivisione, l'interazione e il confronto stretto e settorializzato tra utenti. Le novità introdotte nel summit sono diverse:

a. **insights anche per i gruppi**, che permettono agli amministratori di capire meglio cosa sta accadendo all'interno della community; i dati permettono, altresì, di visualizzare in tempo reale la crescita del gruppo, avere informazioni dettagliate sui membri e sul numero dei post con cui gli utenti interagiscono di più;
b. **pulizia dei contenuti e degli utenti rimossi**: è possibile quindi eliminare in un solo colpo tutti gli utenti e contenuti a loro legati, azione che diventa fondamentale nel caso in cui un utente violi le regole di un gruppo;
c. **possibilità di creare dei collegamenti** tra gruppi simili;
d. **possibilità di pianificare la pubblicazione dei post** in un giorno e una determinata ora;
e. **possibilità di scremare le richieste di ammissione** in un gruppo attraverso filtri per posizione geografica e sesso.

Un'alternativa ai gruppi: Workplace, la nuova intranet di Facebook

La comunicazione interna è l'aspetto della comunicazione che si svolge nel micro e che coinvolge specificatamente dipendenti e collaboratori[2] di un'azienda o di un'organizzazione; richiede competenze manageriali, informazioni specifiche e rafforza inoltre la brand identity.
La comunicazione interna si suddivide in:

- **flussi spersonalizzati**, che coinvolgono interi reparti dell'azienda, ruoli e funzioni gerarchiche;
- **flussi personalizzati**, che hanno un emittente e un destinatario ben specifici e si definiscono interpersonali.

Nella comunicazione interna si possono ritrovare, quindi, un flusso verticale e uno orizzontale: il flusso verticale è di tipo gerarchico (una top-down communication), quello orizzontale si svolge in totale assenza di gerarchie ed è sostanzialmente relativo ai soggetti che la emettono.

2. F. Perrone, *Manuale introduttivo alla comunicazione aziendale*, Franco Angeli, Milano 2005.

Una intranet è un sito web interno a un'azienda, costruita a uso e consumo dei dipendenti di un'organizzazione. La intranet è quindi:

a. uno strumento di lavoro;
b. uno strumento di interazione;
c. uno strumento di organizzazione;
d. uno strumento utilizzato nell'orario di lavoro[3].

"Workplace di Facebook sovverte le regole."

In un certo senso Workplace di Facebook sovverte le regole, perché è pensato per essere usato solo nell'orario di lavoro. Accessibile da ogni *device* dell'organizzazione e dell'account registrati, la piattaforma è raggiungibile dall'utente a ogni ora del giorno e della notte, in qualsiasi condizione e in completa libertà rispetto al mobile working.

Una intranet considera le regole del web, le regole aziendali, le regole della comunicazione interna, le regole attinenti ai processi gerarchici e non gerarchici. In definitiva, la intranet è una forma di comunicazione, un dialogo acceso, dinamico e permanente tra gli utenti che ne fanno parte. Di fatto Workplace permette l'organizzazione della prassi quotidiana in gruppi di lavoro, è ottimo per la gestione indipendente e la completa autonomia dei task.

Workplace è utilizzato da circa 30.000 aziende[4] e tra le utilizzatrici già ci sono organizzazioni importanti come Heineken, Spotify, Granarolo e Miroglio.

Dopo aver registrato[5] il proprio account, Workplace permette:

a. di connettere la propria azienda a strumenti di facile utilizzo e che rendono il lavoro dei dipendenti *smart* e veloce;
b. di creare gruppi di lavoro in modo da agevolare l'organizzazione del lavoro e lo svolgimento dei compiti;
c. di mantenere gli account Facebook distinti e separati dagli account Workplace con i più alti standard di sicurezza in materia dei dati con la certificazione ISO 27001, SOC3, SOC2 e l'EU-U.S. Privacy Shield;
d. di diffondere la propria attività nel modo più diretto possibile grazie ai live video;
e. di collaborare in sinergia con le altre aziende che operano su Workplace;
f. di visionare in real time ciò che accade nel proprio settore di appartenenza sul News Feed;

---

3. G. Mason, *Intranet, Come si instaura una rete interna che funziona*, Tecniche Nuove, Milano 2003.
4. http://www.ansa.it/sito/notizie/tecnologia/software_app/2017/10/27/30mila-aziende-usano-facebook-workplace_fda80c4e-1b19-4ffa-9817-270000114ed7.html.
5. https://www.facebook.com/workplace.

g. di ottenere un quadro dettagliato di ciò che accade su Workplace e delle attività dei gruppi di lavoro, attraverso i report e le analisi dei dati (attenzione, questa funzione è attiva solo nella versione premium);
h. di lavorare in mobilità e in rapidità grazie all'app sia per dispositivi Android sia iOS.

I gruppi de Le ROSA: Facebook riporta l'attenzione sul territorio

(con il contributo di Giulia Bezzi[6])

Il progetto Le ROSA è stato creato da Giulia Bezzi, professionista del mondo digitale sempre in viaggio in Italia, che da subito ha avvertito l'esigenza di unirsi ad altre donne per sostenere l'imprenditoria e il lavoro femminile. Le ROSA sono partite da Padova, arrivando a Roma e poi a tutte le altre province che, spontaneamente, contattano Giulia per poter creare, sotto la sua guida, un gruppo simile sul proprio territorio.
Come racconta Giulia Bezzi:

> *Le ROSA nasce da una personale esigenza di donna. Vivo in un posto che non è il mio di nascita e dove non condivido molti progetti di lavoro, quindi mi sono chiesta: quante donne sono nella stessa mia condizione? Quante vorrebbero avere accanto, nella propria città, altre donne per darsi supporto sotto diversi aspetti e condividere la vita da donna, mamma, professionista, utilizzando le risorse del territorio della propria provincia, sia in termini di materiale umano sia in termini di strutture e supporto di rete effettiva e concreta? Era un bellissimo 29 giugno e sono partita con Le ROSA di Padova: ho aperto il primo gruppo e in 24 ore 200 persone avevano fatto domanda di iscrizione*[7].

A soli 100 giorni dalla nascita del primo gruppo, quello di Padova, Le ROSA riunivano quasi 5.000 persone in tutta Italia, divise in 17 gruppi Facebook creati su base provinciale.

---

6. Giulia Bezzi è una imprenditrice e SEO specialist, impegnata a diffondere la cultura del digitale attraverso la sua attività di speaker e web reporter agli eventi di settore. Il suo sito è www.giuliabezzi.it.
7. Tratto dall'intervento di Giulia Bezzi, ideatrice de Le ROSA, del 7 ottobre a Verona all'evento di presentazione del progetto.

Cosa fanno Le ROSA

La rete di gruppi Facebook Le ROSA aggrega donne sul territorio per riportare l'attenzione su problemi e soluzioni, geolocalizzando gli interventi concreti. Ogni gruppo è gestito da una coordinatrice che supervisiona sia le conversazioni online sia quelle offline. Le persone iscritte nei gruppi de Le ROSA hanno il primo contatto su Facebook, ma poi si incontrano, si conoscono, si confrontano, si aiutano.

La territorialità de Le ROSA

Il punto di forza dei gruppi de Le ROSA, la particolarità che li contraddistingue dagli altri gruppi Facebook, è l'utilizzo del digitale per riportare le persone a incontrarsi dal vivo. Probabilmente è una visione sociologica di ritorno: la sensazione è che questo overload di informazione e di digitale abbia scollegato le persone dalla vita reale, facendo trovar loro rifugio in una dimensione ovattata, dove tutto sembra più leggero. Ma quando ci si confronta con il peso della solitudine nella quotidianità, si avverte forte la necessità di contatto, aiuto e supporto. La donna è il primo soggetto colpito da impoverimento di risorse umane con le quali confrontarsi e trovare soluzioni a problemi anche banali. A livello organizzativo, alla Fanpage[8] sono stati collegati tutti i gruppi de Le ROSA distribuiti sul territorio.

Il gruppo "Ciccio senti 'na cosa...": Facebook che induce al confronto sano e disinteressato

(con il contributo di Simone Bennati)

"Ciccio, senti 'na cosa..." è un gruppo[9] Facebook collegato alla relativa Fanpage[10] espressamente dedicata all'incontro tra domande e risposte creato dal social media manager e web designer Simone Bennati. All'interno dello stesso non è possibile né condividere contenuti propri o di terzi, il *focus* sono i quesiti e le relative domande. Il perché di questa scelta risiede nella volontà dell'amministratore di arginare spammer e attività di pubblicizzazione personale.
Per collegare un gruppo a una Fanpage, occorre andare sul gruppo preso in esame, cliccare su "Gestisci gruppo", raggiungere la voce "Pagine collegate" e inserire la Fanpage alla quale si vuole unire il gruppo.

8. https://www.facebook.com/LeRosaIT.
9. https://www.facebook.com/groups/IlGruppoDiBennaker/.
10. https://www.facebook.com/bennakercom/.

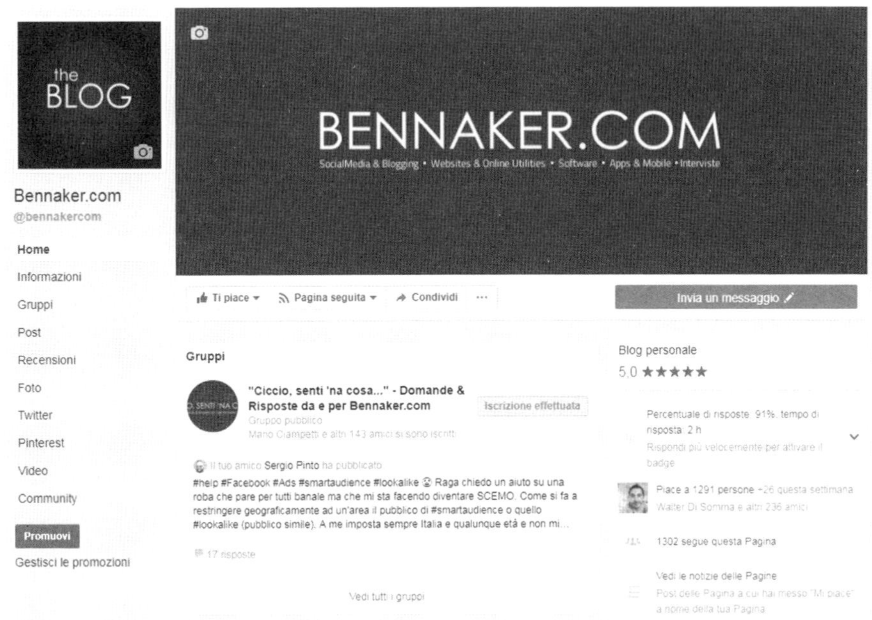

Figura 4.2 Fanpage collegata al gruppo "Ciccio, senti 'na cosa...".

Al fine di mantenere un certo controllo, l'amministratore, oltre ad aver stilato un vero e proprio regolamento[11], si occupa quotidianamente di moderare non solo le richieste di adesione, ma anche la pubblicazione di ogni singolo post. Solo un'impostazione rigida e un costante monitoraggio riescono a evitare il sopraggiungere del caos.

Insights gruppi

A settembre 2017 "Ciccio, senti 'na cosa..." contava 328 membri, aumentati del 26% solo nei due mesi precedenti (Figura 4.3). Vale la pena sottolineare un aspetto: pur avendone la facoltà, dalla nascita del gruppo Simone Bennati non ha mai invitato nessuno a iscriversi preferendo, quindi, che ogni singola richiesta di iscrizione fosse inoltrata spontaneamente.
Una scelta questa, che, Insights di Facebook alla mano, ha fatto sì che sempre a settembre 2017 i membri attivi fossero stati ben 304, ovvero il 92% del totale (Figura 4.4). Cifre non certo esorbitanti in termini assoluti, ma comunque interessanti, in quanto confermano un principio molto semplice: quando

11. https://www.facebook.com/notes/209339659552266/Regole%20del%20Gruppo/229929680826597/.

l'interesse nei confronti di un contesto nasce spontaneamente, allora la partecipazione si rivela copiosa e i membri inattivi si limitano.

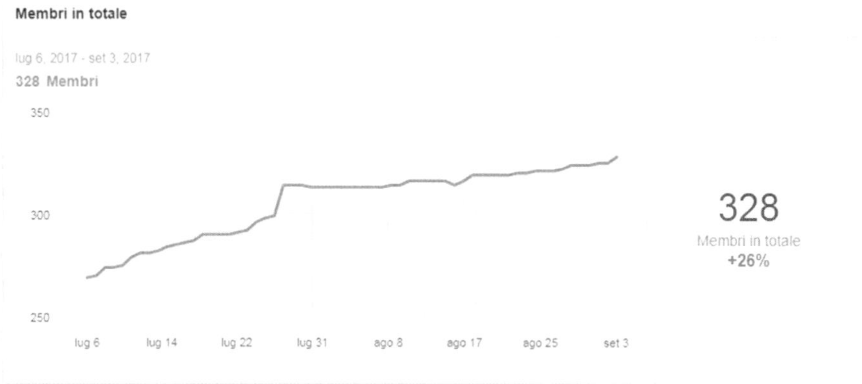

Figura 4.3 Grafico relativo ai dati sulla crescita del gruppo.

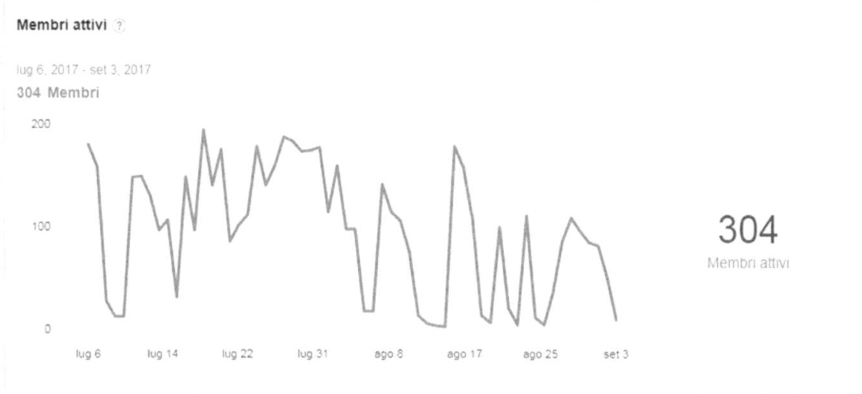

Figura 4.4 Utenti attivi nel gruppo.

Al fine di facilitare la gestione del gruppo, l'amministratore ha redatto una lista di hashtag[12] con i quali accompagnare ogni singolo quesito. La lista contiene circa 25 hashtag, che fanno riferimento ai temi più frequentemente trattati, come il personal branding, Instagram e la SEO. Attualmente, le

12. https://www.facebook.com/notes/209339659552266/Lista%20degli%20hashtag%20da%20inserire%20nelle%20domande/224448814708017/.

domande più frequenti riguardano Facebook e in particolare modo l'uso degli strumenti di advertising.

PostPickr: crowdfunding, early user e made in Italy

(a cura di Andrea Termini[13])

PostPickr[14] è un'applicazione web nata in Italia che permette di gestire vari social network.
Un nucleo centrale dal quale poter pianificare tutte le attività dei propri account social (Facebook, Twitter, LinkedIn, Pinterest, Instagram e così via) e avere una visione d'insieme delle attività di pubblicazione come in un vero e proprio calendario editoriale.
Con PostPickr potete:

- **a.** gestire progetti distinti per ciascuna campagna, brand o attività che seguite;
- **b.** cercare e pubblicare contenuti con testo, immagini, video e link anche geolocalizzati o targettizzati;
- **c.** programmare un palinsesto di pubblicazione organizzato per rubriche e argomenti;
- **d.** interagire con la vostra community distribuendo le attività tra i membri del team;
- **e.** misurare i risultati raggiunti.

Nato nell'aprile 2013, oggi PostPickr è indicato come l'alternativa italiana ai big internazionali del settore come Hootsuite e Buffer e vanta tra i suoi iscritti alcuni tra i più influenti professionisti, blogger e marketer italiani.
Uno dei punti di forza di questo tool è la sua italianità e la forza della sua community, nata attraverso il gruppo Facebook Using PostPickr (Figura 4.5)[15], uno spazio virtuale dove chiedere consigli, scambiare esperienze, richiedere assistenza, suggerire miglioramenti, segnalare bug, molto apprezzato dagli utenti della piattaforma che hanno preso a frequentarlo e utilizzarlo da subito.
I fondatori e creatori di PostPickr, Maurizio Lotito, Antonello Fratepietro e Maria Miracapillo[16], sin dalla fase in beta testing della piattaforma si sono

13. Social media strategist e community manager, il suo sito è http://www.social-mind.net.
14. https://www.postpickr.com.
15. https://www.facebook.com/groups/288665341294544/.
16. https://www.postpickr.com/team-3-2/.

messi sin da subito a disposizione degli utenti fornendo assistenza e consigli ai membri del gruppo Facebook.
Proprio Maurizio Lotito dichiara:

> *Nel nostro caso l'utilizzo del gruppo Facebook Using PostPickr è stato fondamentale, soprattutto agli inizi, quando avevamo un prodotto immaturo tutto da testare, correggere e migliorare. Il gruppo è servito a mettere in stretto contatto noi fondatori con i primissimi utilizzatori, i famosi early adopter, e far sentir loro quanto per noi fossero importanti. Ho favorito così la creazione dello spirito di community, nel quale gli utenti si sentivano parte attiva integrante del progetto e delle sue sorti, e questo ha generato per noi un valore incredibile. Il gruppo si è rivelato una fonte preziosissima per attingere i feedback degli utenti e costruire così insieme un prodotto su misura delle loro reali esigenze. Poi, proprio perché nel gruppo non parla il brand ma una persona, si sono create opportunità per coltivare nuove relazioni sia personali che professionali.*

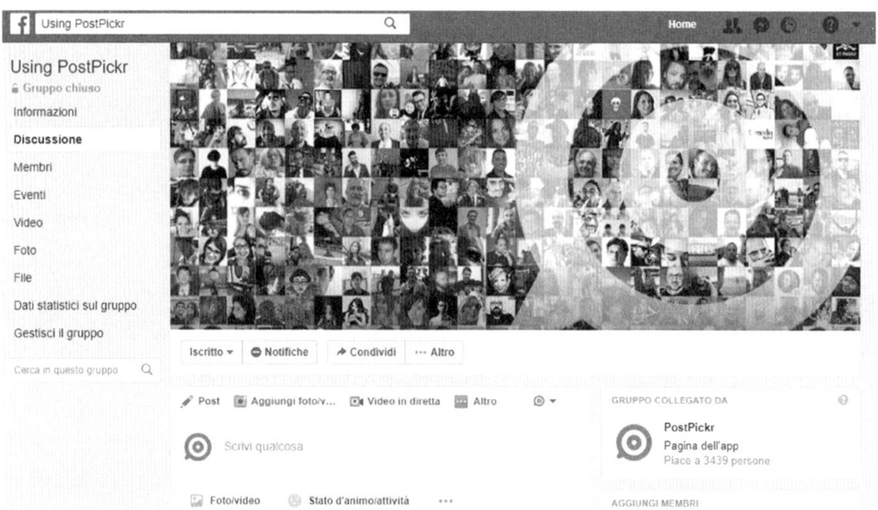

Figura 4.5 Using PostPickr.

La campagna di crowdfunding per PostPickr

La campagna di crowdfunding lanciata per lo sviluppo finale del progetto, prima del lancio ufficiale della piattaforma, è partita a febbraio 2016 su Eppela, e aveva l'obiettivo di raccogliere 10.000 € per permettere ai fondatori di

dedicarsi a tempo pieno allo sviluppo della piattaforma e per coprire i costi legati all'infrastruttura tecnologica.
I mezzi, economici e non, per promuovere la campagna erano veramente pochi, quindi i fondatori hanno pensato di coinvolgere direttamente i primi utilizzatori della piattaforma, coloro che hanno creduto sin da subito alle potenzialità del progetto. Quindi hanno creato un gruppo Facebook di circa 40 persone dal nome "Supporting PostPickr", con il quale hanno coordinato una vera e propria campagna di comunicazione per far crescere il progetto[17]. Tra i supporter appartenenti al gruppo c'erano utenti affezionati ma anche nomi noti del panorama digitale italiano, come Robin Good e Alex Orlowski.
Questo gruppo Facebook aveva la funzione di coordinare il ruolo dei supporter e fornire materiale utile alla promozione della campagna. La piccola community era talmente coinvolta nella campagna che non solo ha contribuito economicamente al raggiungimento dell'obiettivo, ma ha partecipato anche alla produzione di brevi video dove si spiegavano i punti di forza della piattaforma e perché era importante raggiungere la somma posta come obiettivo.
Al termine della campagna di crowdfunding, grazie al supporto della community e alla gestione della stessa attraverso il gruppo Facebook, PostPickr ha raccolto ben 25.107 €, più del doppio dell'obiettivo di campagna[18].

Quando la crisi mette in movimento gli utenti: il caso delle #FormicheCheNonMollano

Un episodio che, a ottobre 2015, ha messo in crisi il progetto nel suo insieme e che grazie alla community ha avuto un lieto fine, è sicuramente quello che ha riguardato il momentaneo blocco da parte di Facebook degli strumenti di terze parti per la pubblicazione di post sul famoso social network.
In quel momento Facebook:

- **a.** impediva di pubblicare post con immagini attraverso PostPickr;
- **b.** oscurava unilateralmente e indiscriminatamente tutti i post prodotti attraverso l'applicazione;
- **c.** oscurava quelli precedenti al blocco.

Non avendo effettivamente violato alcuna policy e non ricevendo risposte da parte di Facebook alle numerose segnalazioni e richieste di spiegazioni da parte di PostPickr, i fondatori decisero di mettere al corrente della situazione la community attraverso il gruppo Using PostPickr, con aggiornamenti

17. https://www.postpickr.com/il-vero-traguardo/.
18. https://www.eppela.com/it/projects/5102-postpickr-your-social-media-assistant.

continui sulla problematica e inviti a tutti gli utenti di segnalare a Facebook i malfunzionamenti sulle Pagine che gestivano, nonché di rendere pubblica sui social la vicenda. Attraverso un post sul gruppo in cui si spiegava la situazione con la metafora di una formica (PostPickr) contro uno stivale (Facebook) nacque l'hashtag #FormicheCheNonMollano, che in quei giorni divenne un vero e proprio slogan adottato dalla community a difesa della piattaforma nei confronti del social network[19].

Facebook ripristinò tutti i post pubblicati e diede nuovamente accesso al tool per permettere la pubblicazione: esplose l'entusiasmo generale da parte di tutti, ma soprattutto dei fondatori di PostPickr, che percepivano il sostegno, la comprensione e disponibilità dell'intera community.

Grazie a una comunità di utenti che cresce ogni giorno, oggi PostPickr è una importante realtà nel panorama delle applicazioni per il social media marketing con più di 15.000 iscritti, circa 800 abbonati e con grandi partner come Poste Italiane, Fondazione Umberto Veronesi, Docomo Digital che hanno adottato la piattaforma per le loro attività sui social.

Il gruppo Using PostPickr è parte fondamentale nonché uno dei punti di forza dell'applicazione grazie all'intensa attività di customer care e di ascolto degli utenti finalizzato allo sviluppo della piattaforma. A oggi (dicembre 2017) il gruppo Facebook conta più di 1.700 utenti iscritti (Figura 4.6), con una media di 300 utenti attivi al giorno. Si pubblicano sul gruppo circa 60 post al mese con un tasso di interazione medio di 9 commenti per post.

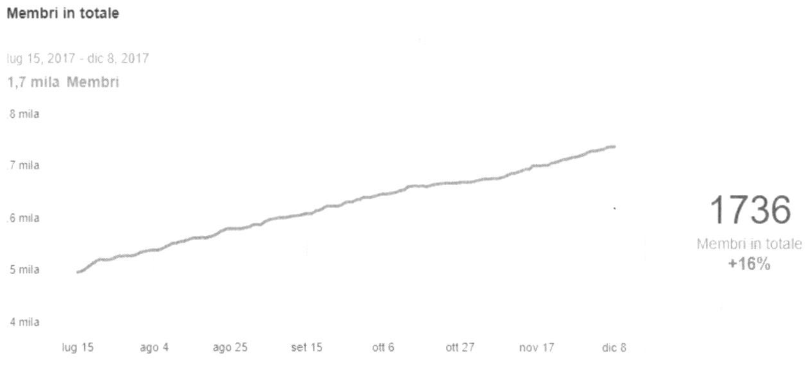

Figura 4.6 Utenti attivi.

19. https://www.postpickr.com/una-formica-postpickr-e-uno-stivale-facebook-hanno-dispute/.

Cinque cose che potete fare oggi

1. Analizzate i gruppi in cui siete più attivi per scoprire se tra questi ce ne sono alcuni relativi alla vostra porzione di mercato o al vostro ruolo professionale.
2. Registrate la vostra azienda a Workplace.
3. Create un gruppo di lavoro su Workplace e analizzate i dati che provengono dai flussi di comunicazione dei vostri collaboratori o dipendenti.
4. Testate l'app relativa di Workplace e provate a lavorare in mobilità.
5. Create il vostro gruppo di utenti intorno alla Fanpage della vostra azienda.

Capitolo 5

I contest online e le normative da rispettare

(a cura di Valentina Baldon[1])

Il modo più rapido per avere successo è quello di far sembrare che tu stia giocando con le regole di qualcun altro, mentre giochi silenziosamente con le tue.
Michael Korda

Quando si parla di normativa sui concorsi a premi online c'è parecchia confusione e, ricercando informazioni in Rete, non è raro trovare articoli e news tra loro discordanti.
Ai fini legislativi non c'è alcuna differenza tra contest online e concorsi a premi fisici, ed entrambe le tipologie sono soggette al d.P.R. n. 430 del 26 ottobre 2001, al codice civile e al d.lgs. n. 196/2003, ovvero il codice della privacy.
Ricordiamo che solo i soggetti iscritti al Registro delle Imprese e non le persone fisiche, anche se titolari di Partita IVA, possono lanciare un concorso a premi online in Italia. Un blogger, un influencer che desiderasse organizzare un concorso con valore premi superiore a 25,82 € (il cosiddetto modico valore di cui parleremo più avanti) e non fosse iscritto nel Registro delle Imprese non potrebbe in alcun modo organizzare un contest.
Inoltre, qualora ci fossero i requisiti e il premio in palio venisse sponsorizzato da un'azienda, l'influencer sarebbe da considerarsi come un semplice veicolo di promozione e non potrebbe essere in alcun modo l'organizzatore del concorso a premi.

1. Valentina Baldon è una web copywriter freelance. Si occupa di social media e content management e di formazione. Il suo sito è www.valentinabaldon.it.

Gli adempimenti normativi

Il d.P.R. n. 430/2001 descrive in maniera molto precisa tutti gli adempimenti normativi da rispettare prima di lanciare un concorso a premi. Innanzitutto bisogna redigere il regolamento ufficiale del contest, dove è necessario indicare:

a. soggetti promotori;
b. durata del concorso a premi;
c. ambito territoriale di svolgimento;
d. modalità di svolgimento;
e. natura del concorso a premi;
f. modalità di assegnazione dei premi e tempi di consegna;
g. valore indicativo commerciale dei premi messi in palio;
h. termine del concorso;
i. dati delle ONLUS alle quali devolvere eventuali premi non assegnati.

Se il soggetto promotore apporta delle piccole modifiche al regolamento del concorso durante lo svolgimento dello stesso, queste possono essere comunicate anche nello stesso giorno dell'effettiva modifica; qualora fossero più sostanziali, invece, è necessario effettuare una comunicazione al Ministero dello Sviluppo Economico almeno 15 giorni prima dalla data di applicazione.
Una volta redatto il regolamento sarà necessario versare la cauzione calcolata sul valore totale dei premi messi in palio. Il calcolo si svolgerà sommando il valore commerciale di mercato di tutti i premi, al netto di IVA.
La cauzione potrà essere versata in tre modalità differenti:

- mediante fideiussione bancaria;
- con fideiussione assicurativa;
- tramite deposito in denaro o in titoli di Stato presso la Tesoreria provinciale dello Stato.

Il deposito in denaro viene scelto quando si ha poco tempo per lanciare il contest, ma possiede alcuni vincoli: la procedura tramite versamento in contanti, infatti, è valida solo per importi entro una determinata soglia, e prevede che il soggetto promotore si rechi di persona presso la Tesoreria provinciale dello Stato (non presente in tutte le città). Così facendo, è possibile ottenere immediatamente la relativa quietanza. L'alternativa è procedere al pagamento tramite bonifico bancario (senza vincoli di importo) ma, in questo caso, la quietanza non viene rilasciata immediatamente a causa dei tempi tecnici bancari (circa 4 giorni lavorativi).
La fideiussione resta quindi la modalità migliore e, poiché quella bancaria riduce la capacità di credito aziendale, la scelta più conveniente è di affidarsi

all'assicurativa, rilasciata in tempi brevi e senza particolari svantaggi a carico del soggetto promotore.
La quietanza di versamento e il regolamento, entrambi firmati digitalmente, vanno allegati alla preventiva comunicazione di svolgimento del concorso effettuata tramite il modulo PREMA Online. In Figura 5.1 vediamo il facsimile di alcuni quadri del modulo cartaceo precedentemente in vigore (contenente 8 pagine) in cui è richiesto di inserire tutti i dati relativi al soggetto promotore del concorso a premi e della ditta associata.

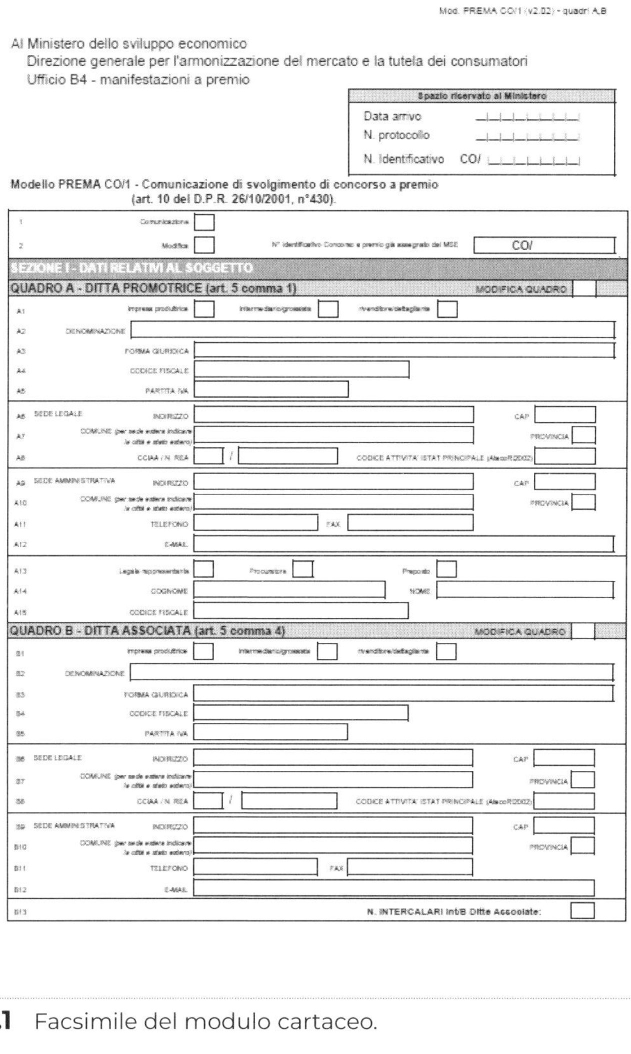
Mod. PREMA CO/1 (v2.02) - quadri A,B

Al Ministero dello sviluppo economico
Direzione generale per l'armonizzazione del mercato e la tutela dei consumatori
Ufficio B4 - manifestazioni a premio

Spazio riservato al Ministero
Data arrivo
N. protocollo
N. Identificativo CO/

Modello PREMA CO/1 - Comunicazione di svolgimento di concorso a premio
(art. 10 del D.P.R. 26/10/2001, n°430).

1 Comunicazione
2 Modifica N° identificativo Concorso a premio già assegnato dal MSE CO/

SEZIONE I - DATI RELATIVI AL SOGGETTO

QUADRO A - DITTA PROMOTRICE (art. 5 comma 1) MODIFICA QUADRO
A1 impresa produttrice intermediario/grossista rivenditore/dettagliante
A2 DENOMINAZIONE
A3 FORMA GIURIDICA
A4 CODICE FISCALE
A5 PARTITA IVA
A6 SEDE LEGALE INDIRIZZO CAP
A7 COMUNE (per sede estera indicare la città e stato estero) PROVINCIA
A8 CCIAA / N. REA / CODICE ATTIVITA' ISTAT PRINCIPALE (AtecoR2002)
A9 SEDE AMMINISTRATIVA INDIRIZZO CAP
A10 COMUNE (per sede estera indicare la città e stato estero) PROVINCIA
A11 TELEFONO FAX
A12 E-MAIL
A13 Legale rappresentante Procuratore Preposto
A14 COGNOME NOME
A15 CODICE FISCALE

QUADRO B - DITTA ASSOCIATA (art. 5 comma 4) MODIFICA QUADRO
B1 impresa produttrice intermediario/grossista rivenditore/dettagliante
B2 DENOMINAZIONE
B3 FORMA GIURIDICA
B4 CODICE FISCALE
B5 PARTITA IVA
B6 SEDE LEGALE INDIRIZZO CAP
B7 COMUNE (per sede estera indicare la città e stato estero) PROVINCIA
B8 CCIAA / N. REA / CODICE ATTIVITA' ISTAT PRINCIPALE (AtecoR2002)
B9 SEDE AMMINISTRATIVA INDIRIZZO CAP
B10 COMUNE (per sede estera indicare la città e stato estero) PROVINCIA
B11 TELEFONO FAX
B12 E-MAIL
B13 N. INTERCALARI Int/B Ditte Associate:

Figura 5.1 Facsimile del modulo cartaceo.

Per la compilazione e l'invio del modulo PREMA Online è necessario accedere tramite firma digitale al portale impresa.gov, per poi procedere alla compilazione del Modulo CO/1 completamente in via telematica.
Un soggetto che organizza e promuove un concorso a premi, oltre a preparare documenti come il Regolamento e a compilare il modello PREMA CO/1, nel caso in cui vi sia un sistema di attribuzione vincite tramite software o un sistema di gestione contribuisca all'assegnazione dei premi (per esempio con l'attribuzione punti), deve procurarsi la dichiarazione peritale tecnica, ovvero il documento tecnico a garanzia del software necessario allo svolgimento del contest.
Infine, è necessario l'intervento di un notaio o di un funzionario della Camera di Commercio di competenza sul territorio sia per la redazione del verbale di assegnazione delle vincite sia a fine concorso per la redazione del verbale di chiusura.

Sanzioni e controlli

Il Ministero dello Sviluppo Economico ha il compito di vigilare sulla regolarità dei concorsi a premi, il che significa che può effettuare controlli su segnalazione o a campione per verificare che il tutto venga svolto nel rispetto della normativa italiana vigente.
Le procedure di contestazione possono essere avviate nei confronti di tutti quei soggetti promotori che hanno in qualche modo violato:

- il d.P.R. n. 430/2001;
- la tutela della fede pubblica;
- i principi di concorrenza e di mercato nella forma di turbative;
- il divieto di pubblicità di alcuni prodotti (per esempio legati al fumo).

Le contestazioni possono avvenire entro 90 giorni dall'accertamento della violazione e, qualora l'impresa promotrice non riuscisse a dimostrare la mancata violazione della legge, il Ministero dello Sviluppo economico può procedere all'emissione di una delle seguenti sanzioni:

a. **Per concorso a premi vietato**: la sanzione va da una a tre volte l'ammontare dell'IVA dovuta sul montepremi e comunque non è inferiore a 2.582,28 €.
b. **Per mancata preventiva comunicazione**: la sanzione va da 2.065,83 € a 10.329,14 € (può essere ridotta del 50% in caso in cui la comunicazione sia stata inviata successivamente all'inizio del concorso, ma prima che sia stato constatato l'inadempimento).

c. **Per svolgimento del concorso con modalità difformi da quelle comunicate o da quelle indicate nel regolamento**: la sanzione va da 1.032,91 € a 5.164,57 €[2].

Concorsi a premi: le eccezioni

Quando si decide di lanciare un concorso a premi online e sui social network, è bene sapere che esistono delle eccezioni per le quali non è necessario rispettare tutti gli adempimenti normativi richiesti. Essi vengono descritti nel d.P.R. n. 430/2001 e sono stati in seguito approfonditi con le FAQ ministeriali di marzo 2017.

Concorsi di modico valore

Sono concorsi senza vincolo d'acquisto con in palio dei premi di **valore commerciale pari o inferiore ai 25,82 €**. La soglia del modico valore è stata innalzata con l'aggiornamento delle FAQ ministeriali. Fino a febbraio 2017, tale valore era pari a 1 euro, rendendo così impossibile la creazione di piccoli concorsi a premi da parte di tutte quelle PMI dotate di un budget ristretto. Inoltre, l'innalzamento della soglia di modico valore rende più semplice l'organizzazione dei cosiddetti giveaway, molto in voga tra blogger e influencer, in quanto offre la possibilità di omaggiare prodotti per un valore commerciale fino a 25,82 € senza la necessità di attivare le pratiche richieste dalla normativa.

> *"La partecipazione ai giveaway non deve essere vincolata a un acquisto."*

Ovviamente la partecipazione ai giveaway non deve essere vincolata a un acquisto e un singolo utente non può vincere più di un premio perché, in questo modo, supererebbe il modico valore nel medesimo periodo di imposta corrispondente all'anno solare.
L'organizzazione di piccoli contest con in palio uno o più premi di valore inferiore a 25,82 € è possibile anche per i soggetti non iscritti nel Registro delle Imprese, poiché fa parte delle eccezioni normative in materia di concorsi a premi.

OPERE ARTISTICHE, LETTERARIE O SCIENTIFICHE

La legge italiana non classifica come concorsi a premi tutti quei contest lanciati per la produzione di opere letterarie, artistiche o scientifiche e tutti quei

2. Fonte: Ministero dello Sviluppo Economico (http://www.sviluppoeconomico.gov.it/index.php/it/component/content/article?id=2013739).

progetti in cui l'eventuale vincita non rappresenti un premio, ma si configuri come corrispettivo di prestazione d'opera, riconoscimento del merito personale o titolo di incoraggiamento nell'interesse della collettività. Ovviamente non deve sussistere alcun fine commerciale.

Manifestazioni a premio con scopi benefici

Sono concorsi a premi il cui fine è destinare le vincite a istituzioni o enti pubblici, con l'obiettivo di migliorare il servizio per la comunità. In Figura 5.2 vediamo l'esempio di Gold Bunny, un concorso a premi organizzato da Lindt con lo scopo di donare un montepremi totale di 25.000 € alle scuole votate attraverso il concorso stesso.

Figura 5.2 Gold Bunny.

Emittenti radio

La legge italiana non classifica come concorsi a premio tutti i giochi spettacolo indetti durante una diretta radiofonica. L'unico vincolo è che i premi messi in palio siano utili soltanto alla spettacolarizzazione e non abbiano alcun fine promozionale.

Concorsi a premi su Facebook

Qualora si desideri organizzare un concorso a premi direttamente su Facebook, saranno necessari degli accorgimenti a causa dei server di raccolta dati utenti posizionati in territorio estero.
Per chiarire questo concetto, riporto quanto indicato al punto 6 delle **FAQ ministeriali di marzo 2017**:

> *Se l'impresa (estera o ubicata in Italia) si avvale di un server allocato all'estero è necessario che sia utilizzato un servizio di mirroring o analogo, che replichi i dati di partecipazione e di gioco in tempo reale su server posizionati su territorio italiano. In tal caso, non sono consentite partecipazioni dall'estero, mentre se il server su cui confluiscono i dati di partecipazione (come per esempio l'acquisto del prodotto promozionato) e di gioco è ubicato in territorio italiano, la partecipazione potrà avvenire anche dal resto del mondo.*

Utilizzare una piattaforma straniera è quindi possibile solo nel caso in cui venga attivato il mirroring, ovvero la trasmissione in tempo reale dei dati degli utenti su server italiani.
Creare un concorso che utilizzi Facebook come piattaforma di svolgimento non è così semplice. Oltre a seguire tutti gli step normativi richiesti dalla legge italiana, è necessario verificare che le modalità siano accettate dalle linee guida dello stesso social.
Per effettuare questa verifica è possibile consultare **le linee guida Facebook** dove, al punto E, è espressamente indicato:

1. *Se Facebook viene usato per inviare comunicazioni o offrire una promozione (ad esempio, gare o concorsi a premio), il gestore della Pagina è responsabile di garantire il rispetto delle normative nel corso della promozione, tra cui:*
   a. *il regolamento ufficiale;*
   b. *le condizioni dell'offerta e i requisiti per la partecipazione (ad esempio, limitazioni relative a età e luogo di residenza);*
   c. *la conformità alle normative applicabili che regolano la promozione e i premi offerti (ad esempio, la registrazione e l'ottenimento delle autorizzazioni necessarie per legge).*
4. *Le promozioni su Facebook devono includere:*
   a. *Una dichiarazione in cui ciascuno degli utenti che partecipano alla promozione solleva Facebook da qualsiasi responsabilità.*

   b. *Una dichiarazione che la promozione non è in nessun modo sponsorizzata, appoggiata o amministrata da Facebook né associata a Facebook.*
5. *Le promozioni possono essere offerte sulle Pagine o all'interno di app su Facebook. I diari personali e le connessioni con gli amici non devono essere usati per gestire le promozioni (ad esempio, non è consentito usare diciture come "condividi sul tuo diario per partecipare", "condividi sul diario di un amico per avere una chance in più di vincere" e "tagga i tuoi amici in questo post per partecipare").*
6. *Facebook non fornisce assistenza in relazione alla gestione della promozione e il gestore della Pagina accetta di usare il nostro servizio per gestire la promozione a suo rischio esclusivo.*

Le stesse linee guida, inoltre, ai fini della partecipazione a un concorso, vietano:

a. il tag a un amico;
b. la condivisione di un qualsiasi post sulla propria bacheca o quella dei propri amici;
c. la richiesta di taggarsi in un post per iscriversi o votare.

Al contrario, è possibile:

- richiedere agli utenti un commento sotto un post per iscriversi al contest;
- utilizzare Like o reaction per la votazione, sia in forma di social button su un sito web sia direttamente sulla piattaforma;
- richiedere agli utenti un messaggio privato per fare domanda di partecipazione;
- gestire il contest tramite un'applicazione o plugin.

Se il concorso a premi rientra nelle eccezioni previste dalla normativa italiana, è possibile crearlo direttamente su Facebook, senza limitazioni legislative ma tenendo conto di quanto indicato nelle linee guida.
C'è da specificare che l'organizzazione di contest direttamente su Facebook (ma anche Instagram o Twitter) non permette di massimizzare il risultato degli obiettivi raggiungibili. In questo modo, infatti, è impossibile fare lead generation, ovvero l'acquisizione di contatti qualificati, e c'è il forte rischio che l'interesse nei confronti del brand vada a scemare con il termine del concorso stesso.
Affidarsi a una piattaforma esterna come, per esempio, quella creata dall'azienda Leevia, ha come plus la possibilità di esportare tutti i dati dei parteci-

panti in formato CSV, permettendo così la fidelizzazione sinergica con altri canali.

Figura 5.3 La richiesta di condivisione post sulla propria bacheca per accedere a un concorso non rispetta le linee guida di Facebook.

Cinque cose che dovete fare se volete attivare un contest

1. Studiate i testi del d.P.R. n. 430 del 26 ottobre 2001 e del d.lgs. n. 196/2003. Reperite, per un maggiore approfondimento, il codice civile.

2. Redigete in tutte le sue parti il regolamento ufficiale del contest che intendete attivare.
3. Effettuate una comunicazione al Ministero dello Sviluppo Economico almeno 15 giorni prima della data di applicazione.
4. Versate la cauzione calcolata sul valore del totale dei premi messi in palio.
5. Richiedete l'intervento di un notaio o di un funzionario della Camera di Commercio di competenza sul territorio, per la redazione del verbale di assegnazione delle vincite.

Capitolo 6

Instagram per le aziende

a cura di Roberta Pinna, con la partecipazione di Maria Luisa Spera[1]

Una fotografia non è né catturata né presa con la forza. Essa si offre. È la foto che ti cattura.
Henri Cartier-Bresson

Instagram, con oltre 800 milioni di utenti attivi nel mondo (di cui 14 milioni in Italia), 2 milioni di inserzionisti e più di 90 milioni di fotografie condivise in 24 ore[2], è una realtà ormai consolidata e si posiziona tra i social network più utilizzati da privati e aziende. Sta avendo una crescita inarrestabile dal 2012, anno in cui Mark Zuckerberg ha acquisito la piattaforma e ha moltiplicato e semplificato le sue funzionalità legandole a Facebook. È considerato un social network globale: il 20% degli utenti risiede in USA, mentre la fetta più ampia, l'80%, proviene da tutto il mondo. Nello specifico, in Italia Instagram è utilizzato dal 46% degli uomini e dal 54% delle donne e sul totale i maggiori fruitori hanno tra i 18 e i 55 anni. Anche se l'iscrizione a Instagram è gratuita, anche su questo social è necessario investire tempo e denaro per avere successo.
La stessa cosa è successa, negli anni, per Facebook.
Quando sul social blu le Fanpage erano in numero nettamente inferiore a oggi, i contenuti pubblicati potevano ottenere il 100% della visibilità e il massimo della viralità, raggiungendo con pochi sforzi milioni di utenti. Successivamente, Facebook ha introdotto il famoso EdgeRank, e le campagne pubbli-

1. Roberta Pinna è una social media strategist appassionata di psicologia comportamentale di acquisto del prodotto e di utilizzo dei servizi da parte degli utenti online. Consulente per agenzie di comunicazione e web agency, è anche docente di social media marketing per aziende e futuri professionisti.
Blogger e consulente, Maria Luisa Spera ha pensato, creato e realizzato la rivista *The Friday Project*, un progetto editoriale legato al design, di cui riprende canoni e cardini.
2. http://blog.instagram.com/post/165759350412/170926-news.

citarie a pagamento. L'algoritmo ha regolato la portata dei post, diminuendo drasticamente il numero delle impression: le campagne pubblicitarie sono state introdotte come soluzione a pagamento per dare maggiore visibilità ai contenuti e offrire in più la possibilità di selezionare uno specifico target di riferimento, evitando di disperdere budget.

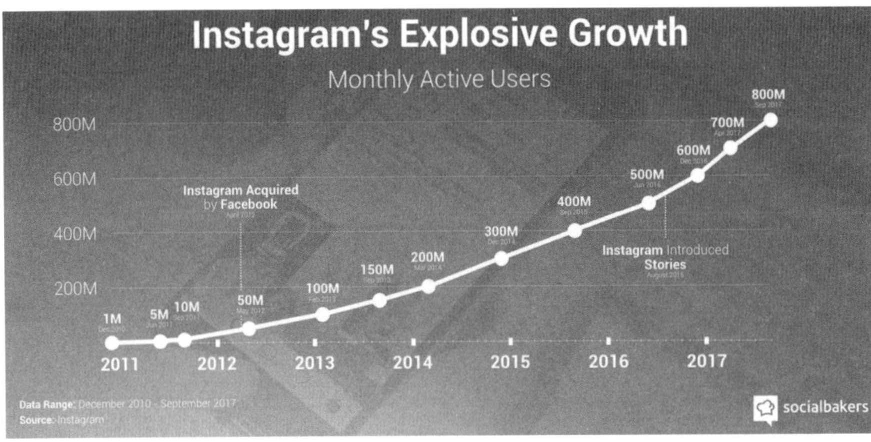

Figura 6.1 Crescita di Instagram 2011-2017 (fonte: Socialbakers).

Oggi Instagram funziona esattamente allo stesso modo: non conosciamo i parametri che regolano l'algoritmo, ma attraverso dei test possiamo immaginare la strategia migliore da attuare.

Figura 6.2 I social più funzionali.

Instagram è uno strumento in continua evoluzione, la strategia che potrebbe portare a un buon risultato oggi non è detto che sia la stessa da attuare domani.

Individuate i vostri obiettivi di marketing e create un progetto

Non otterrete il successo su Instagram aprendo un account e iniziando a pubblicare immagini e video senza logica; al contrario, dovete razionalizzare la presenza del vostro business attraverso un piano e un calendario editoriale. Con Instagram potrete:

- incrementare le vendite e-commerce portando il traffico al sito;
- aumentare la notorietà del vostro brand;
- dare personalità alla marca e trasmettere fiducia agli utenti;
- gestire i rapporti con i clienti e gli influencer.

> ***"Con Instagram potrete raccontare il prodotto."***

Identificare il target di riferimento e partire con la creazione di un piano e un calendario editoriale per la vostra azienda è indispensabile per perseguire correttamente gli obiettivi business stabiliti.
Per diventare popolari su Instagram ci vogliono costanza, determinazione e una forte personalità: iniziate definendo il vostro stile grafico. Quale sarà il vostro tone of voice?
Con Instagram potrete raccontare il prodotto, trasmettere i valori dell'azienda, suscitare un'emozione o condividere uno stile di vita.
Una strategia di successo mira a ottenere un alto livello di engagement attraverso un alto numero di interazioni: queste metriche, se positive, indicheranno una crescita di seguito e popolarità.

Come creare un account Instagram

Attivare un profilo su Instagram è molto semplice, occorre compilare i campi richiesti, indicando fra le altre cose un numero di telefono o indirizzo email, uno username e una password.
Una volta confermata l'identità, il profilo personale è attivo, ma è solo il primo passo. Andando sulle impostazioni e selezionando la voce che invita a trasformare il profilo da personale a business e successivamente a collegare l'account a una Pagina Facebook esistente, il profilo verrà trasformato in account business.

Il vantaggio di questa conversione è l'accesso a tutte le funzioni avanzate messe a disposizione per le aziende, dall'analisi dei dati alla possibilità di promuovere i contenuti.

Ottimizzate le informazioni del vostro profilo

Per inserire informazioni principali si hanno solo 150 caratteri. Occorre stupire l'utente con un'icona, un'immagine profilo o un logo accattivante. Oltre allo username, sotto l'immagine del profilo si può inserire un altro nome: questo è l'unico campo SEO di Instagram.
Quindi, se il nome è uguale allo username non occorre scriverlo due volte: meglio specificare in questo caso che cosa fa l'azienda attraverso una o più parole chiave. Inserite una call to action, un link tracciabile (del vostro sito web o di una pagina specifica), una email o un numero di telefono per offrire un contatto diretto e, infine, raccontate chi siete con una frase originale e personalizzata dagli emoji. In Figura 6.3 vediamo un esempio, tratto dal profilo di Andrea Antoni.

Figura 6.3 Inserendo gli emoji nelle informazioni del profilo personale è più facile conquistare il pubblico.

Studiare il contesto e osservare i competitor è fondamentale per la strategia business. Grazie alla funzione "Esplora" è possibile effettuare una ricerca e analizzare l'attività di aziende che intendono penetrare la stessa porzione di mercato. In questa sezione, in cui compaiono tutti i contenuti degli utenti non seguiti, possiamo fare ricerche di video, immagini e storie attraverso filtri come:

- persone;
- tag;
- luoghi;
- contenuti più popolari in base a gusti e preferenze.

Inoltre, Instagram sta pensando di introdurre la possibilità di seguire gli hashtag e non solo le persone[3]. In questo modo, potranno essere seguiti i contenuti attinenti a uno stesso settore senza seguire necessariamente le persone che li hanno generati, così da poter interagire direttamente con gli utenti che trattano argomenti strategici per un determinato brand.

Figure 6.4 e 6.5 Il caso di Francesco Mattucci: un progetto grafico unico e inconfondibile.

3. https://instagramersitalia.it/instagram-si-potranno-seguire-gli-hashtag-oltre-alle-perso-ne/?doing_wp_cron=1510907994.0151898860931396484375.

Che cosa volete comunicare e in che modo?

Instagram offre la possibilità di pubblicare diversi tipi di contenuti visuali, tra questi:

- **a.** immagini;
- **b.** video;
- **c.** album (contenenti fino a un massimo di 10 immagini e/o video in un unico post);
- **d.** boomerang (pochi secondi di video in loop);
- **e.** collage fotografici.

Il consiglio è di mostrare le persone. Uno still life del prodotto potrebbe funzionare, ma mai quanto l'immagine del prodotto stesso inserito in un contesto in cui sono presenti delle persone.

Ad agosto del 2016 Instagram ha introdotto contenuti che durano 24 ore, le Stories, che hanno confermato il successo del social network. La funzionalità delle storie nasce su Snapchat, ma pochissimo tempo dopo sono state implementate su Instagram, dove crescono rapidamente in popolarità sino a essere utilizzate oggi da circa 250 milioni di utenti ogni giorno. Rientrando nell'ambito dei contenuti effimeri, possono essere visualizzate per sole 24 ore, mostrando momenti di vita quotidiana, ma anche gli aspetti più buffi e creativi della propria personalità. Anche i brand hanno imparato ad usarle per far conoscere i propri prodotti; i personaggi famosi le usano per tenere aggiornati i fan e per mostrare un volto più umano e meno patinato di sé. Oggi vengono utilizzate da 250 milioni di utenti al giorno[4], brand e celebrity. Le Stories offrono la possibilità di approfondire il contenuto pubblicato nella gallery e fare un vero e proprio racconto in real time di ciò che si sta vivendo, pubblicando immagini o video che sono stati realizzati anche prima delle 24 ore di immissione dei contenuti nella piattaforma[5].

Instagram propone per le sue Stories diversi formati:

- in diretta (con la possibilità di invitare anche un amico ed effettuare quindi una diretta doppia);
- normale (creazione di foto e video);

---

4. http://instagramersitalia.it/instagram-stories-250-milioni-di-utenti-attivi/.
5. https://techcrunch.com/2017/11/08/instagram-now-lets-you-add-any-photos-or-videos-to-your-stories/?ncid=rss.

- boomerang (brevi video che si ripetono, tornando indietro);
- senza tenere premuto (la registrazione del video è automatica fino al termine dei 15 secondi disponibili);
- superzoom (permette di zoommare oggetti o persone con base musicale a tema horror);
- rewind (crea video che verranno visualizzati dal momento finale a quello iniziale);
- passo uno o stop motion (offre l'opportunità di creare brevi video con le foto in gallery);
- Carosello, che permette agli inserzionisti di pubblicare fino a tre contenuti consecutivi in un annuncio sulle Stories. In precedenza era possibile pubblicare un solo contenuto per inserzione.

Figura 6.6 Stories di Marni.

Alla storia si può aggiungere del testo con o senza sfondo: Instagram ci mette a disposizione un solo font, ma diversi tipi di pennarelli, una vasta gamma di colori e diverse grandezze. È possibile aggiungere anche un adesivo, come un hashtag, l'orario o la temperatura e altri più divertenti che spesso cambiano

nel tempo, e un tag geografico (adesivi e tag permettono tra le altre cose di vedere raggruppate le storie fatte in un certo luogo o con un certo hashtag, nella sezione "Esplora"). In più è possibile citare un account utilizzando il simbolo "@" oppure inserire un hashtag "#". Con un account business e una fanbase superiore ai 10 mila utenti si possono inserire delle call to action nelle Stories, con un link per invitare gli utenti a scoprire qualcosa di più in relazione al contenuto proposto, a consultare il blog, a fare un'iscrizione oppure ad acquistare nell'e-commerce.
Instagram mette a disposizione la possibilità di visualizzare le anteprime delle Stories nel Feed, diversamente da qualche tempo fa in cui erano poste solo in alto nell'applicazione.
Infine, tra le impostazioni delle Stories si può scegliere:

- il livello di privacy per i contenuti che si andranno a diffondere con questa funzione;
- a chi nascondere le Stories;
- chi può rispondere;
- se consentire o meno la condivisione e il salvataggio automatico delle Stories.

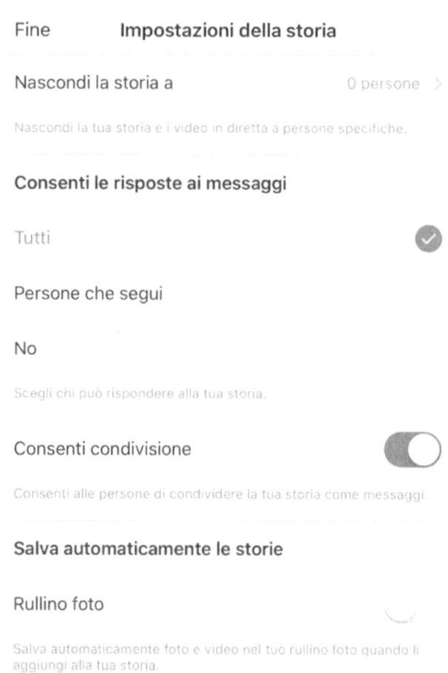

Figura 6.7 Impostazioni delle Stories.

Non basta fare un mix di contenuti per rendere unico l'account: si deve anche trovare un'idea creativa per pubblicarli. Potete, per esempio, realizzare dei contenuti grafici *ad hoc* con all'interno una breve frase motivazionale oppure sfruttare e ripubblicare i migliori scatti pubblicati dagli utenti (citandone ovviamente i crediti) con lo scopo di stimolare l'engagement e ringraziare la community.
Il coinvolgimento può arrivare anche da un concorso a premi: attenzione, il premio deve avere un valore, deve essere una leva per far sì che gli utenti partecipino e condividano dei contenuti di qualità. I concorsi non servono per raccogliere del materiale grafico e fotografico in cambio di un Repost sulla pagina del brand. I concorsi devono essere necessariamente regolamentati e solo in questo modo possono diventare strumento utile a stimolare il coinvolgimento dei nostri follower, ad aumentare l'interesse intorno al brand, a vendere di più (specialmente se da regolamento è necessario fare almeno una spesa) e, infine, a raccogliere dati.
Instagram dà la possibilità di salvare un contenuto in raccolte, inviare un'immagine o un video tramite un messaggio privato o condividerlo su altri social network.
Oltre ciò sono in fase di test la condivisione di una storia Instagram direttamente su Facebook, o l'attività di crossposting da Facebook a Instagram, e altre funzioni importanti come:

- **Instagram Regram Button**: permette di condividere i post di altri utenti senza passare da app terze o salvare il contenuto sul dispositivo e condividerlo di nuovo con il proprio dispositivo citando l'autore.
- **GIF Search per le Stories**: permette di aggiungere GIF alle Stories o a post particolari.
- **Archivio per le Stories**: consente di salvare le proprie Stories in una tab e di visionarle anche in futuro, riutilizzandole nelle nuove Stories.
- **Highlight**: consente di inserire le Stories più salienti come contenuti in evidenza nella propria bacheca. Gli highlight rimangono fino a che non verranno rimossi[6].
- **Lista amici più vicini**: autorizza la condivisione dei contenuti solo con una lista di amici ristretta.
- **Condivisione con WhatsApp**: permette di condividere i contenuti con altre piattaforme della famiglia Facebook come, in questo caso, WhatsApp.

6. http://blog.instagram.com/post/168221445012/171205-highlights.

- **Direct come app standalone**: permette di trasformare la funzionalità dei messaggi in applicazioni di messaggistica istantanea[7].

Attraverso Location si ha l'opportunità di geolocalizzare il contenuto al fine di farlo comparire all'interno dei risultati di ricerca di una data località, magari quella in cui potrebbero trovarsi i nostri potenziali follower. La funzione "Archivia", invece, ci permette di nascondere un contenuto dalla nostra bacheca per tutto il tempo desiderato, con la possibilità di reintrodurlo nella stessa posizione e data in cui è stato pubblicato senza perdere le interazioni generate e i risultati ottenuti.
Da ottobre 2016 è attiva negli USA la possibilità di collegamento con l'e-commerce, ovvero la funzione tag product, che permette di collegare in modo diretto un contenuto visuale al negozio online (Figure 6.8, 6.9). Molto probabilmente la nuova funzione di Tag Shopping arriverà anche in Italia per offrire agli utenti una nuova esperienza di shopping online.

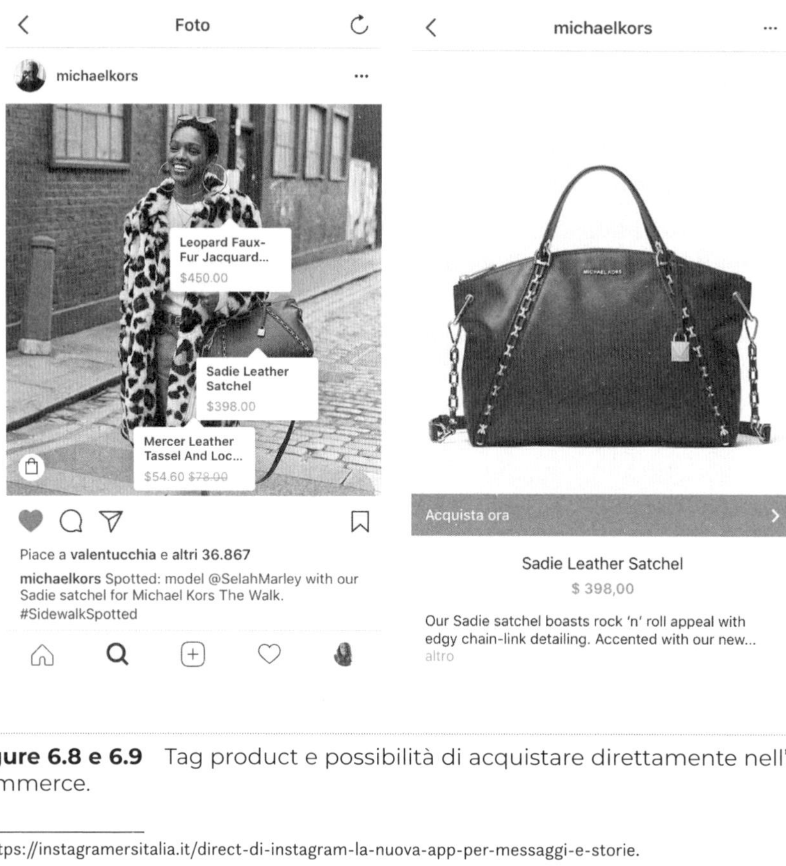

Figure 6.8 e 6.9 Tag product e possibilità di acquistare direttamente nell'e-commerce.

7. https://instagramersitalia.it/direct-di-instagram-la-nuova-app-per-messaggi-e-storie.

Su un'immagine apparentemente perfetta e pulita si nota in basso a sinistra un bollino bianco con al suo interno una shopper bag: cliccandoci sopra compariranno accanto a ogni prodotto delle etichette contenenti prezzo e descrizione dell'oggetto in questione. Cliccando sull'etichetta si visualizzerà una vera e propria scheda prodotto in cui compariranno il modello, una breve descrizione, il prezzo e la call to action "Acquista ora", con il link diretto all'e-commerce.

Il calendario editoriale

Calendarizzare i contenuti studiati per la promozione del vostro account business è fondamentale per fornire informazioni utili agli utenti (Figura 6.10). Sono imprescindibili la costanza nelle pubblicazioni e l'investimento di tempo nella gestione quotidiana delle notifiche/interazioni.

Gli hashtag sono delle etichette che vengono utilizzate per aggregare dei contenuti per argomento e rendere la loro ricerca più semplice, un mezzo utile per inserire i contenuti in flussi di informazione attinenti e divulgare il nome del brand. Creare un hashtag originale, riconoscibile e facile da tenere a mente, e invitare gli utenti a utilizzarlo così da poter monitorare tutti i contenuti relativi al brand condivisi dalla community, vi permetterà di monitorare la direzione della vostra strategia. Non è possibile inserire più di 30 hashtag ed è consigliato integrarli all'interno della didascalia in una frase di senso compiuto, che accompagni e descriva l'immagine o il video condiviso. La selezione degli hashtag è molto importante: ricordate che più sono pertinenti con ciò che è rappresentato dall'immagine o nel video che è stato postato più l'algoritmo di Instagram riesce a capire che cosa si è pubblicato.

La gestione della community attraverso, Like, commenti, tag e direct message è il punto nevralgico di Instagram. Al centro della piattaforma c'è la community.

Se gli utenti dedicano del tempo al brand è giusto ringraziarli, coinvolgerli e far crescere vere e proprie conversazioni. Rispondere a commenti o messaggi privati, positivi o negativi che siano, è molto importante: Instagram determina il valore di un contenuto anche dalla sua portata.

È possibile che il vostro post compaia nella sezione popular insieme a tutti i post che hanno generato maggiore interesse. Attraverso la classificazione dei commenti è finalmente possibile generare intere conversazioni senza perdere il filo del discorso. Instagram ha da poco aggiornato la funzionalità per la moderazione dei commenti aggiungendo la possibilità di decidere chi può commentare i nostri post, per evitare bot automatici e invogliare le persone a seguirci per interagire con noi se veramente interessate; con la nidificazione dei commenti, questi possono essere raggruppati in thread. Per una migliore gestione del calendario editoriale, a febbraio 2018 Instagram ha annunciato una partnership con Hootsuite, che permette la programmazione dei contenuti.

Figura 6.10 Il calendario editoriale di Luccico.

Influencer marketing con Instagram

L'influencer marketing è utilizzato sempre più spesso su Instagram. L'influencer è un utente che ispira i consumatori a tal punto da poter essere veicolo pubblicitario per un suggerimento di acquisto, incrementando interesse intorno a una marca e creando una tendenza. Lavora con naturalezza e sincerità raccontando la sua esperienza agli altri senza forzature o messaggi essenzialmente commerciali. La sua attività è parte di una strategia di marketing concordata con l'azienda o il brand di riferimento.
Scegliere l'influencer giusto non è facile: è consigliabile affidarsi a delle agenzie che abbiano gli strumenti adatti a individuare il corretto influencer da

inserire nella strategia marketing, e sappiano contrattualizzare il lavoro che svolgerà. È pieno di falsi influencer, coloro che magari acquistano follower per dimostrare di avere una grande community. Per individuarli senza troppi sforzi occorre utilizzare tool di analisi come Socialblade[8], in grado di analizzare a fondo i profili pubblici.

"È pieno di falsi influencer."

Infine, riguardo la possibilità di investire nella piattaforma, Instagram sta sviluppando l'introduzione del sponsored post[9], una soluzione trasparente per investire in attività di influencer marketing. Nel post sarà chiara la dicitura "Pubblicizzato da...": suddetta funzione sarà a disposizione di account business per rendere maggiormente trasparente il processo di comunicazione sponsorizzata (Figura 6.11).

Figura 6.11 Influencer Stories con contenuto sponsorizzato.

8. https://socialblade.com.
9. https://techcrunch.com/2017/11/07/instagram-pushes-more-influencers-to-adopt-its-new-format-for-sponsored-posts/.

L'advertising su Instagram

La community di Instagram è diventata di fatto una vetrina globale per persone, aziende, prodotti da mostrare, pubblicizzare e ovviamente vendere. A comunicarlo è stato lo stesso Mark Zuckerberg sul suo profilo Facebook.

Figura 6.12 Post dal profilo di Zuckerberg.

Come ogni vetrina, anche Instagram ha aperto le porte nel 2015 alla pubblicità per permettere agli utenti business che nell'applicazione hanno selezionato il profilo aziendale di promuovere a pagamento i loro prodotti attraverso questo canale.

L'advertising su Instagram è quindi una realtà da qualche anno: potete posizionarvi nel News Feed degli utenti in target con il vostro modello di business, attraverso call to action negli annunci sponsorizzati, di prodotto o servizio, in linea con il vostro pubblico.

Ci sono profili che per ovvie ragioni possono e devono investire del budget in advertising per far crescere il proprio giro d'affari acquisendo notorietà, Like, più traffico e più vendite. Il dato significativo, quello che ci permette di capire il potenziale di questo *medium* e di sceglierlo come mezzo di diffusione dei nostri contenuti, è l'engagement rate, ovvero il tasso di interazione che ogni utente ha con un post (Like, commenti, link al sito web, acquisto e via dicendo): infatti è nettamente superiore a quello di Facebook, parliamo del 70% circa.

Come investire il budget

Monetizzare. Per chi ha un proprio business, piccolo o grande che sia, questa è la parola chiave. Non c'è business senza monetizzazione. Questa è una formula indubbiamente applicabile anche alla pubblicità, offline e online, specie perché mettiamo in gioco non solo il nostro tempo, che equivale a valore, ma anche del vero budget. Ciò che è importante sapere è che non c'è post sponsorizzato senza una preparazione antecedente, ed è per questa ragione che nel vostro manifesto deve esserci questo motto: "L'improvvisazione è nostra nemica, sempre".
Cerchiamo di capire perché.

Per poter investire un budget in maniera ponderata ottenendo così dei risultati concreti, la prima cosa che vi consigliamo è la ricerca. Per stabilire gli obiettivi della campagna di sponsorizzazione è appunto necessario condurre un'indagine di mercato per capire quello che già il settore offre grazie ai competitor.
Analizzare, monitorare e prendere spunto. Attenzione, non vi stiamo dicendo di riproporre quello che già fanno gli altri, ma semplicemente di avere un quadro completo della situazione che vi circonda, per poter affrontare una campagna pubblicitaria coerente alla richiesta e all'offerta.
Perciò, guardate le sponsorizzate degli altri, le CTA che prediligono utilizzare e quantificate le interazioni generate con gli utenti: questo vi permetterà di sapere cosa fa al caso vostro e cosa potrebbe essere del tutto inutile.
Non vi preoccupate, Facebook ci ha messo a disposizione un nuovo strumento proprio per questa ragione: **Facebook pixel remarketing**. Un mezzo in grado di tracciare le azioni degli utenti sul sito web e di proporre loro post sponsorizzati in linea con il comportamento di navigazione.

Quello che dovete assolutamente fare prima di buttarvi in una campagna Ads è **definire i vostri obiettivi** e capire quello che vorreste ottenere dalla campagna stessa attraverso il vostro post sponsorizzato. Come per Facebook, Instagram offre molteplici opportunità:

- incrementare la notorietà del brand;
- aumentare la copertura di un post;

- generare traffico in uscita verso un sito o una app;
- far compiere un'azione sul post (Like, commenti);
- aumentare le visualizzazioni di un video;
- convertire il click in una reazione (per esempio fare un acquisto o scaricare applicazioni).

In secondo luogo, la **targettizzazione del pubblico** è un passaggio chiave per ogni utente, sia esso un profilo aziendale o un profilo personale, e a prescindere dalla intenzionalità di creare una campagna advertising o meno; questo perché un pubblico targettizzato è un pubblico più incline a lasciarsi coinvolgere dal post secondo un meccanismo di stimolo-risposta.
Tutto questo ci fa capire perché **comprare follower** (non targettizzati), oltre a essere una pratica poco nobile, non ha un vero ritorno in termini di interazione sotto i nostri post. L'interesse è di fondamentale importanza per scegliere il target, proprio come selezionare l'area geografica, il sesso, l'età e tutti gli altri parametri che troverete nel Business Manager di Facebook. Proprio come per gli altri canali, le sponsorizzazioni su Instagram hanno bisogno di un target su cui agire per essere funzionali e generare i risultati attesi; questo è quello che ci piace definire il punto cruciale di ogni campagna Ads.
Ora, una domanda: sapevate di poter scegliere anche un **Pubblico Simile** (Lookalike Audience) per le vostre sponsorizzate su Instagram, come per quelle su Facebook? Di cosa stiamo parlando? Della possibilità di scegliere e creare un pubblico specifico per le Instagram Ads, analizzando le caratteristiche degli utenti che seguono la Pagina e pescando altre persone con caratteristiche simili e di conseguenza con un vero e proprio interesse per il vostro prodotto/settore.
Ciò permetterà al vostro post sponsorizzato di essere visualizzato da un target altamente in linea con il vostro prodotto/servizio e di aumentare la possibilità di conversione verso l'obiettivo che vi siete prefissati.

Instagram, come tutti sanno, è un'applicazione gratuita, un social network legato all'immagine "istantanea" intesa non solo come fotografia, anche se oggi di istantaneo su questo social c'è ben poco. Tutto viene programmato, almeno da quei profili che cercano di ottenere o mantenere alto il loro engagement, perciò ripetiamo insieme: l'improvvisazione è nostra nemica, sempre. Perché vi stiamo dicendo questo? Perché conoscere lo strumento per ciò che è in realtà e non per quello che sembra è molto importante, specie se decidiamo di investire risorse in contenuti sponsorizzati.

Tipologie di post sponsorizzati

Ora siete pronti a mettere in gioco la vostra creatività, perché Instagram è la piattaforma ideale per far emergere questa caratteristica della vostra personalità e del vostro brand, anche nelle Ads. Come? Intanto vi permette di scegliere la tipologia di post sponsorizzato che fa per voi e non è poco; in più vi consente di rafforzare la vostra immagine aziendale con contenuti coerenti al tono di voce della vostra comunicazione visiva, con almeno cinque tipologie di annuncio (Figura 6.13).

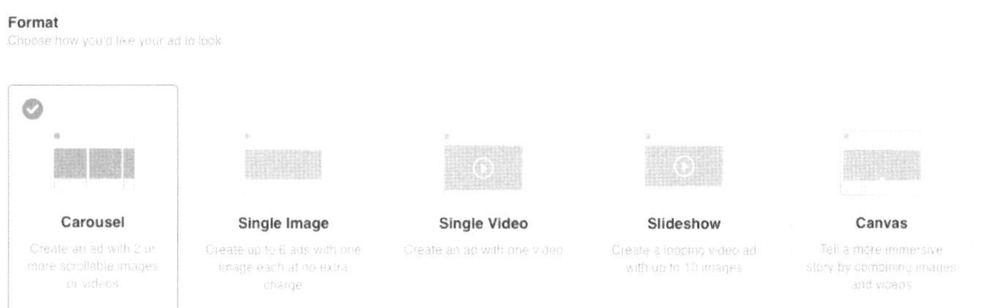

Figura 6.13 Tipologie di post sponsorizzato.

a. **Carosello**: non è altro che un post con foto multiple (fino a 4 sponsorizzabili) che l'utente, scorrendo, può visualizzare in sequenza. Una raccolta di contenuti che potete creare al momento della pubblicazione, cliccando sull'icona in basso a destra "Seleziona più elementi" e caricando file multimediali da riorganizzare in un secondo momento. Caption, posizione, reazioni e formato (rigorosamente 1:1) saranno comuni a tutti gli elementi caricati. Il suggerimento che sentiamo di darvi è quello di scegliere attentamente l'immagine iniziale perché sarà poi la "copertina" che attirerà l'attenzione dell'utente, invogliandolo a scorrere per visualizzare il resto del post (Figura 6.14).
b. **Immagine singola**: una foto, in formato orizzontale, verticale (consigliamo il rapporto 4:5) o quadrato è la tipologia che va per la maggiore tra gli utenti di Instagram e sicuramente quella più facile da pubblicare (Figura 6.15).
c. **Video singolo**: molto spesso il filmato attrae più di una foto. Vero, purché sia accattivante per il pubblico a cui è diretto, non dimenticatelo mai. Inoltre, per la pubblicazione sul vostro account dovete sapere che la lunghezza massima consentita per un video è di 60 secondi, in for-

mato orizzontale (sconsigliato per ovvie ragioni di visualizzazione mobile) o classico quadrato (Figura 6.16).

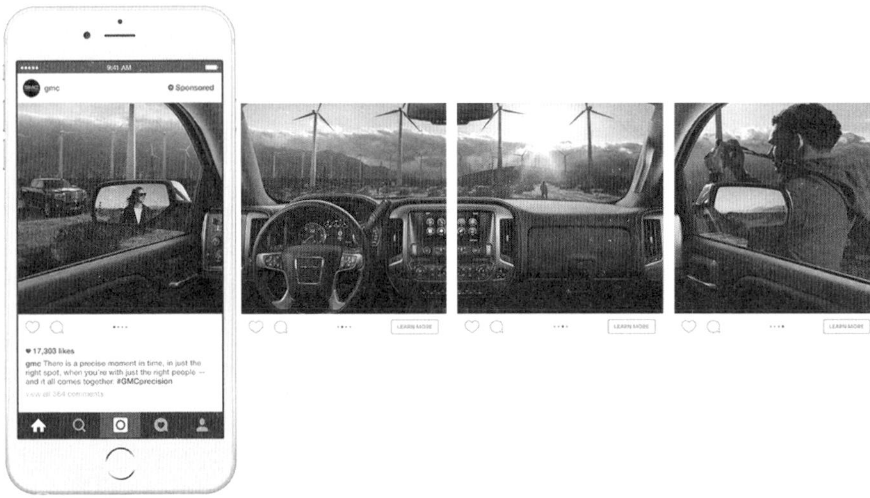

Figura 6.14 Carosello.

Figura 6.15 Immagine singola.

Figura 6.16 Video singolo.

d. **Slideshow**: potrebbe essere il formato che fa per voi se cercate di creare un mini-video a ciclo continuo fatto di immagini (massimo 10). Anche in questo caso vi consigliamo di seguire le indicazioni del carosello: ottimizzate e scegliete con arguzia gli elementi che formeranno il vostro post (Figura 6.17).

Figura 6.17 Slideshow.

e. **Canvas**: è il formato più dinamico per raccontare qualcosa combinando elementi multimediali differenti (immagini e video) permettendo così una fruizione a più direzioni (Figura 6.18).

Figura 6.18 Canvas.

f. **Stories**: le Instagram Stories sono senza dubbio il formato più discusso e utilizzato del momento e possono essere anch'esse oggetto di sponsorizzazione. Come sappiamo, si tratta di immagini, video, audio e dirette che permettono agli utenti di raccontarsi in un tempo limitato, 24 ore per essere esatti. Instagram ha da poco concesso ai brand di sfruttare anche questo format per pubblicare le loro sponsorizzate, persino con link interni al post, entrando con le proprie IG Stories nel Feed principale degli utenti.
Assicuratevi sempre di ottimizzare i contenuti multimediali nel miglior modo possibile, tenendo a mente che devono soddisfare le dimensioni raccomandate da Instagram (1080x1920 pixel), rispettando la proporzione 9:16.

Se invece decidi di pubblicare dei video ricordati di caricare il filmato in un formato compatibile (.MOV, .MP4 o .GIF) e della durata massima di 15 secondi per non incorrere in tagli improvvisi.

Figura 6.19 Instagram Stories.

Che cos'altro potete fare?

Ci sono altri modi utili per incrementare il proprio business su Instagram senza ricorrere direttamente alle Ads a pagamento, ma dovete avere la consapevolezza che i risultati (organici) che otterrete potrebbero non essere quelli sperati all'inizio o, nel migliore dei casi, potreste stupirvi per aver trovato la vostra migliore strategia di marketing online. Ma di cosa stiamo parlando? Ecco dunque alcuni esempi.

a. **Potete creare contenuti brandizzati**: come vi abbiamo anticipato in precedenza, Instagram è terreno fertile per partnership tra utenti che generano conversioni attraverso la loro rete (gli opinion leader, per noi che veniamo dai manuali di pubblicità, gli influencer per la Millennial Generation). In questo modo avrete maggiore controllo su chi sponsorizza il vostro prodotto, bloccando sul nascere atteggiamenti non idonei e poco professionali. Potrete infine visualizzare gli insights, valutando in diretta l'efficacia del contenuto postato. Ci sembra un buon compromesso, che ve ne pare?
b. **Potete creare contenuti in evidenza con le Stories (Highlight)**: da pochissimo tempo Instagram ha permesso ai propri utenti business di salvare le proprie Stories sul profilo in degli "album" definiti "contenuti in evidenza", consentendo ai follower di rivedere anche a distanza di tempo quei contenuti che altrimenti verrebbero cancellati in 24 ore. Per ovvie ragioni vi consigliamo di creare più album di Stories, salvan-

dole in base alla materia di discussione e nominandole per argomento, così da facilitare la ricerca da parte dell'utente.

Presto probabilmente avrete anche la possibilità di taggare i vostri prodotti: grazie al posizionamento di tag nelle foto di prodotto, permetterete all'utente (potenziale cliente) di cliccare ed essere reindirizzato alla pagina dove effettuare l'acquisto. Se avete un e-commerce, questo servizio farà sicuramente al caso vostro.

Analisi dei dati

Lo avrete sentito altre mille volte, eppure non bastano: analizzare i dati non è necessario solo per la sponsorizzazione in essere, ma anche per ottimizzare quelle successive. Non è così scontato ottenere risultati con una Instagram Ads già dai primi giorni; anzi, con buona probabilità dovrete rivedere la campagna in corso modificando i parametri di partenza e ottimizzandola in base ai dati che arriveranno dalla vostra Pagina all'interno di "Gestione inserzioni" di Facebook. Niente vi vieta di fermare la campagna e crearne una nuova, sperimentando magari un formato diverso o con un'altra tipologia di call to action all'interno di esso. Insomma, buttatevi!
Ciò che ci interessa di più sono i risultati generati dalla strategia. Il budget e il tempo sono stati spesi correttamente? La crescita è attiva e costante? Un account business Instagram ci fornisce alcuni dati:

- il numero totale dei nostri follower;
- il totale delle impression;
- la copertura dei post;
- le visualizzazioni del profilo;
- click generati negli ultimi 7 giorni.

In relazione ai follower, gli insights indicano in percentuale il genere, la fascia d'età e la provenienza. Altro grafico importante mostra il giorno della settimana in cui i nostri follower sono più attivi (è un dato relativo, occorre far fede all'esperienza e alla visione d'insieme). Esiste, infine, una sezione dedicata ai post pubblicati sul profilo nell'ultimo anno di attività, ordinati per impression.
Per le Stories, Instagram fornisce un riepilogo che mostra il numero di impression generate per i contenuti pubblicati negli ultimi 14 giorni. In ultima posizione si possono trovare i risultati ottenuti dai post sponsorizzati direttamente su Instagram. Inoltre, possiamo monitorare dei dati più approfonditi entro le 24 ore dalla pubblicazione di una storia come:

- la lista degli utenti che fino a quel momento l'hanno visualizzata per più di 3 secondi;
- il numero di click su citazioni, hashtag, sticker e link;
- il numero degli utenti che invece hanno saltato la visualizzazione e sono passati alla storia successiva;
- il numero totale delle impression.

Riassumendo, per tutto il capitolo abbiamo detto come trasformare un contenuto in oggetto di pubblicità per vendere un prodotto o un servizio, per convertire l'interesse del pubblico in vendita. In conclusione, il consiglio è di studiare per conoscere il contesto in cui vi trovate, monitorare ciò che accade intorno a voi, preparare contenuti di alto livello curando ogni minimo dettaglio. Soprattutto, dovete imparare a sperimentare. Instagram è fatto di algoritmi, vero, ma è popolato da persone reali e pertanto quello che facciamo in maniera programmatica può non bastare. Dobbiamo entrare in contatto con gli utenti, capire le loro esigenze, vivere le loro emozioni, cercare di coinvolgerli nella nostra storia e nella nostra attività. Dobbiamo far passare il nostro messaggio senza mai gridare.

"Instagram è fatto di algoritmi, vero, ma è popolato da persone reali."

Cinque cose che potete fare oggi

1. Individuate i vostri obiettivi di marketing.
2. Attivate il vostro account, trasformatelo da personale ad aziendale e ottimizzate la didascalia e le informazioni principali.
3. Create un progetto e sviluppate un piano editoriale in relazione alla vostra strategia.
4. Generate engagement attraverso l'interazione, studiate una policy e rispondete a commenti positivi e negativi.
5. Raccogliete i dati e analizzate i risultati ottenuti.

Capitolo 7
Facebook Calendar

Scrivi sul tuo cuore che ogni giorno è il giorno più bello dell'anno.
Ralph Waldo Emerson

Dopo reaction, commenti e messaggi privati, è arrivato il momento di vedere di persona i vostri fan, magari all'inaugurazione della vostra nuova attività commerciale, al concerto che avete organizzato o alla gara sportiva che sponsorizzate.
Creare, gestire e partecipare a un evento su Facebook è facile e gratuito: le aziende di medie dimensioni, le piccole imprese e gli utenti possono avvalersi di questo speciale strumento per radunare gli utenti attorno a un interesse specifico, pianificare gli obiettivi business e gli eventi futuri in relazione a esso. La risposta specifica a un evento può fornire feedback utili sia per quanto riguarda l'interesse degli utenti sia per quanto riguarda la strategia messa in atto dall'organizzatore.

Gli eventi Facebook sono collegati alle Stories di Instagram

Se state organizzando un evento su FB, non dimenticate di valorizzarlo con un live, anche attraverso le Stories Facebook. Perché? Perché Zuckerberg ha deciso di legare questi due strumenti: se un utente clicca su "Parteciperò" a un vostro evento, nelle sue Stories, in alto, apparirà automaticamente l'icona delle Stories della vostra Pagina. In questo modo, chi all'ultimo minuto non sarà riuscito a intervenire potrà sentirsi parte dell'evento e chi è presente sarà spinto a creare contenuti e interagire con la vostra Pagina.

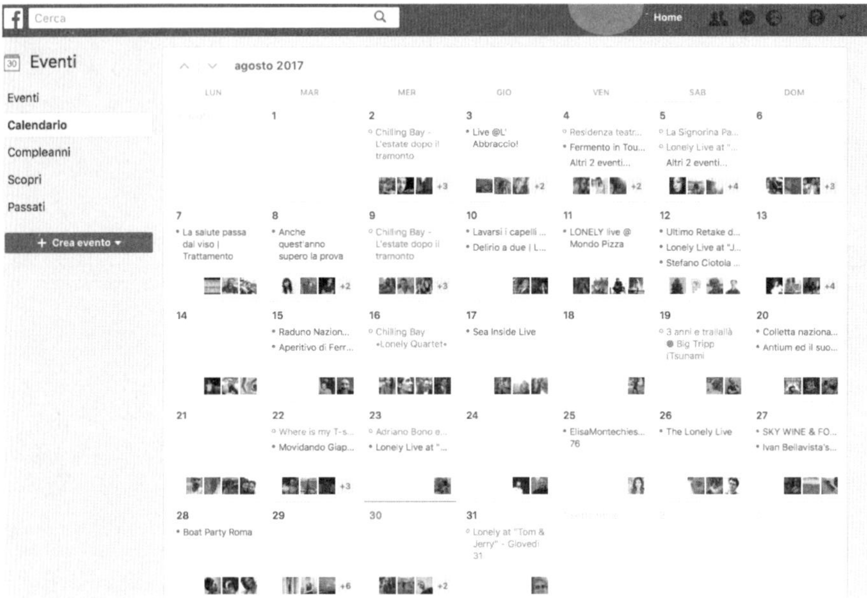

Figura 7.1 La visualizzazione delle funzioni per gli eventi su Facebook.

Creare un evento

Creare un evento su Facebook è facile e gratuito, ma necessita di competenze linguistiche, sociologiche, grafiche e organizzative perché l'evento organizzato sia utile e fruibile dagli utenti della community.

Cliccare sul pulsante “Crea” e iniziare a compilare la scheda relativa all'evento è uno dei passi più intuitivi che si possa mettere su Facebook. Il nostro consiglio è di compilare tutti i campi, sia quelli obbligatori sia quelli facoltativi, per offrire il maggior numero di informazioni all'utente.

> ***“La scelta tra evento pubblico o privato dipende chiaramente dall'obiettivo.”***

Un profilo personale può scegliere se creare un evento privato o un evento pubblico (Figura 7.2), invece le Pagine possono creare solo eventi pubblici.

Un evento pubblico è visibile a tutti gli utenti della community Facebook e anche all'esterno di Facebook: chiunque può vedere la descrizione, le foto, i post degli utenti e i video dell'evento, iscritto o meno non ha importanza.

La scelta tra evento pubblico o privato dipende chiaramente dall'obiettivo: una conferenza stampa può essere un evento per pochi e selezionati ospiti, mentre una manifestazione aperta a tutti è adatta a un evento pubblico.

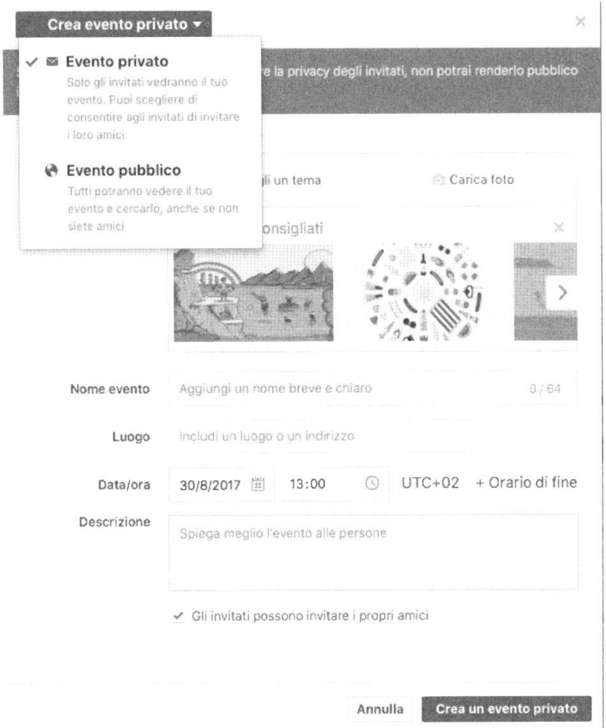

Figura 7.2 Creare un evento pubblico o privato con un account personale.

Includete una cover accattivante, caricate una foto o un video che avrete predisposto nelle dimensioni adeguate degli eventi Facebook (1200 x 628 pixel per le immagini di copertina, 1.9:1 per i video), date un nome all'evento, includete il luogo, la data e l'orario e predisponete una descrizione che sia utile agli utenti. In base alla replicabilità dell'evento, Facebook mette a disposizione anche la tab Frequenza per dare l'opportunità all'organizzatore di comunicare alle persone che l'evento si ripete, e con che modalità.

La descrizione degli eventi non deve essere scarna di contenuti, deve invogliare l'utente a partecipare.

Evitare di dilungarsi troppo perdendo di vista l'obiettivo dell'evento farà in modo che gli utenti possano interessarsi all'evento stesso e parteciparvi. Se organizzate un evento privato, date informazioni adeguate, cercate la motivazione che vi spinge a organizzarlo; se invece state invitando gli utenti a un evento pubblico, indicate l'obiettivo comune e l'interesse di fondo che hanno mosso l'organizzazione dell'evento stesso. Ricordate che potete dare l'opportunità agli invitati di coinvolgere o meno i propri amici, basta contrassegnare la casella apposita a fine creazione.

Se date l'opportunità di invitare gli amici degli invitati, gli inviti cresceranno; dovete però capire se saprete gestirli.

Gestire un evento

Sia le Pagine sia gli account personali possono avere il massimo controllo sulla creazione, gestione e promozione di un evento.

Il **nome evento** deve essere facile da leggere e non troppo lungo per scongiurare tagli nella visualizzazione da mobile (Facebook ricorda di stare entro i 64 caratteri); inserendo il **luogo** si indica una posizione specifica che consenta agli invitati di sapere dove si svolge l'evento, l'orario di inizio e l'orario di fine, per lasciare l'utente libero di organizzare anche altro in quella porzione di giornata. Nella **descrizione** si possono inserire informazioni attinenti all'evento stesso, in modo da sfruttare al massimo questo spazio messo a disposizione da Facebook per comunicare agli invitati a che cosa parteciperanno. Oltre ciò, è possibile aggiungere delle **parole chiave**: per un concerto, per esempio, potreste voler indicare il tipo di musica e quindi inserire il tag "musica" e poi musica ambientale/musica africana/musica americana e così via (Figura 7.3). Le parole chiave servono a chiarire la natura di un evento. Infine è possibile specificare se è adatto ai bambini e se l'ingresso è gratuito.

Inserire le parole chiave porta un altro vantaggio: la collocazione dell'evento in determinate categorie. Se l'utente ha espresso interesse per una o più di queste, potrà visualizzare un suggerimento di Facebook relativo all'evento stesso.

Infine, la schermata di creazione dell'evento consente di inserire l'URL per l'acquisto dei biglietti (in caso di ingresso gratuito, dove è possibile prenotare il proprio posto). Potete indicare dei co-organizzatori (come artisti, sponsor o account) che possono diffondere l'evento e potranno apportare modifiche o aggiungere l'evento ai loro calendari. Infine, potete decidere se la pubblicazione dei post nell'evento debba essere limitata agli organizzatori o possa essere estesa a chiunque (in questo caso i post segnalati dovranno essere approvati). Anche la lista degli invitati può avere dei limiti di visualizzazione, a discrezione di chi organizza l'evento. Infine Facebook vi dà la possibilità di salvare una bozza e di rimandare la pubblicazione di un evento, o di programmarla (Figura 7.4).

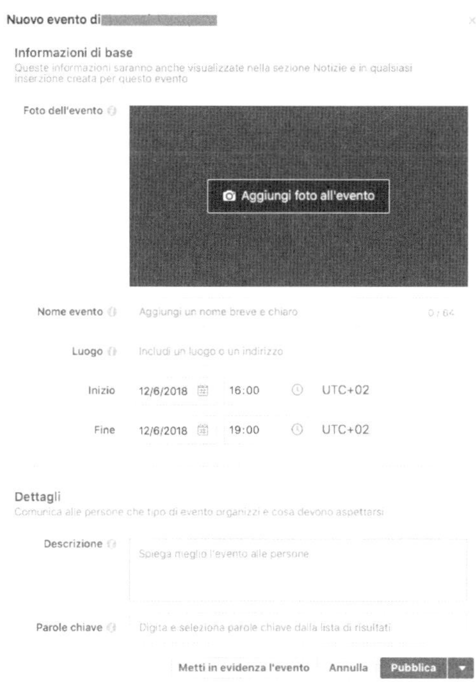

Figura 7.3 Creare un evento con una Fanpage.

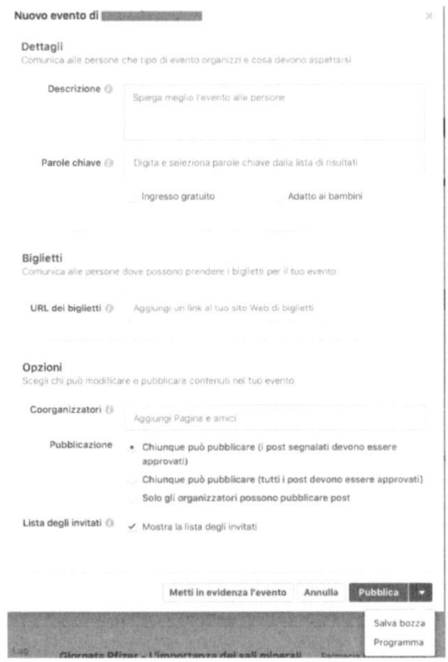

Figura 7.4 Creare un evento con una Fanpage, salvarlo o programmarlo.

Promuovere un evento

Promuovere un evento significa creare dei contenuti accattivanti, belle grafiche, video coinvolgenti, essere pronti al community management; significa fondamentalmente fare in modo che gli utenti percepiscano come un privilegio l'essere invitati all'evento. Pianificare un calendario editoriale *ad hoc* per l'evento significa non tralasciare nessun contenuto attinente e renderlo armonioso, ma allo stesso tempo ben distinto, dai contenuti del calendario editoriale della Pagina oppure del proprio account personale. Produrre un calendario editoriale per un evento significa incuriosire l'utente che è stato invitato, creare dei contenuti (video, testi, immagini e via dicendo) che facciano riferimento alla location, a ciò che accadrà durante l'evento, alla storia di una band se si fa riferimento a un live oppure agli obiettivi di fondo qualora si trattasse di una manifestazione a scopo benefico e solidale; non devono mancare poi i contenuti trasversali, che possono incuriosire e incentivare alla partecipazione.

> Non create l'evento per lasciarlo lì a morire senza contenuti o informazioni: aggiornate fino ad arrivare alla "fatidica" data scelta.

Sponsorizzare un evento ha due obiettivi di fondo: 1) aumentare i partecipanti e interessati all'evento, 2) accrescere l'interesse attorno alla Fanpage che lo organizza oppure intorno al profilo personale organizzatore.
Investendo del budget è possibile raggiungere un numero maggiore di utenti interessati. Con "Metti in evidenza l'evento" si accede a una schermata dedicata alla sponsorizzazione, che chiede di:

- scegliere un pubblico di riferimento attraverso una selezione del target;
- inserire un testo che possa incuriosire l'utente a partecipare;
- indicare il budget e la durata.

Per un evento molto più in là nel tempo, è opportuno effettuare sponsorizzazioni non continuative, ma per porzioni di tempo più brevi, fino a raggiungere la data dell'evento.
Dovrete porre particolare attenzione alla selezione del pubblico, proprio perché in questo modo sceglierete i potenziali invitati al vostro evento in base a luogo, genere, età, lingua parlata, interessi e tipo di connessione.
La parte creativa della campagna è fondamentale soprattutto quando si parla di un evento. La veste grafica e la descrizione sono i punti di forza su quali potete battere per ottenere l'attenzione degli utenti.
Nella sezione Eventi dell'app Facebook (sia per Android sia per iOS) si potrà impostare una notifica dell'orario dell'evento, scegliere di ricevere le notifiche da parte degli organizzatori, visualizzare la Pagina che ha organizzato l'evento e aprire nelle mappe l'indirizzo della location (Figura 7.5).

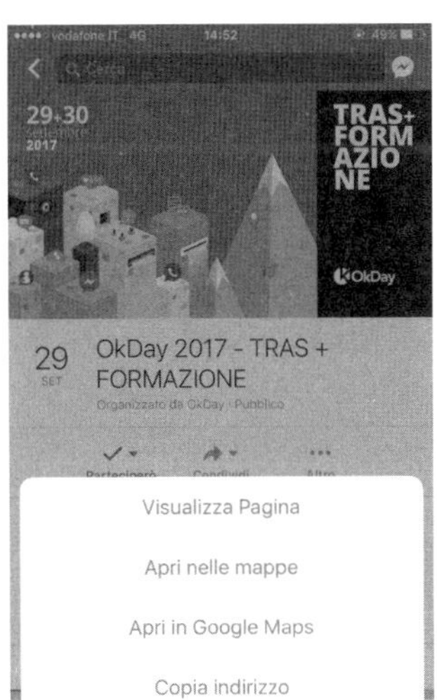

Figura 7.5 Aprire le mappe direttamente cliccando sull'indirizzo della location.

Cinque cose che potete fare oggi

1. Create un evento, compresa la cover e i contenuti.
2. Create un calendario editoriale *ad hoc* per l'evento, per dare informazioni quotidiane agli invitati.
3. Mettete in evidenza l'evento in modo da poter raggiungere il massimo degli utenti potenzialmente interessati.
4. Monitorate le conversazioni all'interno dell'evento.
5. Raccontate l'evento live con le Facebook Stories.

Capitolo 8

Comunicare la musica con i social media

(a cura di Eufemia Scannapieco, Ylenia Cuccurullo e Luciana Lorenzo[1])

Dove le parole finiscono, inizia la musica.
Heinrich Heine

Ogni evento musicale è un melting pot di storie che sintetizzano più punti di vista. Con la digitalizzazione la musica evolve e il racconto diventa più complesso.
"Quest'anno sul palco di Primo Maggio Roma ci saranno gli Skunk Anansie" è la frase con cui l'organizzatore del Concertone, Massimo Bonelli, direttore generale di iCompany, ci ha coinvolto in uno degli eventi musicali più attesi del panorama musicale europeo, il Primo Maggio Roma, chiedendoci di occuparci della social media strategy dell'edizione di quell'anno, il 2016. Era gennaio e da quella chiacchierata scambiata in casa iCompany iniziava il percorso di piano., la nostra digital agency nell'ambito della comunicazione musicale; storia che avrebbe dato vita al progetto Yeyé[2], volto a coinvolgere e sostenere il mercato musicale composto da cantautori, gruppi ed etichette discografiche.

1. Eufemia Scannapieco, Ylenia Cuccurullo e Luciana Lorenzo sono le cofondatrici dell'agenzia di comunicazione piano. (www.hounpiano.it). Dispensatrice di #happytudine, Eufemia è digital e social media strategist e vice editor della sezione digital di Ninja Marketing; dopo essersi occupata di web listening, analisi di posizionamento e project management, Ylenia è dal 2016 direttore creativo e digital brand strategist di piano.; laureata col massimo dei voti in design e comunicazione visiva e multimediale alla Sapienza di Roma, dopo aver maturato un'esperienza decennale in diverse agenzie, Luciana è oggi art director di piano.
2. http://www.yeye.social.

Il nostro metodo di lavoro da allora ha sempre dato grande importanza alla relazione empatica che si innesca già dal primo approccio con il cliente che presenta la sua visione: chi meglio di lui conosce l'esperienza da raccontare? Umanizzare le fasi di costruzione di un progetto, rivelandone i retroscena e le emozioni, è diventato nel tempo il valore aggiunto che cerchiamo di dare ai nostri lavori: la potenzialità degli strumenti di comunicazione online, social media *in primis*, è non solo il supporto alla promozione ma anche la gestione e l'umanizzazione di eventi e progetti culturali.
L'obiettivo di questo capitolo è raccontare un metodo di lavoro per massimizzare i risultati di ciascun evento o performance dal punto di vista della comunicazione, partendo da una strategia personalizzata per la promozione sui supporti digitali: dal concept creativo alla strategia, dal community management alle digital PR fino al racconto live nel giorno dell'evento, il social live streaming.
Il miglior modo per raccontare è farlo attraverso l'esperienza. Ecco perché abbiamo scelto il Concerto Primo Maggio Roma e Area Sanremo per sintetizzare un percorso in cinque step che rappresentano altrettanti aspetti sostanziali di una buona comunicazione social in chiave musicale: a tono, a ritmo, a voce, di pancia, a tutti.

A tono: create una strategia *ad hoc*, pianificando attività e obiettivi

La prima azione che occorre mettere in campo per elaborare una strategia di comunicazione efficace riguarda l'analisi dell'esistente; l'ascolto e la comprensione del contesto che consente di prevedere ciascuna azione da mettere in campo. In altre parole, è necessario studiare:

a. il cliente;
b. il mercato;
c. i competitor.

Analizzando i dati e monitorando conversazioni attive in Rete, si può individuare il tono di comunicazione adeguato e reale, quello che rispetta il DNA di una marca; il corredo cromosomico di valori e storia che lo rende unico e irripetibile.
Area Sanremo è l'unico concorso che porta cantanti, tra i vincitori, al Festival della Canzone Italiana nella categoria "Nuove Proposte". La manifestazione-concorso da qualche anno è affidata dal Comune di Sanremo alla Fondazione Orchestra Sinfonica. L'accesso al contest avviene grazie alle selezioni live di Area Sanremo Tour, un'occasione in cui i giovani artisti emergenti possono

partecipare gratuitamente a stage formativi ed esibirsi davanti a professionisti della musica nel corso delle tappe del tour che si svolge in giro per l'Italia. Viaggio, talento e storie sintetizzati dalla storia della musica italiana per eccellenza.

Figura 8.1 Area Sanremo: la moderna geometria del Festival di Sanremo.

Per Area Sanremo abbiamo studiato una strategia di contenuti orientata a massimizzare visibilità e viralità del contest sui canali social. La linea editoriale e il tono di voce rispecchiano l'idea dell'emozione e del sogno che diventa realtà, del percorso che porta all'opportunità di esibirsi sul palco del Teatro Ariston. L'audience di persone a cui abbiamo cominciato a parlare era costituita non solo dai giovani talenti tra i 16 e i 36 anni con il sogno di vivere di musica, ma soprattutto dalle loro famiglie, i "supporter", che sognano per loro e sono amplificatori dei contenuti e delle iniziative che coinvolgono i talenti in gara. Il terzo cluster di utenti considerato è stato quello degli "osservatori"; i talent scout del mercato musicale che seguono la manifestazione e sono alla ricerca di nuovi artisti da conoscere e promuovere.
Credo. Cresco. Sogno. Realizzo un sogno concreto, basato sulla riconoscibilità del talento. Un sogno firmato Sanremo.
Partendo dall'analisi del contesto, del topic e del target è stato studiato il concept di comunicazione, una linea editoriale basata sulle azioni che spingono i giovani emergenti a mettersi alla prova: la crescita personale e il tentativo coraggioso di realizzare un sogno. In musica.
Da qui la declinazione del concept nella strategia di produzione dei contenuti.

Gli step temporali allineati alle fasi del contest Area Sanremo sono stati tre:

a. "Credere" (prima fase): dal profilo informativo all'iscrizione al concorso fino al racconto del sogno del successo.

b. "Crescere" (seconda fase): comprendeva il percorso formativo dei partecipanti al contest e il racconto dei corsi da sostenere per accedere al concorso.

c. "Sognare e realizzare" (terza fase): includeva il racconto reale di chi alla fine ce l'ha fatta, di quanti sono riusciti a realizzare il sogno di accedere al palco del Festival di Sanremo.

I risultati di una strategia basata sul sentiment si misurano riconducendo questi ultimi a una serie di obiettivi numerici da ottenere e analizzare, e si raggiungono seguendo il ritmo.

OBIETTIVO	KPI
aumentare la fan base	+ **Fan**
aumentare l'engagement dei contenuti	+ **engagement rate**
adeguare i canali a standard visivi social	+ **leggibilità immagine**

Tabella 8.1 Obiettivi e KPI.

A ritmo: gestite i canali attivati con il giusto linguaggio visivo

Un contenuto immediato e semplice, che incontri la verità di ciò che accade, ha necessità di essere anche riconosciuto e riconoscibile. Il ritmo dei contenuti è scandito da una sintassi che ne semplifica la lettura ma anche da un visual che ne esalti il look and feel all'interno dei News Feed: un metalinguaggio visivo e testuale che racconti sotto tutti i punti di vista (Figura 8.2). Adattare il linguaggio del progetto a ogni canale e contenuto social, declinando il concept secondo un racconto pianificato in macro argomenti, consente di esplicitare il contenuto in maniera originale, favorendo il racconto dell'esperienza da molteplici punti di vista e garantendo una forte riconoscibilità su ogni supporto.

Figura 8.2 Parlare il linguaggio dei social.

È il social media design (Figure 8.3a e b), che esalta la linea editoriale dal punto di vista visuale e traduce le rubriche del piano editoriale, progettando una vera e propria estensione del linguaggio corporate della marca in digitale, rendendo la narrativa agile, fruibile e riconoscibile "a voce".

Figure 8.3 a e 8.3b Social media design.

A voce: create e mantenete relazioni con il vostro pubblico

La parte più complessa, dinamica e divertente di ogni progetto è veder crescere la "community": è la fase dello storytelling e del community management che danno il senso immediato del procedere del tuo lavoro. Il concept individuato in fase strategica e declinato con il giusto ritmo ora deve affrontare la sfida più complessa: trovare la giusta voce. Deve parlare la lingua del vostro pubblico.

Anche in questo caso, la prima operazione da fare è la valutazione del tenore delle conversazioni delle persone prima dell'intervento: prima di procedere all'elaborazione dei copy, i testi che verranno utilizzati nei post social, dovete studiare, spiare, analizzare come si comporta la vostra community. Per il pubblico della Fanpage di Primo Maggio Roma, per esempio, non avremmo mai potuto utilizzare il linguaggio romantico e sognatore utilizzato per i fan del mondo sanremese: è tutta un'altra musica!

Figura 8.4 Primo Maggio Roma: il tone of voice.

Per coinvolgere questa community, la leva è sempre l'esperienza di piazza, l'emozione legata ai big che si esibiscono sul palco del Concertone, i valori che ancora legano la comunicazione sociale al fenomeno musicale.

Vedersi rinnovato un incarico è una gioia e un successo, ma subito dopo arriva il momento di sfidarsi nuovamente: come è possibile innovare un concept con cui ogni anno ci si trova a confronto?

Dopo un anno di Primo Maggio, osservato dal punto di vista delle emozioni di tre audience differenti (chi ha costruito il "concertone", chi lo ha suonato e chi lo ha vissuto a #1M2016), per noi è stata la volta del 2017.

Il 2017 ha capitalizzato il ritorno ai valori Primo Maggio Roma; attraverso l'hashtag #1M2017 abbiamo puntato a comunicare il valore della musica che unisce; a percorrere le fasi di un racconto in cui non contano più le singole audience, ma piuttosto il loro modo di interagire con un concetto: "Chiudi gli occhi e pensa a Primo Maggio Roma...". Il risultato è stato sorprendente perché ha mostrato come i diversi attori della filiera abbiano in condivisione delle aree di concetto "top of mind".

"Dovete studiare, spiare, analizzare come si comporta la vostra community."

Un'inversione del trend rispetto a #1M2016, che ha puntato a rendere protagonista il pubblico dell'evento, ma innescando una relazione identificativa con i valori del brand. Ciò ha portato a un'interessante ricerca sulle aree di confine concettuale e all'incontro con cinque parole, che poi sono diventate le keyword di associazione ai valori fondanti del brand Primo Maggio Roma e della comunicazione digitale:

- **a.** 1Msveglia!
- **b.** 1Msogna!
- **c.** 1Mlotta!
- **d.** 1Mviaggia!
- **e.** 1Mlibera!

La soddisfazione più grande è stata registrare l'innescarsi di meccanismi di coinvolgimento della community, che non ha fatto mancare la personale interpretazione delle branded keyword (Figura 8.5).

Figura 8.5 Esempio di uso delle branded keyword da parte della community.

Dedicarsi con costanza alle attività di content curation significa lavorare stringendo un legame reale con persone sconosciute che si identificano e si pongono in relazione empatica con il brand. Il community manager conosce i suoi fan e sa come invitarli a partecipare alla discussione rafforzando ogni giorno la fiducia, l'attaccamento e l'attenzione ai contenuti e all'esperienza di marca: quella da vivere di pancia.

Di pancia: coinvolgete il pubblico in tutte le fasi!

La parte più dinamica degli eventi musicali è sicuramente il live, il big day durante il quale si concentrano tutti gli sforzi strategici.

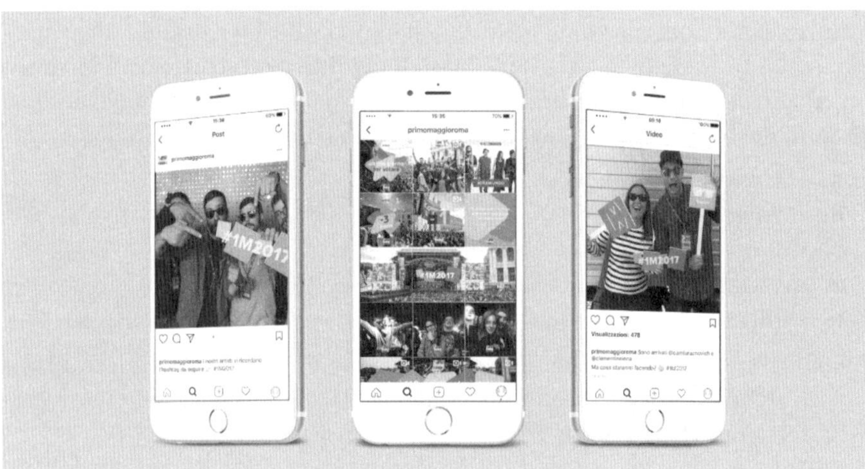

Figura 8.6 Racconto del live.

Come si fa a raccontare l'emozione? Lasciando che tutto ciò che si è progettato in forma strategica passi all'azione spontanea, e prenda finalmente vita fuori dalla Rete.

Per Primo Maggio Roma, per esempio, la fase di maggiore interesse della community comincia nei giorni che precedono l'evento, quando l'attenzione si fa alta e gli artisti si dedicano ai soundcheck.

Per mantenere alto l'interesse e spingere l'hashtag di progetto, in quei giorni ci dedichiamo al racconto live, principalmente su Facebook, di tutto ciò che accade fra stage e backstage: la bellezza dell'evento che pian piano si fa sempre più concreto e vicino raccontata attraverso i canali social del Concertone, che riescono a strappare ad artisti e organizzatori momenti esclusivi da condividere.

Figura 8.7 Racconto live.

Figura 8.8 Interviste nei giorni che precedono l'evento.

I live video sono, su tutti, gli strumenti preferenziali per raccontare e coinvolgere in questi momenti perché riescono a trasferire il fascino imperfetto del momento che precede il big live, l'attesa del pubblico e l'arrivo di persone da tutta Italia. Una condivisione spontanea che non può che arrivare a tutti.

A tutti: gestite la comunicazione in modo integrato e monitorate i risultati

È bene precisare che tutte le azioni messe in atto, dalla fase di audit fino alla fase post-evento, vengono costantemente messe alla prova e ottimizzate grazie ad analisi e monitoraggio delle performance.
Dalla fase iniziale a quella conclusiva vengono registrati tutti i dati e, in base a questi, avviene la continua ottimizzazione della comunicazione: il monitoraggio consente, infatti, di valutare il raggiungimento degli obiettivi individuati in fase strategica; di modulare le azioni durante il percorso nel caso in cui la community non risponda, per esempio, alle azioni messe in atto; di migliorare le performance in vista di una futura strategia di comunicazione.
Ecco i dati del 1 maggio 2017:

- commenti e reazioni gestite: 23.632
- sentiment delle conversazioni: :)
- numero di Like alla Pagina: 19.198
- copertura organica: 391.335
- visualizzazioni: 220.000

"I numeri non bastano. O meglio, assumono significato differente a seconda del contesto e degli investimenti."

Ma i numeri non bastano. O meglio, assumono significato differente a seconda del contesto e degli investimenti, anche quelli in advertising.
Solo la sinergia di azioni insieme all'esame dei KPI e alla valutazione complessiva del progetto restituisce un'analisi realistica e concreta di un percorso immaginato in maniera perfetta.
Nella nostra esperienza sul campo abbiamo imparato e appreso, di volta in volta, che un progetto può avere successo solo con un mix equilibrato di ingredienti strategici che non tralasciano la componente umana: i tecnicismi dettati da studio, analisi, pianificazione e creatività vanno mixati alla spontaneità di empatia, entusiasmo e passione. Solo così è possibile comunicare la musica attraverso i social media: a tono, a ritmo, a voce e soprattutto a tutti.

Cinque cose che potete fare oggi

1. Parlate con i vostri clienti e assaporate fino in fondo il progetto che vi stanno proponendo.
2. Create una strategia che tenga conto del lato umano del prodotto.
3. Rendete partecipe la community interagendo con essa e parlando la sua stessa lingua.
4. Coinvolgete la pancia delle persone, andando a muovere nel profondo le emozioni che le uniscono alla musica.
5. Analizzate i dati e monitorate costantemente l'andamento della strategia.

Capitolo 9

Facebook e lo sport

La forma vera della radio è stata rivelata dalla TV. La forma della TV è divenuta manifesta soltanto dopo l'invenzione del computer. La forma del computer è già possibile comprenderla meglio perché siamo entrati nel mondo delle reti. La forma delle reti, invece, non è ancora visibile perché non c'è nessun medium più avanzato delle reti.
Derrick de Kerckhove

Conversazioni, gaming, diritti televisivi e remediation

(a cura di Alessandra Ortenzi[1])

Il passaggio dai sistemi di broadcasting tradizionali, come la radio, la TV e la stampa, agli strumenti dell'informazione e della comunicazione moderna, come il web e più in avanti i social media, sancisce una rivoluzione nel rapporto tra strumenti e utenti.
A chi ha avuto la fortuna di essere il protagonista della metamorfosi che c'è stata addirittura all'interno degli stessi mezzi di comunicazione, il concetto di **remediation** non suonerà così nuovo, anzi, espliciterà quello che molti di hanno vissuto negli ultimi trent'anni.

Nei primi anni Novanta si percepiva quasi una sensazione di overload di mezzi, di supporti, di apparecchi. La fruibilità in contemporanea delle notizie di ogni genere attraverso tanti e così diversificati canali rendeva difficoltosa la scelta della modalità con cui apprendere la notizia. Lo sport sicuramente è stato uno dei primi segmenti interessati da questo tipo di cambiamento di

1. Alessandra Ortenzi è giornalista e consulente di marketing digitale presso Federazione Italiana Pallacanestro (http://www.alessandraortenzi.it).

mezzi e di linguaggio. Basti pensare all'evoluzione della televisione italiana dagli anni '80 in poi[2], quando nascono le prime emittenze private che si affiancano alla RAI, la quale aveva il monopolio sullo sport dal 1954[3]. Poco tempo dopo si affacciano le realtà di Tele+[4], Stream TV[5] e Sky Italia[6], dei contenuti a pagamento e dei canali digitali dedicati alle squadre. Nel 1999 nasce Milan Channel, il primo canale tematico interamente dedicato a una squadra di calcio e segna una novità importante per il tifoso, che si ritrova nel suo luogo di appartenenza, certo di fruire dei contenuti che sono ritagliati secondo il suo interesse. Nello stesso periodo anche le radio si adattano stringendosi in network e raggiungendo tutto il territorio nazionale. Indubbiamente, uno dei primi segmenti d'interesse della comunicazione è stato proprio lo sport.

"I nuovi mezzi di comunicazione si rimodellano a partire dalle caratteristiche e dalle finalità dei precedenti."

Infine questa lenta rivoluzione ha interessato anche la carta stampata, che ha lasciato il passo alle notizie online, ai primi blog e poi alle piattaforme di microblogging e ai social media. Oggi questo punto di arrivo, che sarà poi il punto di partenza verso nuove tecnologie, vede in Facebook un colosso della comunicazione.

Facebook si eleva al mezzo per eccellenza che è riuscito a "rimediare" gli altri media, a rappresentare un *medium* all'interno di sé stesso. Facebook ha dato una nuova forma al giornalismo, alla radio, alla pubblicità ed è già iniziato il percorso per "rimediare" anche la televisione. Remediation (rimediazione) è un neologismo di Jay D. Bolter e Richard Grusin legato all'assunto di Marshall McLuhan[7] che prevede che il contenuto di un *medium* sia sempre un altro *medium*[8]. Il concetto di Bolter e Grusin è funzionale alla descrizione della nuova modalità di rapporto che si è oggi venuta a instaurare tra i mass media.

In questo senso, rimediazione indica l'operazione ininterrotta di commento, di riproduzione e sostituzione reciproca tra un *medium* e l'altro, attraverso

2. Fininvest (Canale5) nel 1980 e Italia 1 e Rete4 nel 1982 sono i primi esempi di gruppo televisivo privato. Nel 2005 sarà il turno di Mediaset Premium, piattaforma a pagamento, con diversi canali tematici dedicati esclusivamente al calcio.
3. Questo e tutti gli altri dati delle emittenti sono reperibili al link https://it.wikipedia.org/wiki/Calcio_in_televisione_in_Italia.
4. 1990-2003 compartecipazione Fininvest.
5. 1997-2003 nata su iniziativa di quattro società calcistiche italiane: Roma, Lazio, Parma e Fiorentina.
6. Del 2003, nata dalla fusione di Stream TV e Tele+.
7. Herbert Marshall McLuhan sociologo, filosofo, critico letterario e professore canadese. La sua riflessione ruota intorno all'ipotesi secondo la quale il mezzo tecnologico che determina la struttura della comunicazione colpisce l'immaginario del pubblico, indipendentemente dai contenuti dell'informazione proposta.
8. Definizione tratta da La Treccani, http://www.treccani.it/enciclopedia/rimediazione_(Lessico-del-XXI-Secolo).

cui il nuovo ingloba e trasforma il precedente. Tuttavia, i nuovi mezzi di comunicazione si rimodellano a partire dalle caratteristiche e dalle finalità dei precedenti e i vecchi media sono costretti a ripensarsi sulla base delle innovazioni con cui continuamente vengono in contatto. Si tratta di una possibilità di connessione che in una certa misura è sempre esistita, ma che secondo Bolter e Grusin assume oggi una diversa e maggiore ricorrenza e importanza. Si inserisce infatti in un orizzonte tecnologico totalmente inedito, in continua e rapida metamorfosi, al quale i mezzi di comunicazione preesistenti non possono che adattarsi.

Facebook tra sport e gaming

Sono ben 650 milioni le persone collegate alle Pagine sportive: Facebook è la più grande comunità, in tutto il mondo, di appassionati di sport ed è il luogo dove si sviluppano conversazioni globali nel corso di eventi sportivi in diretta[9].

Nato per mettere in contatto le persone e quindi sviluppare una comunicazione targettizzata, oggi Facebook si presenta come un contenitore di ogni tipo di notizia: testi, immagini, podcast, video, streaming, fino alle sperimentazioni di integrazione con altri servizi esterni che possano dare in pasto i contenuti ai miliardi di utenti di Facebook, in modo che non lascino la piattaforma.

Facebook è diventato il luogo in cui non solo si parla di sport, ma anche quello in cui si fruiscono le principali manifestazioni sportive internazionali. Oltre che con le Fanpage delle squadre sportive e delle federazioni, Facebook favorisce un modo unico per vivere lo sport, che rappresenta la visione della comunicazione moderna: le conversazioni. E dove vivono le conversazioni sportive? Sicuramente la crescita di gruppi dedicati ai tifosi e agli appassionati di determinate discipline ci porta a pensare e riflettere su quanto l'utente di Facebook sia più sensibile non solo alla notizia fruita attraverso la piattaforma ma, soprattutto, alla notizia correlata a una gara, un evento, una passione attorno alla quale si sviluppano linguaggi e discussioni.

L'evoluzione della piattaforma ha messo in risalto la necessità di indicizzare queste conversazioni in relazione a determinati eventi. Forse proprio questa esigenza e la visione dell'ampia portata del popolo sportivo di Facebook hanno condotto allo sviluppo dell'app "Sport". Si tratta di un ambiente che concentra i massimi club sportivi presenti sulla piattaforma per la diffusione dei loro contenuti e lo sviluppo delle conversazioni all'interno dell'evento sportivo.

9. A. Ortenzi, *Digital marketing per lo sport*, Hoepli, Milano 2017.

Sport ha diversi limiti: il primo è di non coprire tutte le discipline. Ma la motivazione potrebbe essere ricollegata all'assenza delle Fanpage di molti club o società sportive coinvolti nei campionati. Se nella Serie A ci fosse stato qualche club senza una Fanpage, probabilmente l'app Sport non avrebbe potuto concentrare i contenuti di quel club se non addirittura di tutto il campionato in cui il club è inserito.

Dota 2

Per tal motivo troviamo discipline e club coinvolti nelle maggiori espressioni sportive del calcio internazionale, basket americano, baseball, football americano, hockey sul ghiaccio e, pensate, una disciplina sportiva digitale chiamata Dota 2[10]. Nella Figura 9.1 vediamo la Fanpage di Dota 2 con il video della finale del 26 settembre montato a margine della diretta streaming. Da notare i numeri della Community.

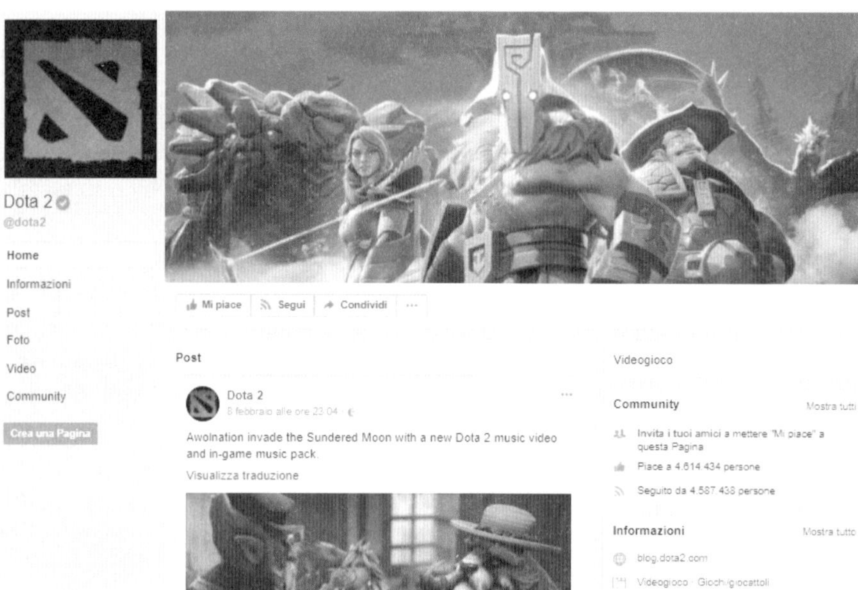

Figura 9.1 La Fanpage di Dota 2.

Dota 2 è un MOBA free to play sviluppato da Valve Corporation utilizzando il motore grafico Source Engine. Questo gioco di azione e strategia in tempo reale (Action RTS) è il sequel standalone della custom map di Warcraft 3 inti-

10. http://blog.dota2.com.

tolata *Defense of the Ancients*. Annunciato il 13 ottobre 2010, il gioco è stato distribuito nel 2012 in formato digitale sulla piattaforma Valve, Steam. Il lancio ufficiale del gioco, in conclusione della beta, è avvenuto il 9 luglio 2013. Nella stessa data sono state annunciate le versioni dedicate alle piattaforme macOS e Linux, distribuite il 19 luglio 2013[11]. La Fanpage di Dota 2 ha quasi 5 milioni di fan, più del Napoli Calcio.
In Dota 2 esistono varie modalità di gioco, ruoli ed eventi. Gli eventi riescono a coinvolgere tutta la community e sono divisi essenzialmente in quelli che si ripetono nel tempo ciclicamente ad eventi che si svolgono *una tantum*. **Perché Facebook ha ritagliato in Sport un posto per Dota 2?** Le motivazioni sono molteplici. Innanzitutto per la grande community di milioni di appassionati che ruota intorno al mondo di Dota 2. Poi non è da trascurare il fatto che nelle finali internazionali di Dota 2 il team vincente si sia aggiudicato un premio di quasi 11 milioni di dollari[12]. Se consideriamo inoltre che nel 2013, per non aver programmato l'evento di Halloween, il Diretide, le lamentele sono arrivate addirittura sulla Pagina Facebook di Barack Obama e su quella dell'azienda automobilistica Volvo, è logico che Zuckerberg abbia cura degli eventi Dota 2 al pari dei maggiori eventi di sport internazionale. Vale la pena riflettere sulla scelta di inglobare una nuova disciplina sportiva nell'app Sport. Riflettendo a lungo su questa cosa, assimilare un gioco online a uno sport può sembrare un azzardo, ma occorre considerare l'interesse della piattaforma, che è focalizzato sull'utente: pertanto non può escludere il gaming dall'app, perché si tratta di un vero e proprio sport con un suo pubblico, delle regole, un campo dove giocare e tifosi dietro ciascuna squadra. Non a caso, proprio per il Dota 2 è stato sperimentato lo streaming video dell'evento.

I diritti televisivi e Facebook

Sky Sport ha sempre avuto i diritti sulla Premier League sin dal 1992. L'asta dei diritti per tutto il 2019 si aggirava intorno a 5 miliardi di euro e probabilmente poteva configurarsi il più grande cambiamento di fruibilità dei contenuti sportivi. Questo perché la modalità di fruizione dello sport è sensibilmente cambiata, ruotando non più e non solo attorno ai canali televisivi, quindi al sistema di broadcasting, ma interessando le nuove piattaforme di comunicazione.

11. https://it.wikipedia.org/wiki/Dota_2.
12. Il video su Facebook della finale, con frame dei due team anche in backstage prima e dopo la vittoria, ha ricevuto 25 mila reaction, 2,4 mila commenti, 8,5 mila condivisioni e 486 mila visualizzazioni in una sola settimana (dati al 6 ottobre 2017).

Facciamo un passo indietro. Facebook non era nuovo alla distribuzione di contenuti gratuiti che ruotano attorno allo sport. Il 7 gennaio 2017 per la prima volta la NBA acconsente allo streaming di un'intera gara della stagione regolare: si tratta della gara integrale tra Golden State Warriors contro i Sacramento Kings[13], la cui visione viene riservata esclusivamente all'India. Il focus principale di Facebook è di far crescere il coinvolgimento dei fan offrendogli non solo uno strumento unidirezionale, ma mettendo a disposizione loro una piattaforma che consenta un nuovo modo di guardare la partita: interagendo.

L'ammissione all'asta di Amazon e Facebook, due grandi colossi digitali, con oggetto di business diverso in partenza ma con lo stesso target, era stata già annunciata come probabile da Ed Woodward Vice, presidente del Manchester United, il top club inglese di calcio. Egli aveva sottolineato che l'entrata in gara delle due aziende del web sicuramente aveva la possibilità di incrementare l'attenzione dei tifosi e non poteva che essere un aspetto positivo da considerare, non solo nei riguardi del calcio, ma anche rispetto a tutti gli altri sport. In effetti nel mese di agosto 2017 Amazon aveva superato Sky pagando 10 milioni di sterline per i diritti britannici della ATP World Tour di tennis: sicuramente la prima grande acquisizione sportiva dal vivo di Amazon al di fuori degli Stati Uniti[14]. Oltre a ciò Facebook ha stretto un accordo con la Major League Soccer per mostrare 22 partite della stagione ed è in corsa per fare offerte per i diritti di cricket IPL.

Che cosa è successo il 5 ottobre 2017? Tutti si aspettavano la svolta, ma non c'è stata. Facebook ha rinunciato all'asta. Sull'*Independent*[15], il popolare web magazine inglese, Dan Reed[16] è stato molto chiaro: non ci sono i presupposti, è prematuro affrontare una strada simile e non ci sono modelli di riferimento. Ha dichiarato anche di voler evitare la speculazione. Questo può essere letto come aver il timore di delineare una strategia di contenuti talmente aggressiva che rischiava di proporre all'utente non solo i contenuti free, ma anche advertising invasivo. Una decisione incredibilmente ai margini di una strategia di marketing evolutiva che però, ancora una volta, sottolinea la centralità dell'utente rispetto alla piattaforma e ai suoi contenuti.

---

13. https://www.recode.net/2017/1/7/14200860/nba-facebook-livestream-inda-warriors-kings.
14. http://www.ilsole24ore.com/art/notizie/2017-08-01/gran-bretagna-amazon-si-aggiudica-diritti-tv-il-tennis--202301.shtml?uuid=AERWlO7B.
15. http://www.independent.co.uk/sport/football/news-and-comment/facebook-premier-league-broadcast-rights-amazon-international-broadcast-a7984101.html.
16. Head of Global Sports Partnerships.

Quanto sport c'è in Facebook

Facebook ha già trasmesso la Major League Baseball, la Major League Soccer e la World Surf League e ha recentemente fatto un'offerta senza successo di 450 milioni di euro per la trasmissione della Indian Premier League del cricket. Nei primi sei mesi del 2017 sono stati distribuiti più di 3.500 eventi sportivi diversi, che vanno dai giochi Fox Sports per la Champions League negli Stati Uniti ai giochi di calcio messicano.

In aprile, cinque milioni di utenti hanno guardato una partita di vecchie glorie di Barcellona e Real Madrid, mentre *Hala Madrid*, una mini serie di otto episodi realizzata dalla GoPro sulla storia e i retroscena del Real Madrid[17], è diventata un successo online. La visione dei contenuti è stata distribuita in tutto il mondo: sull'app Watch solo per i tifosi statunitensi (Figura 9.2), mentre il resto del mondo ha fruito dei bellissimi contenuti attraverso la Fanpage dedicata Hala Madrid Show[18].

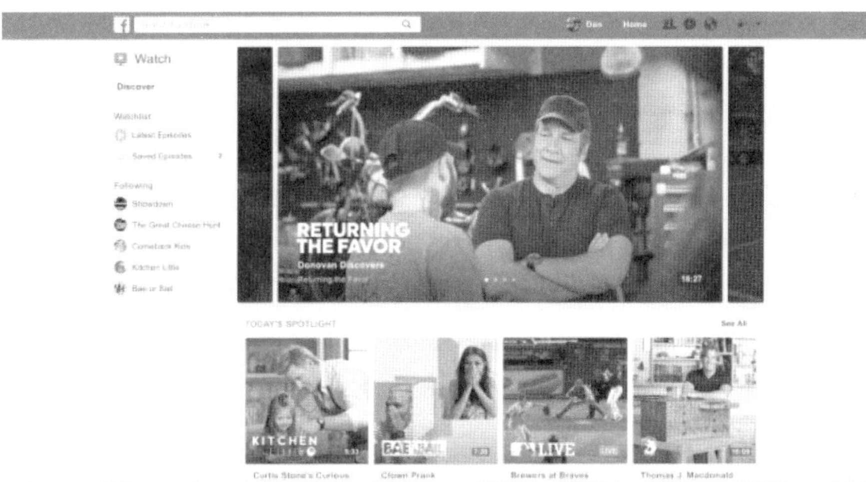

Figura 9.2 La Fanpage dell'applicazione Watch, con il video che introduce alla piattaforma, disponibile solo negli Stati Uniti.

La voce narrante di Orlando Bloom e contenuti di alta qualità hanno rapito letteralmente la community ma, secondo Rafael de los Santos, Global Digital Director del Real Madrid, la serie non solo ha coinvolto i tifosi sparsi per

17. https://www.sporttechie.com/real-madrid-gopro-facebook-watch/.
18. https://www.facebook.com/halamadridshow.

il mondo, ma ha interessato anche altri milioni di utenti che abitualmente consumano contenuti attraverso Facebook.

Il futuro è Watch

Quindi la vera rivoluzione di Facebook dell'ultima ora è l'app Watch.
Ideale per lo sport, in quanto riesce a fondere la visione episodica[19] del contenuto video con l'interazione, che è il fulcro di tutta la mission di Facebook. A partire da fine agosto e dopo una fase di testing Facebook, a settembre, ha ufficialmente reso disponibile la sezione Watch di contenuti video originali a tutti gli Stati Uniti. Uno dei punti di forza è la disponibilità di Watch sia nei dispositivi mobili, attraverso le app native di Facebook, sia sul sito desktop e sulle applicazioni smart TV. Gli utenti americani in questo momento sono in grado di visualizzare l'icona del televisore nella barra di navigazione mobile e nei segnalibri del sito desktop.
Facebook ospita in Watch spettacoli originali e serie video che vengono prodotte e in alcuni casi finanziate dal social network. Ufficialmente Facebook, con questa nuova tab, diviene il diretto competitor di YouTube e Netflix. La sua programmazione, per ora, si presenta incentrata su reality show, documentari ed eventi sportivi tra i quali basket, baseball, surf e calcio. Nel palinsesto americano troviamo:

- **a.** Major League Baseball, che trasmetterà una partita alla settimana live su Facebook.
- **b.** Major League Baseball "12:25 Live", uno sguardo comico alla Major League di Baseball con l'aiuto dei tifosi.
- **c.** Golden State Warriors' "Championship Rewind", uno sguardo dietro le quinte al campionato NBA Bay Area (stagione 2016-2017).
- **d.** Univision Deportes' "Liga MX", copertura live degli incontri di calcio LigaMX.
- **e.** NBA's "WNBA All-Access", un dietro le quinte della NBA femminile.

Watch e il consumo di dati

Uno dei problemi che potrebbe derivare dalla diffusione dell'uso di Watch è sicuramente il consumo dei dati in mobile. Ora se è vero che l'esigenza dell'utente e la necessità tecnologica obbligheranno le società telefoniche a rimodulare i piani tariffari e le offerte, Zuckerberg, dal canto suo, non vuole che i suoi utenti debbano trovare scogli che impediscano loro di fruire dei contenuti video. Per tal motivo si sta testando una nuova funzionalità chia-

---

19. Si tratta di video da 4 a 20 minuti, fatta eccezione per gli eventi sportivi.

mata Instant Video che scarica e mette in cache i video di Facebook sul telefono mentre l'utente è connesso tramite Wi-Fi, in modo che li possa guardare in maniera gratuita quando è in mobilità.

Le analisi dei dati in ambito sportivo: come sfruttare al meglio le interazioni degli utenti

I dati raccontano ciò che accade in un preciso momento storico riguardo una specifica attività e si insinuano perfettamente in un contesto temporale. Le informazioni real time, l'analisi dell'audience, il social sentiment e il social listening descrivono in maniera naturale e oggettiva la vicenda sportiva.
Lo sport, per conformazione, fornisce una mole di dati molto importanti che si inserisce nell'ampio quadro di big data. Ciò permette di giungere dall'evento al dato statistico e successivamente avere l'opportunità di procedere con analisi dettagliate che raccontano un flusso di informazioni continuativo e presente, un vero e proprio storytelling della vicenda che si sta vivendo.
La rilevazione statistica consiste quindi in una raccolta delle informazioni attinenti al fenomeno collettivo ritenute adatte a rappresentare le caratteristiche rilevanti utili per l'analisi del fenomeno stesso[20]. Il fenomeno collettivo è un insieme di eventi, soggetti, unità singolarmente osservabili e che presentano tutti una stessa caratteristica. Il dato statistico può essere inteso in forma micro o macro: si parla di micro dato quando l'informazione riguarda una sola unità, si intende macro dato quando le informazioni riguardano più unità singole connesse tra di loro.
La rilevazione statistica si avvale di strumenti predefiniti, come questionari, interviste, schede e di fatto raccolgono informazioni attinenti a comportamenti, atteggiamenti, opinioni, fatti e conoscenze. La social analysis ha stravolto e completato il quadro dei dati a servizio dell'informazione statistica, andando a fornire dati attinenti a comportamenti specifici degli utenti nel macro ambiente web.

Cosa racconta un dato?

Dopo aver raccolto i dati inizia la vera e propria fase operativa, che consiste nel trasformare le entità numeriche in vere proprie informazioni. La conoscenza statistica permette di vedere, guardare e osservare i dati grezzi che

20. E. Cutillo Aureli, *Lezioni di statistica social. Fonti, strumenti e metodi*, Cisu, Roma 2002.

verranno trasformati quindi in indici, entità numeriche volte a mettere in rapporto il fenomeno stesso con un altro.
Gli indicatori sono inseriti in una logica di osservazione e, a seconda della tipologia di scopo per cui vengono utilizzati, possono essere divisi in:

a. **indicatori descrittivi**, rilevanti per l'esplicita realtà complessa che raccontano;
b. **indicatori normativi**, utilizzati per fini previsionali e di programmazione;
c. **indicatori predittivi**, che consentono di indicare una tendenza all'incremento o al decremento;
d. **indicatori di valutazione**, utili per verificare in che misura i fenomeni e processi hanno raggiunto i livelli attesi.

Infine gli indicatori possono essere suddivisi in **soggettivi** e **oggettivi**: i primi provengono dalla percezione soggettiva della realtà, i secondi si basano su dati grezzi rilevabili a livello statistico.

> ***"I dati raccontano una realtà oggettiva."***

Su questo versante è possibile far riferimento a una differenziazione tra approcci di tipo quantitativo e approcci di tipo qualitativo. Le indagini qualitative offrono un taglio profondo della realtà e tendono a cogliere i processi interpretativi della soggettività indagata. L'approccio quantitativo invece si basa su indagini di vasta portata e offre una prospettiva tendenzialmente oggettiva basata su analisi dei dati numerici[21].
L'importanza delle analisi dei dati che provengono dei social media (e soprattutto da Facebook) risiede nel taglio sottile a metà tra analisi quantitative e indagini qualitative. Attraverso tool di riferimento (esterni e interni a Facebook) riusciamo a cogliere il dato specifico relativo a una situazione specifica, in questo caso attinente alla vicenda sportiva.
Ecco che il dato, fino a qualche tempo fa indicato come un mero numero, diventa informazione importante per il giornalista o il brand di riferimento, che può investire nella vicenda sportiva analizzata. I dati raccontano una realtà oggettiva che si trasforma facilmente in dettagli importanti per le collaborazioni di tipo economico, per esempio, tra sponsor e società sportive[22]. I club che crescono in modo continuativo con reach, engagement e community sono anche quelli che hanno le revenue più alte[23]. La social analysis si poggia

21. C. Guala, *Metodi della ricerca sociale. La storia, le tecniche, gli indicatori*, Carocci, Roma 2004.
22. #SocialChampions. La top ten delle squadre di calcio che stanno giocando meglio, secondo i social. TokTv, Talkwalker, aprile-giugno 2017.
23. https://www2.deloitte.com/it/it/pages/consumer-business/articles/deloitte-football-money-league-2017---deloitte-italy---consumer-.html.

su strumenti strutturati come dati provenienti dall'interazione degli utenti su social network, blog, forum e nelle community esistenti attorno alla vicenda analizzata ed è importante leva marketing per partnership e sponsorship.

Raccogliere e analizzare i dati in ambito sportivo: il caso Valentino Rossi

Dopo un incidente accaduto in una giornata di allenamenti, che lo aveva costretto a restare fermo 22 giorni a causa di una frattura di tibia e perone, Valentino Rossi ritorna in sella alla sua Yamaha e, il 24 settembre 2017, arriva al quinto posto davanti a Pedrosa, Viñales, Dovizioso e Márquez al GP di Aragón.

Analizzando i dati provenienti da forum, community, social network, blog, quotidiani e notizie online si evince come tra 86.000 risultati il picco maggiore percepito sia proprio in concomitanza del 24 settembre (Figura 9.3) e nei giorni immediatamente precedenti.

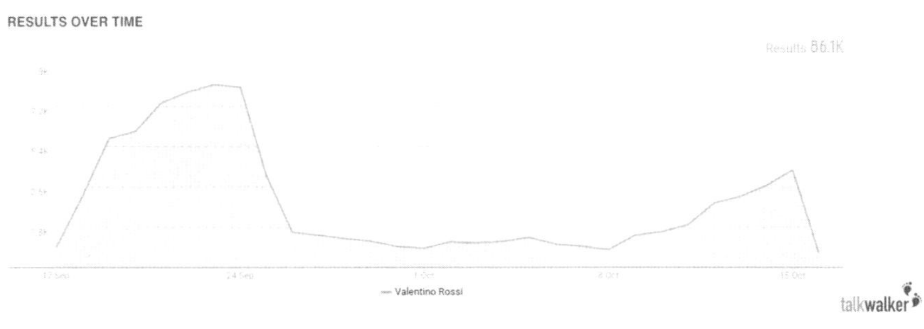

Figura 9.3 Andamento delle conversazioni su Valentino Rossi tra il 17 settembre e il 15 ottobre 2017.

Inoltre è possibile, attraverso le analisi accurate che provengono dalle fonti visionate, esaminare a pieno in quale parte del mondo sia stata dibattuta la notizia. I dati, oggi, permettono di confezionare notizie a partire dai numeri e non da visioni soggettive, come avveniva fino a qualche anno fa.

Le conversazioni attorno a Valentino Rossi avvengono in italiano, inglese e indonesiano. Talkwalker[24] è un tool che analizza fino a 150 lingue e che permette di focalizzare l'attenzione in diverse porzioni del Pianeta: grazie a ciò il grafico che ne deriva fa comprendere in fretta dove si sia parlato maggiormente di Rossi.

24. https://www.talkwalker.com.

Oltre ciò è importante analizzare i flussi di comunicazione non verbali (che attengono alla visual analysis). Un vero e proprio vocabolario fatto di emoji, GIF e sticker (Figura 9.4), quindi, permette di comunicare da un lato anche a coloro che si trovano impossibilitati nel gestire discussioni (per patologie, per esempio), dall'altro agli utenti che trovano più agevole il confronto via emoji.
Tutto ciò si riflette nei seguenti dati:

- il 57% delle persone risponde a un messaggio con una GIF;
- il 56% delle persone invia messaggi con solo emoji;
- il 92% degli adolescenti e il 77% degli adulti utilizza gli emoji[25].

Figura 9.4 Comunicazione non verbale attraverso l'analisi degli emoji sull'argomento Valentino Rossi (fonte: Talkwalker).

I dati analizzati attorno a Valentino Rossi riportano un livello di engagement molto alto, segno distintivo dell'interesse attorno alle condizioni del campione. Il video[26], postato sulla Fanpage del MotoGp, che racconta Valentino che dolorante si dirige verso i garage del MotoGp di Aragón dopo essere arrivato quinto, registra 83.8k Like organici, 70k condivisioni totali, 3.2k commenti e risposte (Figura 9.5).
La figura del giornalista nell'epoca digitale vive un'importante rivoluzione; nasce l'esigenza quindi di nuovi team di lavoro strutturati che lavorino in sinergia con giornalisti ed esperti del settore di analisi, content marketer e digital strategist. Pianificare e analizzare i contenuti si rende necessario, per

25. https://fbnewsroomus.files.wordpress.com/2017/11/messagesthatmatter_editorial-2.pdf.
26. https://www.facebook.com/MotoGP/videos/10156148519310769/.

capire dove le persone spendono il proprio tempo; con le analisi dei dati e gli strumenti si indaga la realtà e si analizza il comportamento delle persone.

Figura 9.5 Risultati delle analisi delle conversazioni attinenti a Valentino Rossi (fonte: Talkwalker).

Esaminare i dati significa dare l'opportunità alla fonte dell'informazione di coinvolgere gli utenti nella totalità, comprendendo cosa piace loro, chi sono e quali stili di vita sono legati alla community. Di fondamentale importanza quindi sono le analisi dei dati precedenti e successivi al coinvolgimento degli utenti. Diversamente da quello dei mezzi di comunicazione tradizionali come stampa, radio, TV, l'utente dei nuovi media e dell'informazione digitale è osservato anche nel sentiment che trasmette con le sue conversazioni ed è compreso in tutte le sue necessità. A questo nuovo utente possono essere proposti contenuti personalizzati; di contro, è consapevole e altamente informato, esigente nella selezione dei contenuti, difficilmente fedele.

La Soccer Data Analysis
(a cura di Simone Roselli[27])

Sono sempre i contenuti, nella totalità delle componenti che li costituiscono, a rappresentare il fattore critico di successo. La rilevanza mediatica di qua-

27. Simone Roselli è giornalista e consulente IT, specializzato in Content Management Systems.

lunque attività inerente l'analisi dei dati – in ogni ambito, settore, area – è sempre strettamente relazionata alla più pertinente strategia comunicativa da adottare. Che nel contesto della data analysis viene egregiamente rappresentata dai social network.
Con l'avvento dei social network è cambiata di fatto la modalità di confronto in materia sportiva: fino ai primi anni del Duemila i luoghi dove confrontarsi sulla performance di un singolo atleta o della propria squadra del cuore erano il bar, la piazza, lo stadio. Oggi l'interazione comprende diversi attori:

a. i tifosi;
b. gli atleti;
c. gli addetti ai lavori.

Il dibattito continua a vertere sulla passione che lo sport infonde e riesce a trasmettere. Ma il coinvolgimento diretto da parte di chi lo pratica, comunica, analizza, tifa tende a focalizzare il confronto anche sul merito statistico-analitico sia del singolo sia del collettivo.
In quest'ottica il calcio giocato si pone come una tra le massime espressioni sportive studiate e analizzate in ambito social. Con Facebook che, per numeri e utenti coinvolti, interpreta il ruolo di "punta di diamante".
Chi lavora nel panorama della Soccer Data Analysis è consapevole della rilevanza mediatica che i social network possono riservare a uno studio statistico. È questa la motivazione per cui Facebook, per esempio, nel suo core business ha previsto servizi e contenuti gratuiti e ha permesso agli utenti/aziende:

a. l'uso di formati innovativi, utili per favorire la condivisione (testo, immagini, video, gruppi, dirette);
b. di creare contenuti sponsorizzati;
c. di interagire ponendosi come valido punto di riferimento;
d. di rendersi virali, capaci quindi di generare contenuti di qualità e con un messaggio tale da poter essere condiviso dai propri utenti come fosse loro.

Questi sono gli aspetti che rendono vincente un contenuto statistico-analitico in qualunque ambito sportivo e in particolar modo per quanto concerne il calcio giocato. Sia che si tratti di strutture internazionali (CIES, WhoScored, Opta) o di realtà locali (Osservatorio Calcio Italiano), la presenza su Facebook è prioritaria.
Le ricerche condotte dal **CIES**[28] esaminano lo sport da più angolazioni con particolare attenzione all'aspetto sociologico, storico, geografico, gestionale.

28. http://www.football-observatory.com.

Le aree di competenza sono la ricerca qualitativa, i casi di studio, l'estrazione statistica dei dati, i questionari e i sondaggi. Su Facebook il CIES è presente con una Pagina[29] che conta una community di 140.000 fan e un tasso di engagement molto alto.

WhoScored[30] è un sito unico nel suo genere, specializzato nell'analisi approfondita dei dati calcistici. Realizza accurate statistiche e crea una vasta analisi delle maggiori leghe europee, fornendo dati su oltre 500 tornei e 1.500 squadre. Su Facebook WhoScored è presente con una Pagina[31] che conta una community di 120.000 fan.

Opta[32] è leader nella fornitura di dati sportivi raccolti e distribuiti in tempo reale. Con i suoi metodi Opta Sport – soltanto nel gioco del calcio – riesce a raccogliere tra le 1.600 e le 2.000 azioni individuali per ogni partita. Su Facebook la Pagina[33] italiana del network conta oltre 20.000 Like.

Osservatorio Calcio Italiano è un website monitoring indipendente: obiettivo e finalità sono il monitoraggio delle manifestazioni calcistiche in Italia. La redazione, coordinata da me, pubblica ricerca e studi riguardanti tutti i campionati di calcio in Italia. L'attività di Osservatorio Calcio Italiano avviene mediante indagini desk e data collection avvalendosi di un approccio multidisciplinare che associa l'uso del metodo scientifico all'analisi di tipo socio-antropologico. Su Facebook Osservatorio Calcio Italiano[34] è presente con una Pagina che conta oltre 2.000 utenti.

Il social listening e l'intervento umano

(a cura di Pierluigi Vitale[35])

L'attività sportiva è sicuramente uno dei contesti business più complessi in cui intervenire; governare la complessità è sicuramente una delle sfide e uno dei problemi più interessanti che si pongono.

Il repentino sviluppo delle piattaforme digitali e la moltiplicazione dei luoghi di conversazione e interazioni coincidono con un approccio spesso sbagliato da parte delle società sportive; queste, infatti, si sono rapidamente impegnate a presidiare tutti i social network, il che è ben diverso dall'essere strategi-

29. https://www.facebook.com/FIFA.CIES.International.University.Network/.
30. https://www.whoscored.com/.
31. https://www.facebook.com/WhoScored/.
32. http://www.optasports.it.
33. https://www.facebook.com/optapaolo.
34. https://www.facebook.com/osservatoriocalcioit.
35. Pierluigi Vitale è un social media analyst e information designer. Formatore professionista, ha lavorato alla Direzione Marketing dei prodotti meta editoriali del *Corriere del Mezzogiorno*, dorso meridionale del *Corriere della Sera*, e da consulente si occupa di analisi delle conversazioni online per offrire strumenti in grado di consentire la massimizzazione delle performance social e non solo. Il suo sito è www.socialistening.it.

camente presenti. Si va a costruire una costellazione di luoghi che in un'attività propulsiva e perpetua producono dati densi di informazioni. Luoghi che potrebbero rappresentare una materia prima su cui focalizzare operazioni in un ampio ventaglio di possibilità.

I dati, definiti dal World Economic Forum nel 2014[36] "the new oil", sfuggono al principio della scarsità, per cui qualcosa raramente reperibile ha un valore superiore. Al contrario, i dati continuano ad aumentare in numero, accrescendo quasi proporzionalmente il loro valore economico. L'aspetto ostico di questo contesto è che spesso ci si confronta con dati non strutturati, non organizzati, che pertanto rendono assolutamente complesso prima il trattamento e poi l'interpretazione degli stessi.

"Una metodologia di social listening richiede un rigoroso lavoro sulle conversazioni."

Lo sport è sicuramente uno degli argomenti che, insieme alla politica, alimenta le conversazioni online su ogni genere di social media, ma anche su canali più tradizionali come i forum. Online non si discute unicamente dei risultati sportivi, che pur possono rappresentare interessante materia di analisi, ma anche delle attività di business e spesso delle prospettive che il pubblico si interessa a paventare per l'azienda che sostiene o per cui nutre interesse.

Se l'analisi delle conversazioni online in questi (in fondo pochi) anni di attività si è concentrata principalmente sulle dinamiche di polarità, comunemente definita sentiment analysis, è ben più interessante, a mio avviso, il filone di ricerca che focalizza l'attenzione sulla definizione dei topic.

Questa tipologia di analisi rientra in pieno titolo in quello che viene chiamato social listening, metodologia di analisi di cui si assiste progressivamente allo svuotamento del significato, assimilandola impropriamente alle analisi di polarità di cui sopra o più in generale ad approcci votati alla correlazione di hashtag.

Una metodologia di social listening richiede un rigoroso lavoro sulle conversazioni, che parta da un'esplorazione dei luoghi di indagine, alla ricerca di convenzioni e pratiche, oltre che di terminologie specifiche, prima di arrivare al lavoro informatico a cui va abbinato, necessariamente, un controllo in itinere e un'interpretazione umana finale.

Mediante procedure di trattamento semiautomatico dei testi, con algoritmi consolidati e funzionali come **MALLET**, congegnato dalla University of Massachusetts Amherst, è possibile andare a evincere da grandi dataset conver-

36. https://www.weforum.org/events/world-economic-forum-annual-meeting-2014.

sazionali (composti di post, commenti e interazioni tra utenti) gli argomenti di maggior interesse del pubblico studiato.
Dal momento che questi topic, dopo il lavoro algoritmico, si presentano a loro volta come materia grezza fatta di cluster di parole fortemente correlate, gran parte del lavoro è affidato a chi ha importanti doti interpretative, che necessariamente passano per un approccio semiotico al dominio di riferimento che consenta di cogliere le sfaccettature della conversazione.
Uno strumento che permette delle prime applicazioni di questo genere di algoritmo, valido principalmente per approcciare questo tipo di analisi senza troppe pretese, è **Orange**[37], congegnato dall'università di Lubiana.
Con il tool è possibile importare corpus testuali o interrogare direttamente le API di alcuni servizi come Twitter. Lo screenshot che segue è un valido esempio di quanto precedentemente ho definito "cluster di parole" a cui può essere associata una, oggettivamente poco utile, word cloud (Figura 9.6).

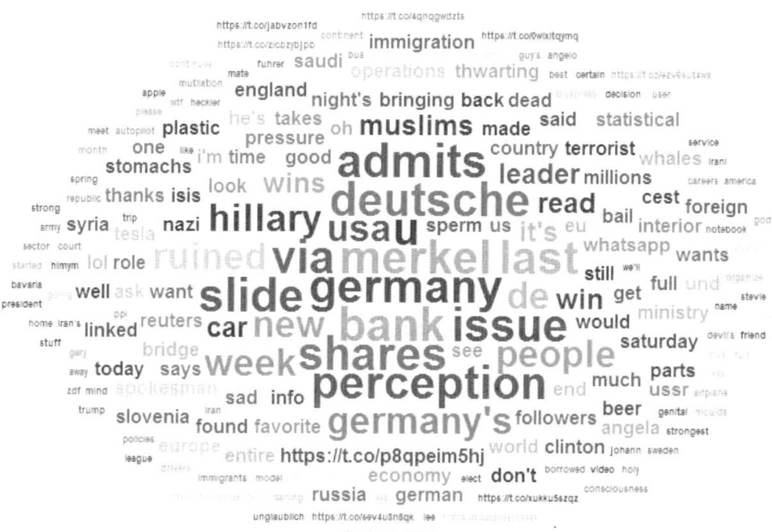

Figura 9.6 Cluster di parole da Orange.

37. https://orange.biolab.si/courses/text-analysis/.

Il vero limite di questo tool, e di pochi altri che cercano di rendere accessibile questo genere di analisi, è sicuramente la difficoltà di operare direttamente sul dato grezzo, che rende rischiose le rilevazioni e impossibile il controllo in itinere dei processi.
In un certo senso, venendo meno l'operato dell'analista nella supervisione del processo analitico, quest'ultimo diventa automatico e pertanto potenzialmente fallace. Non è possibile in alcun modo lasciare alle macchine l'analisi delle conversazioni tra umani.
Ritornando alle finalità di questa tipologia di processo, con tutte le cautele del caso, una società sportiva potrebbe andare ad analizzare le migliaia di contenuti testuali e non che vengono riversati online in riferimento al proprio soggetto o, più in generale, al contesto in cui si muove, per depurare, *in primis*, il corpus di tutti i contenuti non pertinenti alla finalità. Questi contenuti possono essere a loro volta analizzati per evincere gli eventuali elementi di criticità delle strategie, che possono inficiare negativamente i risultati di una content strategy. Resta inteso che ci si muove su una materia particolarmente delicata, per cui è impossibile immaginare di azzerare il contenuto di eventuali tifosi oppositori, ma si può sicuramente andare a individuare se ci siano altre sacche concettuali che determinano criticità che possono essere ridotte.
Alla stessa maniera è possibile andare a evincere tutti i temi di rilevanza positiva, che prescindano dalle prestazioni sportive, per efficientare i processi di gestione delle community, andando a comprendere, per esempio, se ci siano dei temi che più di altri stimolano una conversazione positiva, e successivamente lavorando sui "dosaggi" dei calendari editoriali. Questa metodologia può soprattutto rappresentare un aspetto determinante nell'analisi della distribuzione di contenuti di carattere commerciale, andando a definire quali siano i prodotti, o servizi, su cui la società sportiva può spingere in termini di comunicazione e investimenti in advertising per la propria sostenibilità economica o, ancor di più, per il profitto.
In contesti digitali così fortemente affollati di persone e subissati da messaggi di varia natura, spesso assolutamente lontani da tutti gli interessi di marketing dell'azienda che va a proporli, strategie di questo genere si pongono come fondamentali strumenti per il governo della complessità, al fine di capire dal pubblico stesso quanto sia possibile fare per andare a incidere sul panorama da governare, fuori dai risultati sportivi.
Se è vero che i tifosi-utenti rappresentano variabili impazzite che possono influenzare fortemente le sorti della conversazione online, è pur vero che ci muoviamo in un contesto in cui la fidelizzazione probabilmente raggiunge i livelli più alti rispetto agli altri settori.

Imparare a comprendere il pubblico può rappresentare un aspetto determinante per migliorare gli aspetti di business, oltre che la dialettica sull'argomento.

Cinque cose che potete fare oggi

1. Riflettete su quale canale di comunicazione usate più frequentemente e quale medium ha rimediato.
2. Accedete alla Gameroom di Facebook e ai vostri game preferiti[38].
3. Stabilite gli indicatori da analizzare.
4. Interpretate i dati con i tool di analisi e insieme con la mente dell'uomo.
5. Confrontate i dati e raccogliete i risultati comprendendo se gli obiettivi che ti vi siete prefissi siano stati raggiunti.

38. https://www.facebook.com/gameroom/download.

Capitolo 10

Tutelarsi: il contratto di prestazione di servizi digitali

(a cura di Federica De Stefani[1])

La paura di una minaccia esterna, massima garanzia di concordia, teneva uniti gli animi, anche se non mancavano reciproci sospetti e ostilità.
Tito Livio

Al pari delle prestazioni di servizi che avvengono offline, anche quella di servizi digitali deve essere regolamentata attraverso un contratto *ad hoc*.
Questo significa che è necessario prevedere in maniera dettagliata i termini del rapporto, in modo da ottenere una adeguata tutela e avviare collaborazioni chiare e che non creino problemi.

La forma contrattuale

Il contratto è l'elemento imprescindibile di ogni rapporto lavorativo, indipendentemente dal fatto che questo si svolga offline o online.
Lavorare nel digitale, quindi, non significa in alcun modo rinunciare a quelle garanzie minime che sono alla base di ogni attività lavorativa. Uno degli errori più gravi che può commettere chi lavora nel digitale è proprio quello di

1. Federica De Stefani è un avvocato esperto di diritto della Rete, diritto civile, diritto del lavoro e contrattualistica, nazionale e internazionale. Parallelamente alla sua attività di consulente, è socia e responsabile regione Lombardia dell'associazione Italian Digital Revolution. Per Hoepli ha scritto *Le regole della Rete. Come tutelare i propri contenuti online* (www.federicadestefani.com).

prestare la propria attività senza un contratto che sia sottoscritto da entrambe le parti. Può sembrare scontato e banale, ma ci sono casi in cui il contratto è costituito da un accordo verbale o da una serie più o meno fitta di messaggi email o, ancora, da una serie di previsioni sparse in documenti vari, magari in parte cartacei e in parte digitali.
Il contratto, invece, è uno strumento per tutelare la propria attività lavorativa e, proprio per questo, deve essere preciso e specifico.
Non solo deve essere contenuto in un unico documento, ma deve necessariamente essere pensato e redatto per ogni singolo caso.

Il documento

Tecnicamente, stante la definizione legislativa del contratto (l'art. 1321 c.c. afferma che il contratto è l'accordo di due o più parti al fine di costituire, modificare o estinguere un rapporto giuridico di natura patrimoniale), non è previsto alcun limite al tipo di supporto su cui redigere il contratto stesso. Quindi ampia libertà sia alla forma cartacea sia al formato digitale.
In molti casi, però, manca un unico documento che sia stato sottoscritto da entrambe le parti perché per esempio l'accordo è stato raggiunto attraverso una serie di "step" successivi, come nel caso di una successione di email.
Cosa fare dunque in ipotesi di questo tipo?
È senza dubbio opportuno redigere un unico documento, sottoscritto da entrambe le parti, che riporti tutti i dettagli e le clausole del raggiunto accordo e che possa essere consultato al bisogno.
Nell'ipotesi in cui, infatti, dovessero sorgere delle questioni relative all'esecuzione dell'attività lavorativa, basterà andare a verificare cosa prevede il contratto stesso attraverso la consultazione di un unico documento e non attraverso una ricerca di molteplici fonti che porterebbe sicuramente un dispendio di tempo e di energie (per non pensare poi all'ipotesi in cui alcune venissero addirittura smarrite o cancellate).

La tipologia

Il contratto, inoltre, dato che rappresenta uno strumento di tutela per la propria attività, deve essere pensato esattamente come un abito su misura. La tutela sarà maggiore quanto più particolari saranno le clausole perché rispondenti a esigenze specifiche del singolo caso concreto.
Ogni singola situazione, infatti, ha caratteristiche che la differenziano dalle altre e pertanto il contratto dovrà tenere conto proprio di queste peculiarità. Questo significa che si devono evitare le formule generiche e i modelli standard nei quali è sufficiente inserire i propri dati e poco altro.

Il modello standard, infatti, è volutamente generico proprio perché deve abbracciare un numero indefinito di casi e, pertanto, può capitare che non garantisca una tutela adeguata in relazione a quella particolare situazione concreta.
Bisogna pertanto avere ben chiari i termini del rapporto, come si voglia regolamentarlo, le clausole che si vogliono inserire, e in base a questi elementi costruire il proprio contratto tipo.
Attenzione a non confondere la specificità delle clausole con la lunghezza del contratto. Un contratto lungo non è sinonimo di tutela, perché l'efficacia delle norme che si inseriscono dipende unicamente dal contenuto delle stesse.
Potrà quindi esserci una clausola sintetica, ma efficace dal punto di vista delle tutele.

"Un contratto lungo non è sinonimo di tutela."

Le parti e l'oggetto del contratto

Le clausole che ciascun contratto deve prevedere riguardano gli aspetti fondamentali del rapporto che si sta costituendo e servono a regolamentare (in maniera precisa) i rapporti tra le parti.

Le parti

Il codice civile definisce il contratto come "l'accordo di due o più parti". È indispensabile individuare in maniera inequivoca le parti del rapporto perché è proprio da questo che nasceranno le relative obbligazioni contrattuali.
In sostanza, è necessario identificare i soggetti che si stanno reciprocamente vincolando attraverso la sottoscrizione del contratto.
Infatti non solo bisogna stabilire a favore di chi verrà svolta l'attività, ma è indispensabile prevedere se e in quali termini ci sia il coinvolgimento di altre persone, magari in team oppure in maniera autonoma, ognuno secondo attività specifiche.

Il soggetto a favore del quale viene svolta l'attività

Individuare correttamente il soggetto a favore del quale deve essere svolta l'attività significa individuare la propria controparte contrattuale. In altre parole, la persona nei cui confronti si dovrà fornire il servizio e nei cui confronti si stanno assumendo le obbligazioni che derivano dal contratto.

Attenzione, però, perché potrebbe capitare che il contratto venga firmato da un soggetto (magari una società) e i rapporti relativi a quella attività che si sta regolamentando con il contratto siano tenuti da un soggetto diverso (un collaboratore, per esempio).
In questo caso è indispensabile stabilire in maniera precisa a chi fare riferimento, per quali attività e secondo quali modalità.
Se per esempio una determinata attività prevede una preventiva approvazione, è indispensabile stabilire chi sia il soggetto preposto all'approvazione stessa, le modalità con le quali deve avvenire e magari se deve essere seguita una procedura particolare.
In questo modo se dovessero sorgere delle contestazioni si avrebbe la possibilità di stabilire in maniera oggettiva (o quasi) se le procedure sono state rispettate e le eventuali responsabilità.

Le altre persone coinvolte

Può capitare che l'attività venga svolta con la collaborazione di altri soggetti.
Il primo punto da valutare è relativo alla costituzione del team. Nel contratto, infatti, è possibile considerare due diverse ipotesi.
La **prima** prevede che l'attività che si svolge faccia capo a un team già costituito a monte e, pertanto, dovranno essere valutati gli aspetti relativi al coordinamento dei vari componenti, ognuno, però, tecnicamente e giuridicamente indipendente dall'altro.
In sostanza, ancorché si lavori in squadra, ciascuno sarà responsabile unicamente della propria attività (sebbene debba essere coordinata con quella degli altri componenti del team).
La **seconda**, invece, prevede la possibilità di creare un proprio team di lavoro.
In questo caso chi presta il servizio digitale rimane unico soggetto obbligato nei confronti di chi ha commissionato il servizio stesso.
Ovviamente le parti sono libere di prevedere delle clausole diverse e quindi possono modificare l'assetto contrattuale come più ritengono opportuno.

L'attività

Stabilire in maniera precisa e dettagliata l'attività che deve essere svolta significa delineare le obbligazioni alle quali ci si vincola attraverso il contratto.
Maggiori dettagli corrispondono anche a una maggiore tutela.
È evidente, infatti, che nel momento in cui si esplicita in maniera particolareggiata l'attività che si è tenuti a svolgere si stanno indicando anche i confini di ciò che si deve fare e di ciò che, al contrario, non rientra nei propri compiti.

Questo significa che le attività non ricomprese nel contratto non potranno essere richieste, non potranno essere oggetto di alcuna pretesa o di alcun vincolo e, al contrario, dovranno formare oggetto di un diverso e distinto rapporto contrattuale.
I classici "tanto che ci sei fai anche..." o "dai fai anche questo in fondo cosa ci vuole..." con un contratto ben scritto non avranno più ragion d'essere. O l'attività rientra nell'accordo e quindi si è tenuti a svolgerla, o esula dal contratto e quindi rappresenta un extra e dovrà essere oggetto di apposita contrattazione.
Il discorso relativo alla previsione specifica delle attività alle quali si è tenuti riveste anche un valore preventivo. In caso infatti di contestazioni, avere previsioni dettagliate sulle attività e sulle modalità con le quali le stesse devono essere svolte può dirimere sul nascere problemi di varia natura.

"Le attività non ricomprese nel contratto non potranno essere richieste."

Attenzione però a un aspetto: specificare i dettagli di un contratto non significa evitare in assoluto possibili contestazioni, significa al contrario essere in grado di risolvere un problema interpretativo del contratto stesso.

Modalità e tempistiche di pagamento

Con riferimento al pagamento, si deve rilevare che questo rappresenta l'obbligazione principale del soggetto a favore del quale viene svolto il servizio digitale.
Dovrà essere in primo luogo stabilito in maniera chiara il costo del servizio, sia che si tratti di un progetto singolo sia che si tratti di attività ricorrente e ripetibile, specificando anche eventuali accessori di legge che dovranno essere calcolati (per esempio l'IVA).
Andranno poi specificate le modalità e le tempistiche del pagamento che potranno essere stabilite in base alle proprie preferenze (una sola soluzione, numero stabilito di rate a cadenza periodica, acconti e saldo finale per citarne alcune).
È possibile, inoltre, in forza della libertà contrattuale riconosciuta alle parti, subordinare l'esecuzione dell'attività all'effettivo pagamento.
Se si prevede, per esempio, che il pagamento avvenga in maniera anticipata, significa che l'attività non inizierà fino a quando non ci sarà la corresponsione del prezzo pattuito.

Se, invece, si prevede che debba essere corrisposto un acconto, l'attività potrà avere inizio dopo il pagamento dell'acconto stesso secondo modalità e scadenze previste dal contratto.
L'importante, ancora una volta, è che la previsione sia chiara e circostanziata, in modo tale da non lasciare dubbi di nessun genere.

Penali per mancato pagamento

Per quanto concerne il mancato pagamento, anche in questo caso la libertà contrattuale delle parti consente di prevedere clausole specifiche di contenuto vario in base alle peculiarità del caso.
Si può per esempio prevedere che il mancato rispetto di un pagamento comporti un aumento percentuale sul pagamento successivo o addirittura su tutti i pagamenti futuri.
Così per esempio si può prevedere un aumento di una percentuale sul pagamento (singolo) successivo a quello omesso o, in linea generale, su tutti i pagamenti seguenti.
È inoltre possibile prevedere un'interruzione dell'attività nel caso in cui non vengano corrisposti uno o più pagamenti.
In questo ci sarebbe una duplice possibilità.
Si può stabilire che qualora vengano omessi uno o più pagamenti si sospenda l'attività, ma si può altresì prevedere che l'omissione protratta o reiterata comporti la risoluzione del contratto.
Attenzione in ogni caso perché, ancora una volta, le particolarità del caso specifico possono rendere più o meno efficace la stessa previsione. Pensiamo per esempio al caso in cui il contratto preveda la gestione di un sito web o di un blog per quanto concerne i contenuti.
Nel caso in cui il pagamento (ipotizziamo mensile) non venga corrisposto è possibile interrompere la pubblicazione dei contenuti, "congelando" di fatto il sito stesso, a patto, ovviamente, che questa ipotesi sia espressamente inserita nel testo contrattuale.
La tutela, tuttavia, diventa più o meno effettiva a seconda, per esempio, delle previsioni contrattuali riguardanti le credenziali di accesso.
Se il titolare del sito, infatti, è in possesso delle credenziali potrà non solo entrare personalmente (e quindi gestire il sito in prima persona), ma potrà anche consentire e autorizzare l'accesso a terze persone o estromettere il professionista.
Ecco dunque che se non è prevista alcuna clausola di esclusiva si può rischiare di non riuscire a bloccare l'attività del sito e quindi aggiungere al danno (del mancato pagamento di quanto dovuto) anche la beffa.

Le clausole sulle lavorazioni extra

Come abbiamo già avuto modo di sottolineare, un contratto dettagliato e specifico permette di delineare le attività alle quali si è tenuti in modo preciso. Si crea un limite netto, quindi, tra attività comprese e attività escluse dal contratto.

È possibile inserire, a questo riguardo, una clausola che regolamenti le attività extra che possano rendersi necessarie dall'esecuzione del contratto. Anche in questo caso le possibilità sono varie, nel senso che possono essere previste clausole generiche che prevedono un aumento percentuale del compenso in relazione alle attività extra o possono essere elencate in maniera specifica quelle attività connesse che presumibilmente possano rendersi necessarie, prevedendo un compenso a forfait complessivo o un compenso orario o a singola attività.

È infine possibile prevedere una clausola generica per le lavorazioni extra laddove ci sia un'elencazione specifica e dettagliata delle attività rientranti nel contratto. In questo caso, infatti, al contrario si può prevedere che tutto ciò che non è previsto dal contratto debba considerarsi escluso e oggetto di apposita contrattazione ulteriore.

La risoluzione del contratto

Nel testo del contratto è infine possibile inserire una clausola che, a fronte del mancato adempimento di una parte alle proprie obbligazioni, preveda la possibilità di risolvere il contratto stesso.

Si può quindi subordinare il destino dell'accordo al comportamento delle parti, purché la "mancanza" considerata e indicata come ipotesi di "rottura" non sia di scarsa importanza.

Questo significa che non tutti i comportamenti possono essere indicati come causa di risoluzione, in quanto solo quelli di più grave entità possono essere collegati al destino del contratto.

Una simile previsione è legata al fatto che la risoluzione è un rimedio per così dire "estremo", che pone fine al rapporto contrattuale e, proprio per questo, non può essere legato a violazioni di scarsa importanza.

Il mancato pagamento, il ritardo nel pagamento o la mancata esecuzione dell'attività prevista, giusto per citarne alcune, possono essere indicate quindi come ipotesi di "rottura" del contratto prima della naturale scadenza.

Queste ipotesi devono ovviamente essere indicate e previste in maniera espressa, dettagliata e incontrovertibile, in modo che non possano sorgere contestazioni di alcun tipo tra le parti.

Cinque cose che potete fare per tutelarvi

1. Sottoscrivete un contratto da entrambe le parti che riporti tutti i dettagli e le clausole del raggiunto accordo e che possa essere consultato al bisogno.
2. Evitate le formule generiche e i modelli standard, il contratto deve essere come un abito su misura.
3. Stabilite in maniera precisa e dettagliata l'attività che deve essere svolta, facendo accenno anche alle lavorazioni extra.
4. Dichiarate in maniera chiara costi, tempistiche e modalità di pagamento.
5. Indicate tutti i comportamenti che possono portare alla risoluzione del rapporto contrattuale.

Capitolo 11
Facebook Ads

(a cura di Silvia Ciccomascolo[1])

Le persone non comprano prodotti e servizi, ma relazioni, storie e magie.
Seth Godin

Facebook Business è la piattaforma di gestione e pubblicazione degli annunci pubblicitari interna a Facebook, Instagram e, da qualche tempo a questa parte, Messenger[2] (Figura 11.1).

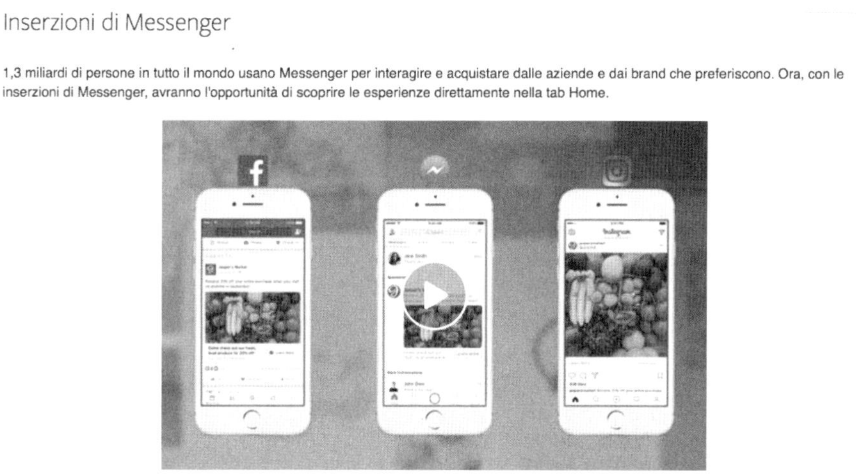

Figura 11.1 Inserzioni pubblicitarie su Messenger.

1. Graphic designer e copywriter, Silvia Ciccomascolo è brand developer di Martin Brando (www.martinbrando.com).
2. https://www.facebook.com/business/products/messenger-for-business.

Le Ads sono un sistema di inserzioni pubblicitarie che, sfruttando il **grafo sociale**, consente di intercettare e rivolgere i propri messaggi a un target specifico, creato dalle connessioni e dalle relazioni, dai dati anagrafici e dalle azioni che gli utenti compiono all'interno dei social network. Per grafo sociale si intende il complesso sistema di interconnessioni tra gli utenti, generato dal loro comportamento social.

In sintesi, come si legge anche sulla sezione dedicata del colosso di Menlo Park, la pubblicità su Facebook promette di farti trovare le persone giuste, catturare la loro attenzione e raggiungere risultati concreti con facilità[3]. Come? Mostrando alle persone potenzialmente interessate ciò che vorrebbero vedere, scegliere o comprare.

Alla base di una campagna advertising Facebook ci sono tre step costitutivi:

a. scegliere il pubblico;
b. catturare l'attenzione;
c. visualizzare i risultati.

Diversi sono gli obiettivi delle campagne pubblicitarie su Facebook, suddivisi in tre macro aree:

a. notorietà;
b. considerazione;
c. conversione.

Il primo obiettivo comprende:

a. notorietà del brand;
b. copertura.

Il secondo obiettivo comprende:

a. traffico;
b. installazione di app;
c. interazione;
d. visualizzazione dei video;
e. generazione di contatti;
f. messaggi.

Il terzo obiettivo comprende:

a. conversioni;
b. vendita dei prodotti del catalogo;
c. visite al punto vendita.

3. https://www.facebook.com/business/products/ads.

Per utilizzare la piattaforma pubblicitaria occorrono: un account pubblicitario, un target, un budget, una strategia e creatività.

Targeting e profilazione: quando il cartellone stradale non basta

È più proficuo tappezzare intere città di manifesti o mostrarli solo alle persone potenzialmente interessate a quello che offri?
Facebook risponde a questa domanda attraverso la creazione di pubblici su misura, con cui possiamo intercettare le persone adatte alla nostra comunicazione, per età, sesso, area geografica, interessi, abitudini e connessioni.
La piattaforma offre tre differenti strategie di targeting nella creazione del pubblico:

a. **Pubblico principale**: si basa sui dati del database interno di Facebook;
b. **Pubblico personalizzato**: si basa sui dati di servizi esterni (del vostro CMS, di una mailing list, per esempio).
c. **Pubblico simile**: intercetta nuovi segmenti di pubblico combinando i segmenti di pubblico personalizzati con il targeting di Facebook.

Di default si crea il pubblico principale. Senza entrare nel dettaglio di ogni singola possibilità di profilazione, qui è importante sapere che:

a. i **dati demografici** vengono presi dalle informazioni che le persone indicano nei loro profili a proposito di istruzione, inclinazione politica, relazioni/stato di famiglia, eventi importanti e via dicendo;
b. il **targeting geolocalizzato** consente di indirizzare i messaggi pubblicitari attraverso il codice postale, la città, la regione, lo Stato e/o di intercettare le persone che vivono stabilmente in quel luogo, che sono appena arrivate, che sono in visita;
c. il **targeting per interesse** consente agli operatori di marketing di raggiungere un pubblico specifico, esaminando gli interessi, le attività, le Pagine e i post che piacciono, i post e i commenti che redige e gli argomenti strettamente correlati; inoltre, consente di includere o escludere quella parte di pubblico che è o meno collegata alla Pagina, alla app o agli eventi sponsorizzati;
d. il **targeting comportamentale** consente di raggiungere le persone in base ai comportamenti di acquisto, all'utilizzo del dispositivo e ad altre attività.

Ogni pubblico può essere salvato per eventuali utilizzi futuri.

Audience Insights: conoscere la vostra community per proporre contenuti utili

Audience Insights[4] permette di conoscere meglio i propri target su Facebook, in modo da creare contenuti più rilevanti per essi. Potete capire chi sono le persone che interagiscono con la vostra Pagina, che età hanno, qual è il loro grado di istruzione e quale lavoro fanno, quali sono i loro interessi, che trasmissioni seguono.
Lo strumento è raggiungibile sia da "Gestione inserzioni" sia da Business Manager. Una volta scelto l'account, si procede con la scelta di una delle tre tipologie di pubblico che è possibile analizzare:

- **a.** il pubblico di Facebook;
- **b.** il pubblico connesso alla Pagina;
- **c.** un pubblico customizzato.

La dimensione minima di pubblico richiesta è di 1.000 utenti: al di sotto, FB non restituisce dati. I dati raccolti sono riferiti solo a persone maggiorenni.
Se non vi basta il pubblico di Facebook, **Audience Network**[5] è l'estensione che vi consente di intercettare l'interesse di chi non ha un account. La piattaforma mette al servizio tutte le informazioni raccolte attraverso le app e i siti con tecnologia Facebook. In questo modo è possibile raggiungere anche quegli utenti che sono al di fuori del social network.

Il budget

Come e quanto pagare per ottenere risultati? Ovviamente la risposta è: dipende. Per esempio, possiamo scegliere se pagare il Costo per Click (CPC) o Costo per Impression (CPM). Nel primo caso pagate per ogni singolo click che il vostro annuncio riceve, nel secondo per il numero di visualizzazioni che il vostro annuncio ottiene (ogni 1.000 impression). Chi punta alla visibilità e alla conoscenza del brand/prodotto dovrebbe scegliere il pagamento per impression (CPM); chi vuole ottimizzare il costo dell'azione che invita a compiere, il CPC. Esiste anche una formula ibrida, il CPM ottimizzato, che mostra un annuncio alle persone in target anche rispetto all'azione che si invita a compiere.
Al momento di creazione della campagna, sarà possibile scegliere se distribuire il budget complessivo su un arco di tempo o se stanziarlo giornalmente indicando un tetto massimo.

---

4. https://www.facebook.com/ads/audience-insights.
5. https://developers.facebook.com/products/audience-network/overview.

Obiettivi delle Ads: KPI vs vanity metrics

Il vero valore aggiunto del fare pubblicità su Facebook, e in generale nel web, è la possibilità di misurare i risultati. Per farlo, però, dovete chiarire fin da subito quali sono i vostri obiettivi. Questi possono essere a medio o lungo termine, ma devono avere una caratteristica fondamentale: essere quantificabili.
Solitamente, gli obiettivi di un'azienda profit sono:

- **a.** fatturato;
- **b.** clienti;
- **c.** clienti prospect;
- **d.** lead;
- **e.** vendite;
- **f.** conversioni.

Per capire se la campagna sta funzionando dovete tenere sotto controllo i relativi **KPI** (Key Performance Indicator), ossia degli indici che ci consentono di capire l'efficacia delle campagne pubblicitarie. Essi si contrappongono a quelle che definiamo **vanity metrics**, ossia a quelle misurazioni che fanno solo fumo e poca sostanza.
Quali sono i KPI da usare come riferimento per una campagna pubblicitaria su FB?
Considerato che i KPI sono quelle metriche che vi consentono di capire come state investendo il vostro denaro rispetto ai vostri obiettivi, ne elenchiamo alcuni che possono essere utili per diverse realtà aziendali:

- **a.** la **frequenza di rimbalzo**, ossia la percentuale di visitatori della pagina che abbandonano il sito dopo aver visualizzato quella sola pagina;
- **b.** il **tempo di permanenza** sulle pagine del sito;
- **c.** l'**amplification rate**, il tasso di condivisioni per post sul numero complessivo di follower della pagina;
- **d.** il **Click-Through Rate** (o CTR), che indica la percentuale di click sul totale delle visualizzazioni;
- **e.** **referral**/traffico verso il sito: il traffico specifico prodotto dai social;
- **f.** il **conversion rate**, ossia la percentuale di conversioni rispetto agli obiettivi settati (compilazione di un form di contatto, iscrizione alla newsletter, azione di acquisto, download di un catalogo/documento, chiamata e via dicendo);
- **g.** il **growth rate**, ossia il tasso di crescita in percentuale del numero di fan.

In sintesi, per ogni obiettivo iniziale è possibile e raccomandabile individuare dei KPI, in modo da poter monitorare e controllare l'effettivo raggiungimento di quell'obiettivo. Per esempio, se l'obiettivo è di aumentare il fatturato, dopo aver definito il tipo di conversione che associamo a quell'obiettivo, terremo sotto controllo il conversion rate.

E le vanity metrics?
In realtà la contrapposizione tra KPI e vanity metrics non è così netta, perché tutto dipende appunto dagli obiettivi che ci si prefigge, dal modo in cui le vanity vengono interpretate, dal peso che decidiamo di attribuirgli.
Chiamiamo vanity metrics quelle metriche che, in modo un po' riduttivo, conteggiano il numero di follower, commenti, condivisioni, reazioni. Se l'obiettivo della vostra campagna, specie in fase di startup, è farvi conoscere, ossia aumentare la brand awareness, sono proprio queste le metriche che vi consentono di capire se il vostro pubblico sta crescendo e interagendo con voi.

Gestione inserzioni

Le campagne si creano attraverso l'interfaccia di "Gestione inserzioni".
La domanda che vi viene posta all'inizio, "Qual è il tuo obiettivo di marketing?", potrebbe mettervi subito in crisi, ma se è stato fatto un buon lavoro di strategia e definizione degli obiettivi, basta applicare le decisioni emerse da quell'analisi. Il vostro obiettivo pubblicitario dovrà corrispondere all'azione che desiderate che le persone eseguano quando vedono le vostre inserzioni. Partite dall'individuazione del vostro macro-obiettivo aziendale, scegliendo tra notorietà, considerazione e conversione (Figura 11.2).

Avrete così impostato la vostra prima campagna; all'interno, potrete scegliere una serie di opzioni relative al vostro primo gruppo di inserzioni, cui conviene dare un nome che vi consenta un recupero agevole quando dovrete redigere i vostri report. Le opzioni riguardano:

a. il pubblico;
b. i posizionamenti (posizione dell'annuncio nella Pagina): sezione Notizie di Facebook (mobile e computer)/colonna destra di Facebook/Instagram/Audience Network/articoli interattivi/ video in-stream;
c. il budget (suddivisibile in giornaliero o totale).

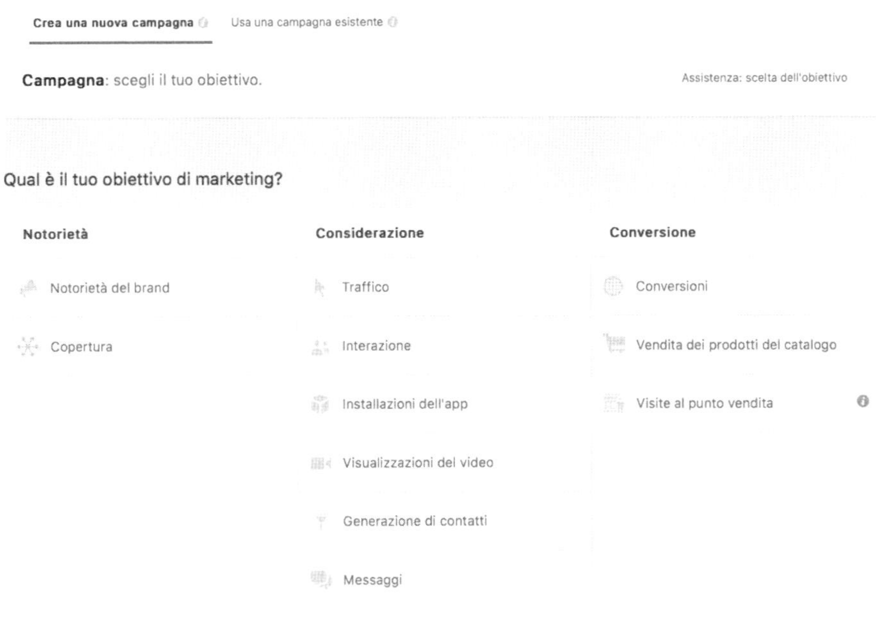

Figura 11.2 Scegliere l'obiettivo marketing.

Arrivati a questo punto potrete creare l'annuncio vero e proprio. Per ottimizzare la pubblicazione dell'inserzione, usate un'immagine che contenga poco testo o testo non sovrapposto. Scegliete tra i formati disponibili:

- carosello;
- slideshow;
- video singolo;
- immagine singola.

Agganciate il sistema che intendete usare per monitorare le azioni che gli utenti compiranno rispetto al vostro annuncio. Caricate i vostri contenuti e pubblicate.

Pixel di monitoraggio: cos'è e come si installa

Il Pixel di Facebook è un frammento di codice che permette di tracciare l'efficacia di una campagna pubblicitaria, in relazione a quanto accade sul sito

web: uno strumento per la raccolta di dati statistici che legge ed esamina le azioni che eseguono gli utenti.
Il Pixel, infatti, segnala alla piattaforma pubblicitaria le persone che visitano il sito su cui è installato o eseguono un'azione sullo stesso.
I dati raccolti dal Pixel vi permettono di:

a. assicurarvi che le inserzioni vengano mostrate alle persone giuste;
b. creare gruppi di pubblico a cui destinare le inserzioni;
c. sfruttare gli ulteriori strumenti pubblicitari di Facebook.

Configurate il Pixel posizionando il codice nell'intestazione del vostro sito web. Quando qualcuno visiterà il vostro sito e farà un'azione (per esempio completa un acquisto), il Pixel di Facebook si attiverà e la registrerà. In questo modo, conoscerete il comportamento del cliente e potrete raggiungerlo di nuovo usando in futuro le inserzioni di Facebook.
Gestire il Pixel è piuttosto intuitivo, ma ricordate che potete creare un solo Pixel per account pubblicitario e questo va inserito in tutte le pagine del vostro sito.
Per capire se avete configurato correttamente il Pixel, andate su Chrome e installate l'estensione Facebook Pixel Helper, che vi permette di valutare l'avvenuta installazione e attivazione del tag sulle vostre pagine.
Potete decidere se configurare il Pixel per le azioni standard o per le azioni personalizzate.
Le azioni standard sono nove, predefinite: si tratta di quelle che si potrebbero voler tracciare sul proprio sito.

1. la visualizzazione di un contenuto;
2. la ricerca;
3. l'aggiunta al carrello;
4. l'aggiunta a una wishlist;
5. l'inizio del percorso di acquisto;
6. l'aggiunta delle informazioni di pagamento;
7. il completamento di un acquisto;
8. la raccolta di un lead;
9. il completamento di un'iscrizione.

Per monitorare l'avvenuta conversione, sarà necessario aggiungere al Pixel di Facebook presente in quella pagina una linea di codice in più, diversa per la specifica azione standard.
Le azioni personalizzate sono utili nel caso in cui sia necessario tracciare delle URL specifiche.

Report

Viviamo nell'era dei big data. Siamo circondati da una quantità spaventosa di dati. La possibilità di raccogliere informazioni di molteplice natura attraverso le piattaforme digitali di advertising ci mette di fronte al problema dell'analisi e dell'interpretazione di una mole enorme di input.
È fondamentale selezionare i dati più pertinenti delle proprie campagne rispetto ai propri obiettivi di marketing. Per esempio, se vi interessa raggiungere più persone con le vostre inserzioni, potete usare le impression o la copertura per ottenere risultati soddisfacenti; se configurate un pixel per aumentare le conversioni nel vostro sito web, potete usare:

- **a.** le conversioni sul sito web;
- **b.** i contatti acquisiti nel sito web;
- **c.** gli acquisti nel sito web e altre metriche per misurare l'efficacia della vostra campagna.

Per creare i report, il cui invio si può personalizzare e cadenzare per ricevere i risultati giornalmente, settimanalmente o mensilmente, occorre usare lo strumento "Crea report" in "Gestione inserzioni" o in Business Manager.
Potete visualizzare le prestazioni delle vostre attività promozionali a livello di account pubblicitario o a livello di campagna.
Nel primo caso avrete il focus su copertura, impression, importo speso e click sui link, intesi come dati complessivi e rapportati a intervalli di date personalizzabili; nel secondo caso andate ad approfondire i risultati per ogni campagna, gruppo di inserzioni o singola inserzione.

Personalizzazione dei report

Potete personalizzare le colonne e usare i dettagli per visualizzare le metriche pertinenti per l'obiettivo della vostra campagna e per i vostri obiettivi di marketing. Per esempio, se vi interessa capire il numero di click su un'inserzione e il costo per click, selezionate "Prestazioni e clic".
Potete usare i dettagli per scoprire l'età del vostro pubblico, dove l'utente visualizza le inserzioni, quali dispositivi usa e molto altro. Oltre a ciò, potete avere una rappresentazione grafica delle vostre inserzioni usando il riquadro laterale dei dati statistici (spuntate la casella accanto alla campagna, al gruppo di inserzioni o all'inserzione che desiderate visualizzare e cliccate sull'icona per aprire il riquadro laterale).
È possibile salvare tutte queste personalizzazioni in un report e programmarne l'invio: ricordate che potete avere un massimo di dieci report programmati per ogni account pubblicitario.

Business Manager, cos'è e come impostarlo

Croce e delizia dei social media marketer, Business Manager è il sistema che consente di gestire su un'unica piattaforma e attraverso un unico accesso più Pagine e account pubblicitari. Nato per semplificare, è in realtà alquanto complesso (Figura 11.3).

Figura 11.3 Configurazione del Business Manager.

Se gestite solo una Pagina, probabilmente potete farne a meno. Se invece disponete di più Pagine e molteplici collaboratori, vi conviene usarlo. Uno dei fattori che lo rende ostico ai più è l'aggiornamento continuo per la perfetta ottimizzazione.
Indubbiamente è necessario se:

- lavorate con agenzie esterne;
- dovete emettere fatture intestate direttamente al cliente.

Dopo aver creato l'account, è necessario reclamare, creare o aggiungere una risorsa per iniziare a usare Pagine, account pubblicitari e applicazioni, facen-

do attenzione a compiere l'azione corretta: se reclamate come vostra risorsa un account pubblicitario che è di un vostro cliente che vi affida la gestione, poi non potrete più rimuoverlo, perché ogni risorsa può essere reclamata soltanto da un utente Business Manager. In questo caso è meglio richiedere l'accesso alla risorsa, perché se necessario la si potrà restituire semplicemente rimuovendola.
Le risorse sono gestite da persone, che possono essere singoli individui, appartenere alla vostra azienda o a un'agenzia esterna. In questo caso conviene aggiungere quest'ultima come partner, perché possa assegnare le proprie persone e collaboratori alle risorse che devono essere gestite.
L'account pubblicitario è deputato al pagamento delle Ads, pertanto deve essere configurato in modo "fiscale": valuta, ragione sociale e metodo di pagamento valido sono i suoi elementi costitutivi.
È importante creare un account pubblicitario per i clienti che vogliono avvalersi della facoltà di fatturare direttamente gli importi di Facebook Business. Inizialmente, Facebook impone un limite di creazione di due account pubblicitari. È necessario contattare il team di supporto per aumentarlo, tenendo conto che l'operazione può richiedere diversi giorni per la verifica, meglio muoversi per tempo.

Perché fare pubblicità su Facebook

Se ancora avete dubbi sul perché dovreste investire in pubblicità su Facebook considerate questi tre aspetti fondamentali:

1. avere una Pagina aziendale attiva su FB è una garanzia di credibilità. Le persone preferiscono dare i propri soldi a chi ci mette la faccia, a chi mostra capacità di relazione e confronto, a chi ha una storia e delle storie da raccontare;
2. Facebook punta sempre di più a diventare una rete sociale autosufficiente, un vero e proprio motore di ricerca, in cui è possibile trovare tutto ciò che serve: dall'offerta last-minute alle informazioni turistiche, dall'organizzazione di eventi a veri e propri e-commerce integrati, dalla realizzazione di sondaggi alla possibilità di cercare informazioni su qualsiasi argomento attraverso gli hashtag;
3. la portata organica della visibilità dei contenuti delle Pagine aziendali è destinata a diminuire drasticamente. Questo significa che, nonostante i vostri contenuti siano i migliori, i più belli e i più condivisibili, Facebook non li mostrerà più ai vostri utenti se non attraverso le campagne a pagamento.

Ricordate: Facebook è gratuito per le persone, ma a pagamento per le aziende che intendono perseguire obiettivi business.

Social Graph, Open Graph e Graph Search: che cosa hanno in comune?

Poco, oltre al lemma Graph. Il grafo è una struttura matematica, composta da oggetti semplici, detti nodi, e collegamenti, detti archi, il cui compito è rappresentare e descrivere delle relazioni tra differenti entità e gruppi. Il grafo sociale è la rappresentazione della rete di connessioni, gli archi, che si creano tra individui e organizzazioni, i nodi.
Nel **Social Graph** di Facebook i nodi sono costituiti dai singoli utenti, dalle Pagine, dalle applicazioni, dai gruppi, da singoli elementi come foto e video postati dagli utenti, dai siti web correlati; le connessioni, gli archi, sono dati dal tipo di azione che collega questi elementi tra di loro: condivisione, reazione sociale e così via.
L'**Open Graph** è invece un protocollo informatico. Il legame tra Open Graph e Social Graph è dato dal fatto che il primo consente a ogni pagina web di trasformarsi in un oggetto del grafo sociale di Facebook attraverso l'introduzione, nel proprio codice sorgente, di alcuni tag. Attraverso Open Graph è possibile definire le informazioni rilevanti che dovranno comparire su Facebook nel momento in cui quel contenuto verrà condiviso da qualcuno. Con Open Graph avete quindi il controllo di come le vostre pagine web appariranno all'interno di Facebook.
Il **Graph Search** è, infine, uno strumento estremamente utile in fase di targeting. In fase di analisi e impostazione delle campagne Ads, consente infatti, attraverso la funzione "Cerca", di individuare chi e cosa si connette a determinati argomenti.

I pubblici personalizzati

(a cura di Alessandro Piemontese[6])

"The Right Custom Message to the Right Custom Public, at the Right Time": questo sarà il vostro (social) mantra.

Creare pubblici personalizzati è la chiave del successo di tutte le azioni di sponsorizzazione su Facebook. Questo vale abbiate 10 €, 100 € o 10.000 € da

6. Alessandro Piemontese è content presso Manjoo, cofounder de La Content Academy, Content & PR di Oissa, Local Manager Igers Foggia. Il suo sito è www.alessandropiemontese.it.

investire sulla piattaforma. Il pannello "Gestione inserzioni" ha un sottomenu pieno di possibilità gratuite che, utilizzate nel modo giusto, possono fare la differenza. In questa sezione approfondiremo la funzione Pubblico (Figura 11.4).

Figura 11.4 Pubblico.

Dopo aver selezionato accuratamente l'obiettivo di una campagna, si passa al targeting. È in quel momento che ci viene richiesto un grande sforzo di immaginazione. Dobbiamo selezionare il nostro target, trovare le persone giuste a cui recapitare la nostra inserzione. Molte aziende hanno già compreso l'importanza di avere quanti più dati possibile, quantitativi e qualitativi, dei propri clienti tipo. Dati demografici, interessi, comportamenti. Facebook conosce tutti i nostri gusti, quanti Like esprimiamo, quanti cuoricini dispensiamo, che genere di commenti postiamo e tantissimo altro.
È come un setaccio. Da circa 33 milioni di iscritti, prendendo come esempio l'Italia, si avvia un processo di raffinamento aggiungendo interessi, comportamenti, gusti per arrivare a gruppi sempre più ristretti e specifici. Questa è sicuramente un'ottima pratica, una classica targettizzazione dettagliata, che genera buoni risultati.
Dopo aver cliccato il tasto "Ordina" e aver lanciato un'inserzione pubblicitaria resta però sempre quella sensazione di incertezza da terno al lotto.
Avrò fatto bene ad aggiungere quell'interesse? Il mio target sarà effettivamente così?
Oltre tutte queste domande c'è un mondo pieno di certezze. È quello dei **pubblici personalizzati.** Un mondo tutto da scoprire che continua a darmi grandi soddisfazioni e il sorriso delle aziende con cui collaboro.

Sei molto ambiziosa, vero?
Sai cosa mi sembri con la tua borsetta pulita e le scarpette a buon prezzo? Mi sembri una campagnola. Un'energica campagnola ripulita con poco gusto. Sei stata nutrita bene e questo ha allungato le tue ossa, ma non ti sei spinta più in là di una generazione rispetto ai rifiuti umani da cui provieni, vero? E quell'accento che hai tentato così disperatamente di perdere! Pura Virginia occidentale... Che fa tuo padre? Fa il minatore, puzza ancora di lampada a petrolio? So come ti hanno scoperta in fretta i ragazzi: quei noiosi, puzzolenti palpeggiamenti sui sedili posteriori delle macchine, mentre tu avevi un solo sogno: andartene via, cercare qualunque cosa ti desse la possibilità di arrivare all'FBI.

Questo monologo proviene da una scena de *Il Silenzio degli Innocenti* che trovo illuminante. Il dottor Hannibal Lecter, pur non avendo mai visto prima l'agente dell'FBI Clarice Starling, riesce a descrivere le sue origini, la sua storia, i suoi sogni, con precisione maniacale. Riesce a farlo così bene perché Lecter è uno psichiatra brillante e ha avuto tantissimi pazienti. È da lì che parte: dai dati, dalle certezze. Questo è ciò che possiamo fare con i pubblici personalizzati di Facebook: **partire dai dati e non dalle ipotesi**.

Figura 11.5 Create un pubblico personalizzato.

Possiamo creare pubblici diversi partendo da:

a. file clienti;
b. traffico del sito Web;
c. attività nell'app;
d. attività offline;
e. interazione.

File clienti

Usate un file clienti (Figura 11.6) per trovare collegamenti tra i vostri clienti e le persone su Facebook e creare un pubblico dalle corrispondenze: questo è ciò che vi consiglia la piattaforma se selezionate questa funzione.
Cosa significa in pratica? Significa che gli indirizzi email dei vostri clienti sono un tesoro che può farvi generare tanti altri nuovi clienti. Vedremo come quando parleremo dei pubblici simili.

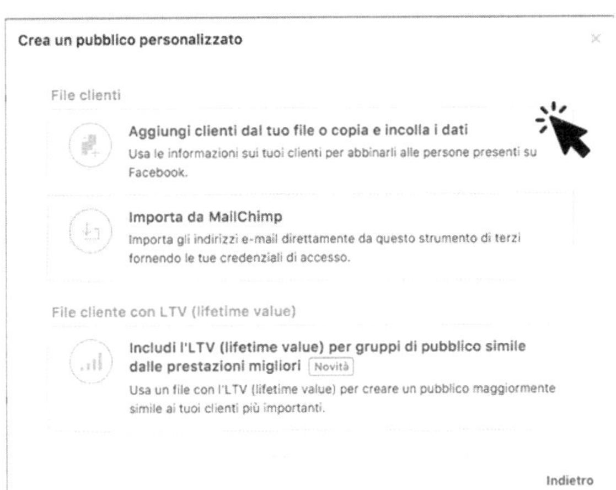

Figura 11.6 Pubblico personalizzato, file clienti.

Caricando un file in formato CSV o TXT, oppure tramite un semplice copia/incolla, la piattaforma si metterà alla ricerca di tutte le persone che sono iscritte a Facebook con quegli indirizzi email. Potete anche scegliere l'opzione "Importa da MailChimp" qualora utilizziate questa piattaforma di email marketing. Al termine di una breve fase di analisi – il tempo dipende da quanti indirizzi email caricate – Facebook genererà per voi un nuovo tipo di pubblico salvato. Vi conviene nominarlo in maniera riconoscibile e semplice perché vi servirà poi nella fase di targeting di una campagna sponsorizzata.

Grazie a questa funzione potrete creare un'inserzione diretta solo ed esclusivamente ai vostri clienti, agli iscritti alla vostra newsletter, ai contatti che siete riusciti a ottenere con una specifica promozione.

Traffico del sito Web

Una funzione straordinaria. Create una lista di persone che hanno visitato il vostro sito web o eseguito azioni specifiche, usando il Pixel di Facebook.
Avete presente quando guardate un prodotto su Amazon, un albergo su Booking, un paio di scarpe su Zalando e poi quel prodotto/albergo/scarpe vi "inseguono" anche su Facebook? Questi siti non stanno facendo altro che **retargeting** utilizzando questa funzionalità avanzata di pubblici personalizzati (Figura 11.7).

Figura 11.7 Pubblico personalizzato da sito web.

Potete creare raggruppamenti di pubblici che hanno visitato il vostro sito negli ultimi 180 giorni, oppure pubblici che hanno visitato solo una pagina specifica, oppure ancora visitatori per tempo totale trascorso in generale o solo su determinate pagine.
Dopo aver creato questi pubblici potrete lanciare campagne sponsorizzate specifiche e cominciare una vera e propria narrazione del brand che metta in luce i diversi punti di forza, così da generare fiducia e accorciare i tempi di conclusione di un acquisto di un prodotto o servizio.
Prima di utilizzare questa funzione è fondamentale installare, come già avete letto, il Pixel di Facebook sul sito web. Dal pannello di controllo selezionate la voce "Pixel" (Figura 11.8).

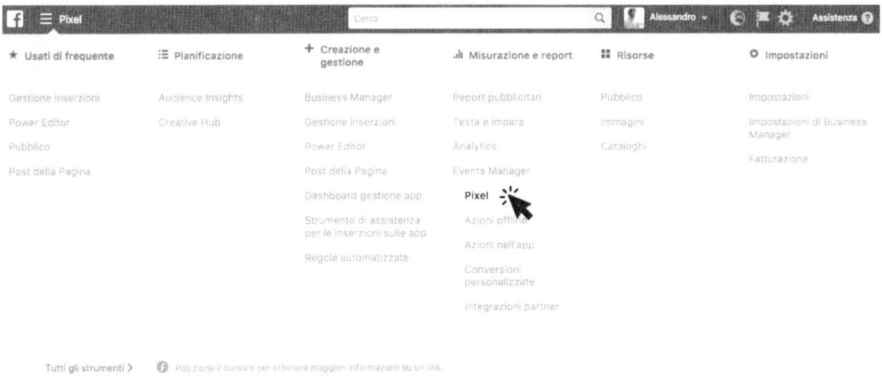

Figura 11.8 Il Pixel di Facebook.

Non è altro che una porzione di codice da inserire in un sito web. Lo può fare un programmatore oppure, nel caso di un sito in WordPress, esistono diversi plugin che svolgono questa funzione. Io utilizzo Pixel Caffeine di AdEspresso. Solo dopo averlo installato correttamente comincerà a registrare le attività svolte sul sito e potrete creare il vostro pubblico personalizzato.

Attività nell'app

È il corrispettivo in un'app della funzione appena vista, traffico del sito web. Si potranno generare pubblici che contengano:

- **a.** tutte le persone che hanno aperto l'app;
- **b.** utenti più attivi (in base al numero di utilizzi dell'app di una persona);
- **c.** utenti per importo dell'acquisto;
- **d.** utenti per segmento (in base alle loro azioni, dati demografici, informazioni sul tipo di dispositivo utilizzato).

Anche per questa funzione è necessaria l'installazione del Pixel, in questo caso dell'SDK di Facebook nella app mobile. Per questa operazione è necessario l'apporto di un programmatore esperto.

Attività offline

Questa funzione unisce l'online e l'offline e permette di conoscere con esattezza e immediatezza il valore economico di una campagna sponsorizzata. Le attività commerciali, compilando un file in formato CSV, rispettando la formattazione suggerita dalla piattaforma, potranno conoscere quante e quali persone hanno visualizzato una inserzione pubblicitaria e hanno poi eseguito fisicamente un acquisto. Sono in roll out sistemi ancora più semplici come il collegamento diretto a POS, CRM e sistemi di pagamento che comunicheranno a Facebook, in tempo reale, i dati relativi alle azioni offline.

Interazione

Questa è la funzione (Figura 11.9) che mi sta dando i migliori risultati nella gestione di Ads per le aziende con le quali collaboro. Spesso su Facebook, e sugli altri social network, non tutti i fan di una Pagina sono effettivamente fan attivi. Un "Mi piace" a una Fanpage può essere dato per tanti motivi e non assicura una partecipazione in termini di interazione con i contenuti pubblicati. Esisterà sempre una percentuale di fan "zombie", inattivi o non raggiunti dai nostri post a causa di una reach organica sempre più difficile da ottenere.

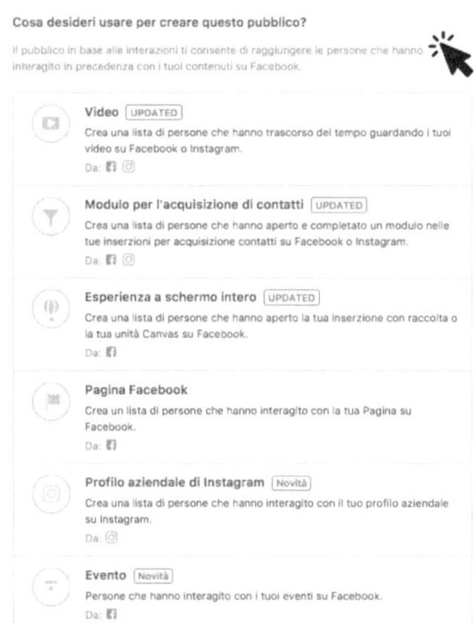

Figura 11.9 Pubblico selezionato in base alle interazioni.

Possiamo chiedere a Facebook di costruire gruppi di pubblici personalizzati che hanno interagito con:

- **a.** i nostri contenuti video;
- **b.** il modulo per l'acquisizione di contatti;
- **c.** l'esperienza a schermo intero;
- **d.** la Pagina Facebook;
- **e.** il profilo aziendale Instagram;
- **f.** un evento.

Video

Se gestite una Pagina che punta molto sui video, vi sarà utilissimo costruire un pubblico che ha effettivamente visto i vostri contenuti. Gli utenti sono diversi, c'è a chi piace guardare video e a chi meno.
È possibile creare gruppi personalizzati che hanno visualizzato almeno 3 secondi, almeno 10 secondi, fino al 95% dei contenuti video negli ultimi 365 giorni. Ma non è finita. È possibile selezionare specifici video, quelli che magari hanno avuto maggiore successo, o video che hanno una tematica particolare. Dopo aver creato un pubblico così specifico, lanciare una Ads con un contenuto video targettizzando solo il pubblico "Video Fan" permetterà di abbassare sensibilmente il costo per visualizzazione.

Modulo per l'acquisizione di contatti

È possibile creare una lista di persone che hanno interagito con la vostra inserzione pubblicitaria con obiettivo "Generazione di contatti". In questo modo costruirete un pubblico più favorevole a cliccare su questo tipo di sponsorizzate e magari proporre nuove promozioni e nuovi tipi di contenuti che spingano all'acquisto di un prodotto o servizio.

Esperienza a schermo intero

Se avete avuto a che fare con le Canvas, il formato di posting immersivo e creativo introdotto da Facebook nell'ultimo periodo, potrete creare un pubblico personalizzato a cui piacciono le Canvas. Persone che hanno aperto il post negli ultimi 365 giorni o, ancora più specifico, persone che hanno aperto la vostra Canvas e hanno poi cliccato su uno qualsiasi dei link interni.

Pagina Facebook

Figura 11.10 Creazione di un pubblico personalizzato basato sulle interazioni con la Pagina.

Quante e quali persone interagiscono con la mia Pagina? Con questa funzione, strettamente collegata alla creazione di pubblici simili che vedremo tra poco, si migliorano i costi di acquisizione per nuovi fan, i costi per click e per visualizzazione. Questo perché parliamo al pubblico giusto con i formati e le call to action che gli piacciono di più. Se l'aglio non piace è inutile continuare a portare a tavola la bagna cauda.

> **"Se l'aglio non piace è inutile continuare a portare a tavola la bagna cauda."**

Si possono creare diversi tipi di pubblici personalizzati.
Esempi?
Chiunque abbia visitato la vostra Fanpage negli ultimi 365 giorni.
Oppure, magari, non vi interessano i passanti, ma solo chi si ferma e interagisce con un post o un'inserzione.
Oppure ancora gestite una Pagina di un'e-commerce e volete costruire un pubblico personalizzato composto da chi ha cliccato su qualsiasi pulsante di call to action promosso (per esempio "Acquista", "Prenota", "Scopri di più").
Avete una Pagina dedicata al customer care? Potete costruire un pubblico di coloro che hanno inviato messaggi alla vostra Pagina.
La medesima funzione è disponibile anche per il vostro profilo aziendale Instagram.

Evento

Se gestite una Pagina di un locale che organizza eventi oppure di un ente che organizza corsi, potete creare un pubblico personalizzato che ha manifestato interesse per i vostri eventi, che ha cliccato su "Parteciperò" o "Mi interessa".
Al prossimo evento da sponsorizzare saprete con assoluta certezza chi invitare.
Tutte queste funzioni per creare pubblici personalizzati sono propedeutiche e diventano un vero e proprio successo in termini di business nel momento in cui si creano i pubblici Lookalike.

I pubblici simili

Come anticipato all'inizio di questo capitolo, Facebook ci conosce profondamente. Ha un enorme database di tutte le azioni che compiamo, dei nostri comportamenti, dei nostri gusti. Spesso trovare nuovi clienti, nuovi follower è un'attività costosa, ma con Lookalike tutto diventa tremendamente più semplice e più redditizio.
Non dobbiamo fare altro che chiedere alla piattaforma di creare un pubblico simile al nostro pubblico personalizzato precedentemente creato (Figura 11.11).

Figura 11.11 Creare pubblici simili.

In pochi, semplici passaggi Facebook ci restituirà un tesoro.
Un esempio:

- dopo aver creato il pubblico personalizzato da *Persone che hanno interagito con la mia Pagina > Crea pubblico simile*

avremo a disposizione un nuovo pubblico, affine ai nostri fan più attivi, a cui indirizzare la prossima campagna di acquisizione fan, o a cui sponsorizzare il nostro prossimo post.
Oppure:

- dopo aver creato il pubblico personalizzato *da File clienti* (quello che viene generato da una lista di indirizzi email) > *Crea pubblico simile*

in un attimo avremo oltre 100 mila persone simili che saranno probabilmente interessate a iscriversi alla nostra newsletter o ad acquistare il nostro prodotto o servizio.

Basterà scegliere l'origine, uno dei pubblici personalizzati precedentemente creati e salvati, poi il Paese di appartenenza del pubblico simile che vogliamo creare. In ultimo bisogna decidere le dimensioni del pubblico, che possono variare dall'1 al 10%. Il mio consiglio è di restare sempre sull'1% perché con quella percentuale Facebook troverà persone più simili al nostro pubblico di origine.

Conclusioni

La targettizzazione per interessi, dati demografici, comportamenti, che abbiamo sempre utilizzato prima dell'arrivo dei pubblici personalizzati e pubblici simili, ha minori possibilità di successo rispetto a una targettizzazione così "chirurgica" come quella che abbiamo appena visto insieme.
Le persone non sono su Facebook per comprare ma per interagire con altre persone. È per questo motivo che una targettizzazione avanzata come quella offerta dai pubblici avanzati è la chiave per spendere di meno e guadagnare di più.

La pertinenza dei contenuti su Facebook

(a cura di Elisa Gigli[7])

> *Continua la nostra attenzione per il 2018 per assicurarci che il tempo che passiamo su Facebook sia tempo ben speso...*

Inizia così l'ormai celebre status con il quale Mark Zuckerberg annuncia un nuovo cambio di algoritmo, con il quale verrà ulteriormente ridotta la visibilità nella sezione Notizie dei post delle Pagine a favore di quelli dei contatti personali. Questo perché la piattaforma vuole dare priorità ai post che generano conversazioni e interazioni tra persona e persona e che siano in linea con ciò che l'utente medio desidera vedere. Dunque contenuti interessanti per il target di riferimento, contenuti di valore per gli utenti. Sembra essere questa la priorità del social blu e, alla luce di ciò, quello che tutti possiamo e dovremmo fare è cercare di condividere contenuti pertinenti e rilevanti per la nostra audience.

Il punteggio di pertinenza

Come sempre, è la piattaforma stessa a fornirci gli strumenti dei quali abbiamo bisogno: parliamo del punteggio di pertinenza per le inserzioni di Facebook.

> *Su Facebook, cerchiamo di mostrare alle persone le inserzioni più pertinenti per loro. Per questa ragione abbiamo sempre considerato la perti-*

7. Elisa Gigli è content writer and social media manager presso RPlus e Martin Brando.

nenza un fattore determinante nella pubblicazione delle inserzioni. Tenendo conto della pertinenza, possiamo fare in modo che le persone visualizzino inserzioni che ritengono interessanti, garantendo una migliore esperienza sia alle persone che alle aziende.

Inizia così la spiegazione dell'introduzione del punteggio di pertinenza da parte di Facebook Business, a riprova di quanto scritto sopra.
Ma cos'è il punteggio di pertinenza? È un punteggio, appunto, che cerca di valutare l'efficacia della nostra inserzione pubblicitaria e viene assegnato dalla piattaforma stessa in base alle reazioni positive o negative che questa prevede saranno ottenute dall'inserzione. Più le interazioni previste sono positive, più alto sarà il punteggio di pertinenza dell'inserzione.
Gli indicatori positivi variano a seconda dell'obiettivo dell'inserzione, ma possono includere visualizzazioni del video, conversioni, commenti, mentre gli indicatori negativi indicano per esempio il nascondere l'inserzione o il segnalarla.

> **"Gli indicatori positivi variano a seconda dell'obiettivo dell'inserzione."**

Ogni inserzione che andiamo a realizzare riceverà un punteggio di pertinenza compreso tra 1 e 10, sulla base di previsioni da parte della piattaforma. Il punteggio verrà comunque poi aggiornato man mano che le persone interagiranno positivamente o negativamente con l'inserzione.

Quali inserzioni non vengono influenzate dal punteggio di pertinenza?

- Le inserzioni con visualizzazione garantita, come quelle acquistate tramite copertura e frequenza.
- Le campagne volte all'aumento della popolarità del marchio, visto che le inserzioni sono ottimizzate per raggiungere le persone e non per incrementare un'azione specifica. In questo caso il punteggio di pertinenza ha un impatto ridotto sui costi e sulla pubblicazione delle campagne.

Perché dovremmo monitorare il punteggio di pertinenza?

Innanzitutto perché ci aiuta a offrire al nostro pubblico contenuti rilevanti e di valore per lui, oltre che a far fronte al nuovo cambio di algoritmo, sempre più "esigente" in tal senso.
Inoltre, implementare delle inserzioni pertinenti può farci risparmiare denaro, in quanto la pubblicazione di un'inserzione con un elevato punteggio di pertinenza sarà meno costosa. Come Facebook stesso continua a sottoli-

neare: "Questo è possibile perché il nostro sistema di pubblicazione delle inserzioni è progettato per mostrare i contenuti giusti alle persone giuste e un punteggio di pertinenza alto viene percepito dal sistema come un segnale positivo".

Il punteggio di pertinenza può aiutarci nel momento in cui vogliamo eseguire dei test per verificare quale sia, per il nostro target di destinazione, la combinazione migliore di immagini e testi. Insomma, per testare l'efficacia dei contenuti creativi della campagna stessa, vedendo in anteprima a quali Facebook assegna un punteggio maggiore.

Sulla stessa linea possiamo monitorare il punteggio di pertinenza delle nostre campagne in corso e ottimizzarle, per esempio aggiornandone il pubblico o i contenuti.

Ricordiamo sempre, però, che un buon punteggio di pertinenza non è di per sé un obiettivo e non è di certo l'unico parametro di una campagna pubblicitaria su Facebook. Esso rappresenta uno degli indicatori e degli strumenti che la piattaforma ci offre per valutare l'efficacia di un'inserzione, ma va comunque osservato all'interno di un'analisi più ampia, che tenga conto anche degli altri fattori.

I punteggi di pertinenza, dunque, non vanno usati come indicatori principali delle prestazioni delle inserzioni. Se la nostra inserzione raggiunge l'obiettivo per il quale è stata creata, infatti, non è detto che vada modificata a causa di un punteggio di pertinenza non elevato.

Come monitorare il punteggio di pertinenza?

Il punteggio di pertinenza viene assegnato ogni giorno a tutte le inserzioni che raggiungono una copertura minima di 500 e, come abbiamo visto in precedenza, cambia in continuazione in base alle azioni svolte dagli utenti sulle inserzioni.

Per visualizzarlo, e quindi riuscire a monitorarlo per la durata delle inserzioni, basta accedere a "Gestione inserzioni", quindi cliccare sull'inserzione specifica da visualizzare. A questo punto, sul menu a discesa "Colonne", bisogna selezionare "Personalizza colonne".

Ora Facebook mostrerà a destra anche la colonna con il punteggio di pertinenza, ma questa visualizzazione non è completa. Selezionando quindi "Feedback positivi" e "Feedback negativi" si visualizzeranno maggiori informazioni. Infine bisogna cliccare su "Applica".

Non resta che ottimizzare le immagini e la call to action.

Le immagini hanno un ruolo fondamentale in ogni inserzione e, come ormai ben sappiamo, sono spesso la prima cosa che viene guardata dall'utente. Per questo, come detto in precedenza, sarebbe opportuno testarne diverse creatività in modo da verificare quale sia la migliore per la nostra inserzione.

AdEspresso

Se ancora non lo conoscete, il mio consiglio è di utilizzare **AdEspresso**, un tool ideale proprio per eseguire test e ottimizzare le campagne su Facebook. Questo strumento permette infatti di creare decine di varianti per ogni campagna, sia per quanto riguarda il copy sia per ciò che concerne la creatività.
Il grande vantaggio è quindi quello di poter monitorare le campagne attive e disattivare quelle che non stanno funzionando o che hanno punteggi particolarmente bassi, ottimizzando e "mandando avanti" quelle con i risultati migliori. Questo ci farà risparmiare denaro, evitando di investire soldi su campagne che avranno scarsi risultati.
Anche scegliere la call to action più giusta per un'inserzione è un passaggio importante. I pulsanti call to action di Facebook possono includere azioni che invitano il pubblico a interagire, migliorando quindi il punteggio di pertinenza dell'inserzione. "I tassi di conversione possono migliorare quando gli utenti comprendono in maniera chiara l'oggetto dell'inserzione.[8]"
Quindi un'altra cosa che dovrete fare è di analizzare la vostra call to action, in modo da verificare che sia semplice per il vostro target comprendere l'obiettivo del vostro annuncio. Qualora la risposta fosse affermativa, è molto probabile che il vostro punteggio di pertinenza sia elevato.
Concludiamo con quanto spiegato sullo stesso tool AdEspresso:

> *Attenzione, la parola chiave è Pertinenza, che non ha niente a che fare con la Qualità della vostra pubblicità. Non usate questa metrica per cercare risposte sull'aspetto grafico del vostro annuncio o sul testo, perché non ve ne darà. L'unico scopo di questo numero è dirvi se il target demografico che avete scelto per la vostra pubblicità su Facebook considera il messaggio in linea con i propri interessi (oppure no) e vi interagisce in qualche modo (anche in maniera negativa).*

Cinque cose che potete fare oggi

1. Create il vostro account pubblicitario e impostate l'obiettivo della campagna.
2. Installate il Pixel di monitoraggio su ogni pagina del vostro sito.

8. https://www.andreapilotti.com/aumentare-il-punteggio-di-pertinenza-nelle-inserzioni-facebook.html.

3. Monitorate l'andamento della campagna e se necessario aggiustate il tiro.
4. Analizzate i dati e stilate il vostro report.
5. Scegliete di comunicare con i vostri utenti investendo in comunicazione pubblicitaria quantificabile e monitorabile.

Capitolo 12
Il marketing delle Fanpage

Dovremmo monetizzare
questo nostro grande amore,
con dei video virali
o dei post svergognati
da 7000 mi piace.
Io e te, sponsorizzati
venduti a decine di migliaia di euro ai brand.
I Cani, *Aurora*

Se bastasse un manuale di buone pratiche per costruire una Pagina Facebook di successo, con una grande – e fedele – fanbase, probabilmente saremmo circondati da webstar. La verità è che gestire una Pagina Facebook è principalmente un lavoro di gestione di una community. La maggior parte delle Pagine di successo, ove non si tratti di VIP o di personaggi resi noti precedentemente da altri media (quindi non parliamo di Gianni Morandi o di Selvaggia Lucarelli, già noti in altri contesti diversi da quello social), è nata rispondendo alle attese di ciò che la propria comunità si aspettava. Oggi il contesto è profondamente cambiato, e mantenere questa promessa, questo patto con i propri fan, potrebbe non bastare più.

Le novità introdotte da Facebook a gennaio 2018

Pensate a Facebook come a un palinsesto televisivo: dieci anni fa il canale regalava spazi in un contesto dove gli spettatori erano "pochi", ma fedeli. Pre-

stavano tempo e attenzione, erano disposti a condividere. Oggi gli spettatori sono decuplicati, sono molto più distratti, hanno già giurato fedeltà a brand (almeno 10 a testa, di media, e spesso non si ricordano quali sono), community e personaggi famosi. Nel frattempo lo spazio, all'interno del palinsesto, si è ridotto ancora. Per restare sempre dentro la metafora: dieci anni fa si poteva acquistare uno spazio in prima serata, mentre oggi si fa fatica a conquistare la fascia dopo la mezzanotte. Cambiano le abitudini dei fruitori (l'audience), cambia la tipologia di contenuto, cambia la piattaforma.
In un post del 19 gennaio 2018 Mark Zuckerberg (Figure 12.1a e b) ha annunciato nuovi cambiamenti nel Feed. Cambiamenti che impattano dell'1% rispetto alla massa dei contenuti prodotti da brand, Pagine di aziende, testate o marchi, che passano quindi da un 5% totale a un 4% totale. La tendenza è di proporre nei News Feed storie, notizie condivise da fonti affidabili, o ritenute tali dalla comunità, premiando i contenuti informativi e le notizie locali.

Questo ci porta a fare alcune considerazioni:

a. **L'impatto varierà da Pagina a Pagina, e dipenderà da fattori quali il tipo di contenuti prodotti e il modo in cui le persone interagiscono con tali contenuti**. Le Pagine i cui post generano conversazioni tra amici, per esempio, vedranno meno effetti. Restano fuori da questa considerazione, e quindi validi per Pagine e brand, i video live, che secondo quanto riportato da Facebook generano in media sei volte più commenti degli altri video.
b. **Il piano editoriale segue il budget Ads**. Inutile pubblicare qualcosa senza poterlo sponsorizzare adeguatamente. Di conseguenza, non è più il tempo di pubblicazioni a raffica. Meno contenuti, ma di grande qualità.
c. **Qualora ci fossero ancora dubbi, il local marketing diventa una strategia imprescindibile**: in un contesto sempre più globale parlare locale significa distinguere la propria promessa, renderla unica e inimitabile, fidelizzando la community. Si tratta quindi di creare contenuti per un pubblico locale e sponsorizzarli a un pubblico ristretto.
d. **I profili sono sempre più rilevanti, e tornano a essere il centro del villaggio**. In tal senso una buona employee advocacy (far intervenire direttamente i dipendenti nella diffusione dei contenuti legati al brand, condividendoli nei profili social personali) è una buona strada da percorrere.

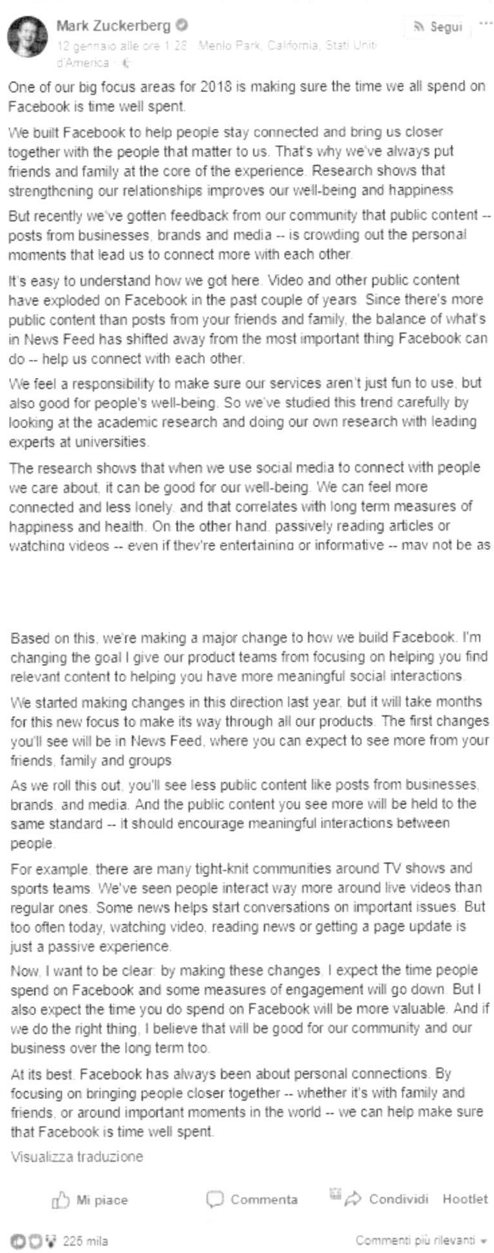

Mark Zuckerberg
12 gennaio alle ore 1:28 · Menlo Park, California, Stati Uniti d'America

Segui

One of our big focus areas for 2018 is making sure the time we all spend on Facebook is time well spent.

We built Facebook to help people stay connected and bring us closer together with the people that matter to us. That's why we've always put friends and family at the core of the experience. Research shows that strengthening our relationships improves our well-being and happiness.

But recently we've gotten feedback from our community that public content -- posts from businesses, brands and media -- is crowding out the personal moments that lead us to connect more with each other.

It's easy to understand how we got here. Video and other public content have exploded on Facebook in the past couple of years. Since there's more public content than posts from your friends and family, the balance of what's in News Feed has shifted away from the most important thing Facebook can do -- help us connect with each other.

We feel a responsibility to make sure our services aren't just fun to use, but also good for people's well-being. So we've studied this trend carefully by looking at the academic research and doing our own research with leading experts at universities.

The research shows that when we use social media to connect with people we care about, it can be good for our well-being. We can feel more connected and less lonely, and that correlates with long term measures of happiness and health. On the other hand, passively reading articles or watching videos -- even if they're entertaining or informative -- may not be as

Based on this, we're making a major change to how we build Facebook. I'm changing the goal I give our product teams from focusing on helping you find relevant content to helping you have more meaningful social interactions.

We started making changes in this direction last year, but it will take months for this new focus to make its way through all our products. The first changes you'll see will be in News Feed, where you can expect to see more from your friends, family and groups.

As we roll this out, you'll see less public content like posts from businesses, brands, and media. And the public content you see more will be held to the same standard -- it should encourage meaningful interactions between people.

For example, there are many tight-knit communities around TV shows and sports teams. We've seen people interact way more around live videos than regular ones. Some news helps start conversations on important issues. But too often today, watching video, reading news or getting a page update is just a passive experience.

Now, I want to be clear: by making these changes, I expect the time people spend on Facebook and some measures of engagement will go down. But I also expect the time you do spend on Facebook will be more valuable. And if we do the right thing, I believe that will be good for our community and our business over the long term too.

At its best, Facebook has always been about personal connections. By focusing on bringing people closer together -- whether it's with family and friends, or around important moments in the world -- we can help make sure that Facebook is time well spent.

Visualizza traduzione

Mi piace · Commenta · Condividi · Hootlet

226 mila · Commenti più rilevanti

Figure 12.1a e 12.1b Mark Zuckerberg annuncia sulla sua Pagina i cambiamenti del Feed.

> *Le Pagine che pubblicano contenuti con i quali le persone generalmente non interagiscono o che non commentano potrebbero assistere alla maggior diminuzione della distribuzione. Le Pagine che favoriscono conversazioni fra amici invece vedranno meno effetti*
> Mark Zuckerberg

Ancora una volta è la relazione che vince, il contenuto. Se il contenuto che offrite è utile alla vostra community non avrete alcun problema con quell'1%, né con i successivi cambi di algoritmo, perché è interesse di Facebook dare alle persone i migliori contenuti per loro, soprattutto se si tratta di un pubblico specifico. Le reti sociali sono fatte da persone che parlano alle persone.

Cinque certezze cadute

Come dicevamo, alcuni pillar, luoghi comuni del social media marketing, non sono più così saldi. Si potrebbe fare un elenco di cinque certezze incontrovertibili del marketing su Facebook che oggi, alla luce di nuove esperienze, ci sentiremmo di rimettere in discussione:

1. **La gente vuole leggere post brevi**
   Ne siamo così sicuri? Siamo certi che un post di 4 righe funzioni meglio di un post lungo e approfondito? Oppure questo tipo di consiglio viene da chi non ha l'abilità di scrivere un post articolato che la gente ha voglia di scorrere e di leggere? La realtà è che a Facebook i post lunghi piacciono perché in questo modo la gente può restare in piattaforma e non andare a leggere un articolo altrove (per esempio su un blog). Sta a noi poi scegliere se il nostro obiettivo è creare una community o portare la gente sul sito. Con gli amici di Inchiostro di Puglia abbiamo fatto un esperimento provando a pubblicare dei post lunghi direttamente in Pagina. Il risultato è stato entusiasmante (Figura 12.2).
   Anche sulla Pagina Il Nero e l'Azzurro (community dedicata al calcio e alla squadra dell'Inter), abbiamo fatto un esperimento di questo tipo (Figura 12.3). Se prima infatti le pagelle post partita venivano fatte sul blog, adesso vengono scritte direttamente sulla Fanpage. Facebook gradisce, perché in questo modo i fan restano in piattaforma. Valutate sempre quali sono i vostri obiettivi, in ogni caso. Da un lato la costruzione di un pubblico fedele, dall'altro la possibilità di aumentare le visite, e magari altre call to action, sul proprio sito web. Un bel dilemma, vero? Di sicuro c'è che Facebook non ama troppo i link.

Figura 12.2 Un post lungo scritto da Cristiano Carriero per Inchiostro di Puglia ha ottenuto quasi 9 mila Like e 3.000 condivisioni: non funzionavano meglio i post brevi?

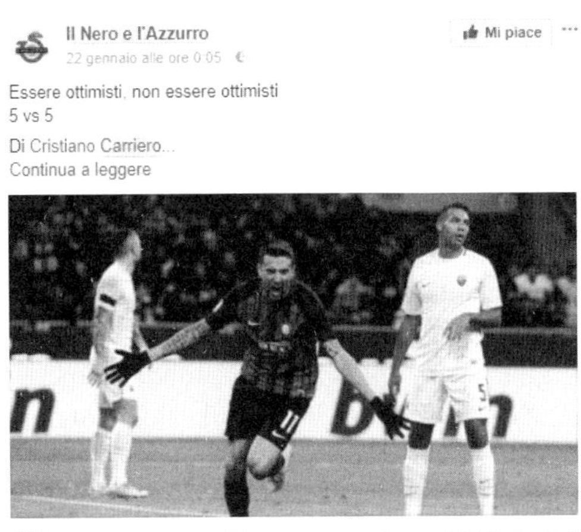

Figura 12.3 Un articolo de Il Nero e l'Azzurro, community dedicata all'Inter, pubblicato sulla Pagina Facebook senza link al blog.

2. **La perfezione paga**
   È vero, la costruzione di una community è una cosa seria, le aspettative del nostro pubblico non vanno tradite e la brand identity è un lavoro che permette alle nostre Pagine di trovare un posizionamento preciso. Eppure, come abbiamo detto precedentemente, l'algoritmo premia maggiormente i video live rispetto a quelli caricati. Non stiamo dicendo di improvvisare o di dire cose a caso, ma di sfruttare maggiormente la possibilità del live. Le persone interagiscono molto più volentieri. Magari procuratevi un buon microfono e un cavalletto e scegliete ambienti non troppo rumorosi, quello sì. Preparate un canovaccio ed evitate di fare lunghe tristi pause. Per il resto provateci, meglio una cosa fatta che una perfetta!

Figura 12.4 Per il lancio del libro *Local Marketing* (Hoepli) io e Francesco Antonacci abbiamo deciso di utilizzare un video live di Facebook.

3. **"Pubblicate dopo le 19!"**
   È solo un esempio di frase fatta, un luogo comune di cui non riusciamo a liberarci. Quello del famigerato orario di pubblicazione. È vero, gli Insights ci suggeriscono gli orari con più traffico, ma da quando l'algoritmo ha nascosto i contenuti dei brand e delle Pagine sono le Ads a fare la differenza. Inoltre gli smartphone e i device mobili ci hanno portato a essere sempre online, e quindi capita sempre più spesso di lavorare o guardare un film su desktop e utilizzare Facebook su uno smartphone. I brand e le Pagine parlano costantemente con il proprio pubblico: possono farlo nel week end, la mattina presto, la notte. Fissare i giorni è una buona idea (la gente può ricordarsi che la nostra rubrica è di lune-

dì), programmare sempre lo stesso "Buongiorno" alle 7 di mattina è autoreferenziale e non giova a nessuno (Figura 12.6).

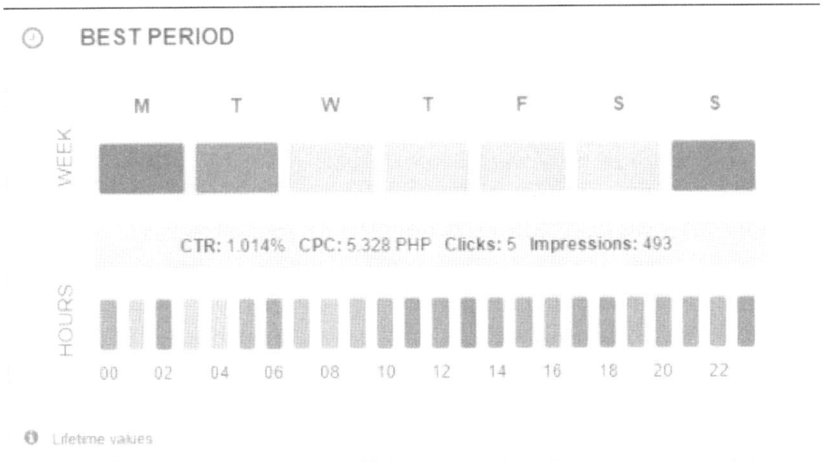

Figura 12.5 AdEspresso fornisce dati sui migliori orari di pubblicazione per una Pagina. Cambiano da contenuto a contenuto.

Figura 12.6 La rubrica "Fuorigioco" di 6Sicuro va in onda ogni lunedì perché è un resoconto della giornata di campionato di Serie A.

4. **Gli auguri a Natale, Capodanno e feste comandate**

   Fino a 5 anni fa eravamo convinti che le feste fossero la migliore occasione per permettere alle persone di ricordarsi di noi. Lentamente questo “ricordarsi” è diventato “non dimenticarsi”, fino a trasformarsi in autoreferenzialità. Citando l’amico Simone Bennati:

> *Ora, eccezion fatta per le realtà che contano centinaia di migliaia di fan e che ormai hanno definito un proprio stile comunicativo, stavo notando come le classiche “cartoline di auguri” pubblicate dalle Pagine in occasioni come il Natale e il Capodanno vengano bellamente ignorate dalla maggior parte degli utenti, i quali generano una quantità di interazione al di sotto della media. La domanda è: perché insistere con il pubblicare ’sta roba? A chi o a cosa serve?*

Viene da chiedersi perché si persevera con bigliettini di auguri figli di una vecchia comunicazione. Con la email “Resteremo chiusi dal 22 dicembre al 2 gennaio”, gli auguri di un sereno Natale. Il post di Simone Bennati fa riflettere in tal senso. Le feste comandate sono un’ottima opportunità per legare i propri valori all’evento. La Pagina degli Autogol, per esempio, ha utilizzato il Natale per parlare di come vivono il Natale le squadre di Serie A (Figura 12.7).

Figura 12.7 Il video degli Autogol *Come vivono il Natale le squadre di Serie A.*

Questo è un contenuto, è un modo intelligente per interagire con la propria fanbase. Oppure Inchiostro di Puglia ha pubblicato un racconto “local” sulla vigilia di Natale, una festa molto sentita dai pugliesi (pubblico di riferimento). Se volete conquistare e sorprendere il vostro pubblico dovete creare contenuti, non bigliettini di auguri (Figura 12.8).

Inchiostro di Puglia ha aggiunto una nuova foto all'album: Il Tiretto
7 dicembre 2017

LA VIGGIGLIA

Poi arriva il giorno che non sei più la piccolina di casa. E Gesù Bambino lo porta qualcun altro. Non a casa mia però. A casa mia succede ogni anno qualcosa per cui, la più piccola, finisco per essere sempre io. Il figlio di mia sorella è mussulmano come il padre, e perciò esentato da questa tradizione, l'amico di famiglia è talmente stronzo che mette a dormire la piccola prima della mezzanotte. Mio fratello non ne parliamo proprio. Sono dieci anni che non lo ved...
Continua a leggere

1,6 mila Commenti: 87 Condivisioni: 130

Figura 12.8 Il post di Cristiano Carriero su *La Viggiglia*, racconto local che parla a un pubblico selezionato, i fan della Pagina.

5. **L'inossidabilità del trio testo + foto + link**
   Non ci odiate, se vi invitiamo a stravolgere ogni regola. Non è questo il senso del capitolo, né dei nostri consigli. Vogliamo solo far capire che le formule magiche sono spesso alchimie di chi non ha mai raggiunto il successo. C'è una grande verità alla base di questa riflessione: il contenuto diventa il re se viene offerto alla giusta comunità. È il caso di Vita da Commessa, Pagina di Laura Tanfani, una ragazza che ha raggiunto una vasta audience parlando della sua quotidianità in negozio. Degli stereotipi dei clienti, del tragico (per un commesso) periodo dei saldi, delle assurde richieste di chi entra in negozio per fare un regalo. Pubblico definito, target definito, piano editoriale... non definito. Laura alterna video (piuttosto lontani dall'idea di perfezione), illustrazioni (è molto brava a disegnare) e status senza foto. Su quest'ultimo aspetto vorremmo soffermarci. Uno status di solo testo, una delle azioni più bistrattate su Facebook. Eppure questi sono i risultati del suo post del 19 gennaio.

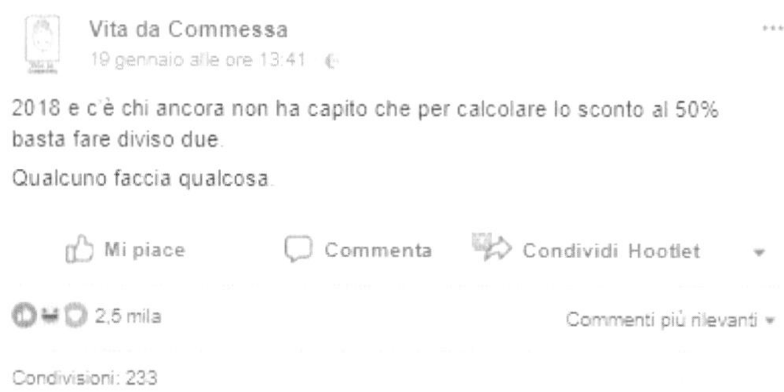

Figura 12.9 Uno status di Vita da Commessa, senza foto, sul tema dei saldi.

A chi servono gli influencer?

A qualcuno stanno antipatici, altri semplicemente non sopportano la parola: "influencer". Fuori dal gergo tecnico, si tratta di persone che hanno costruito una propria comunità, un pubblico di appassionati, di seguaci veri, di persone disposte a condividere i loro contenuti. E così oggi i brand fanno a gara per chiedere loro di condividere le ultime novità, i prodotti, le campagne. Di essere ambassador, di farsi portatori di un messaggio, di coinvolgere la loro community. Influencer marketing e content marketing su Facebook sono in stretta correlazione. È attraverso la forza dei contenuti che questi soggetti sono riusciti a posizionarsi, a guadagnare una posizione di riferimento in un gruppo. È una questione di:

1. personal branding;
2. web reputation;
3. contenuti.

Con l'aumentare del pubblico deve crescere, ovviamente, la coerenza dell'influencer, che quindi deve fare attenzione a non svendersi con il primo brand di turno. Ciò che viene perdonato quando si è agli inizi non passa inosservato con l'aumentare della propria esposizione. Si viene seguiti non solo per il contenuto, ma anche per la linea di pensiero che una parte di pubblico (non tutti, *of course*) ritiene apprezzabile.

I progetti che fanno convivere la credibilità dell'influencer con la forza dei contenuti che creano sono i migliori. Dobbiamo ragionare sempre in ottica di relazioni, muoverci in questa direzione, bilanciare le necessità del brand ma al tempo stesso rispettare il valore dell'attività dell'influencer. Oggi, in un mercato libero e sempre più competitivo, i brand hanno la possibilità di co-creare assieme agli influencer. Pensate a un marchio sportivo che può decidere di rivolgersi alle community di Chiamarsi Bomber, degli Autogol, di Calciatori Brutti, o una catena di negozi che può decidere di creare contenuti insieme a Vita da Commessa. O ancora a Tempo, nota marca di fazzolettini, che riposiziona il suo prodotto, da fazzolettino a oggetto di consolazione, stupore, risata, con le frasi de Le perle di Pinna (Figura 12.10), influencer divenuto famoso per le sue frasi ironiche, romantiche, sentimentali. E quale posto migliore di un pacchettino di fazzolettini per queste frasi?

Figura 12.10 Il co-marketing tra Tempo e l'influencer "Le Perle di Pinna".

Il brand riesce a comunicare in maniera sempre più impattante con gli utenti, al tempo stesso l'influencer riesce ad avere nuovi contenuti e a raggiungere un pubblico sempre più ampio. **Importante in questo caso la mappatura dell'influencer**: chiedere a un influencer che utilizza l'ironia di comunicare in maniera impostata, per esempio, è un autogol clamoroso. Le campagne che funzionano hanno la forza di riuscire a sfruttare al meglio tutti gli strumenti, e di riuscire a parlare a tutti i target che vogliono coinvolgere. Dall'altro altro lato è fondamentale capire che influencer diversi ci portano obiettivi diversi.

Per certi obiettivi e per certe attività ci può servire il VIP; per altri, per esempio per fare lead generation, ci vuole un esperto di settore; per umanizzare il brand sono perfetti i cosiddetti micro influencer che non sono altro che i nostri utenti base molto attivi sui social e così via. Tanti brand, a oggi, guardano esclusivamente il lato quantitativo e quindi il numero dei fan, e dimenticano di considerare elementi fondamentali come il tono di voce, la pertinenza dei contenuti (che come abbiamo visto Facebook considera eccome), la qualità della fanbase. L'influencer marketing non è un'attività one shot, non è un test di prodotto, ma una attività strategica sul lungo periodo: perché genera relazioni e fidelizzazione. Quindi potremmo rispondere che gli influencer servono alla propria community. E, ovviamente, ai brand.

Case study

Il "Sano e buono challenge"

Il "Sano e buono challenge" ha visto Cicioni, brand di Eurocompany, lanciare una sfida per diffondere la cultura del benessere a partire dall'alimentazione, facendo al contempo del bene ai bambini di Dynamo Camp, nota realtà attiva da anni con successo in Italia. I 20 blogger e influencer del mondo del food e del web italiano coinvolti si sono messi alla prova per una settimana, cercando di superare una sfida per migliorare il proprio stile di vita, sfida in linea con i valori del brand (che ha lanciato sul mercato un prodotto senza zucchero, privo di sale e di conservanti).

Figura 12.11 Alcuni dei partecipanti del "Sano e buono challenge" lanciano la loro sfida.

Ogni influencer ha comunicato il suo personale obiettivo. Per esempio, chi mangia spesso al fast food ha deciso di passare a un menù più sano per una settimana, chi fa poca attività fisica ha scelto di andare a correre tutte le mattine per dieci giorni e così via. I partecipanti sono stati invitati a raccontare l'esperienza attraverso i propri profili e le Pagine Facebook, condividendo con i fan l'esito della prova. Un'iniziativa che ha coinvolto il pubblico, tanto da invogliarlo a concorrere alle stesse prove, generando engagement con il brand. Per ogni sfida accettata l'azienda, proprietaria del brand Cicioni, ha effettuato una donazione in favore di Dynamo Camp, unica struttura in Italia di terapia ricreativa, nata per aiutare i bambini affetti da patologie gravi e croniche a trovare un po' di svago e divertimento. Una bella operazione di influencer marketing nella quale i valori del brand vengono al primo posto, così come la scelta delle persone giuste che li veicolino.

Influencer "di settore"

L'influencer marketing si poggia sull'assunto che la micro-community oggi può essere davvero più utile al brand che rappresenta: con l'aggiornamento dell'algoritmo Facebook si dà ancora più importanza alle persone, alla connessione tra utenti e Fanpage e gruppi.
In un contesto del genere, l'#otticodelweb **Nico Caradonna** rende perfettamente l'idea dell'influencer calato nel proprio settore di apparenza.
Nico Caradonna, ottico di Bari, si è fatto conoscere in Rete nel 2014 attraverso diversi strumenti, primo tra tutti una Fanpage; si è fatto spazio sul web, in cui mancava una figura di riferimento nel suo settore. Nico è così oggi da tutti riconosciuto come il primo e solo ottico del web: la sua mission è raccontare a un pubblico ampio il mondo dell'ottica (Figura 12.12).
Essere vicini alle persone con gesti e attenzioni simili rende Nico un influencer di settore, attento alle persone per ogni patologia oculare.
Di fondamentale importanza per la Pagina Ottico del Web è stato:

1. individuare una nicchia bisognosa di una voce autorevole;
2. creare contenuti non autoreferenziali;
3. scegliere un tone of voice vicino alle persone e lontano dalle grandi aziende di produzione;
4. offrire un ponte importante tra online e offline.

Un altro case interessante riguarda la presenza su Facebook di **Roberto Burioni**. Medico, docente di virologia e microbiologia, specialista in immunologia clinica, nella sua Fanpage comunica in modo diretto e trasparente la sua posizione pro vaccini. Spesso è attaccato ferocemente dai no vax/free vax.

Figura 12.12 Nel post Nico Caradonna spiega in modo semplice e divertente come svolgere una pratica quotidiana come quella di pulire gli occhiali.

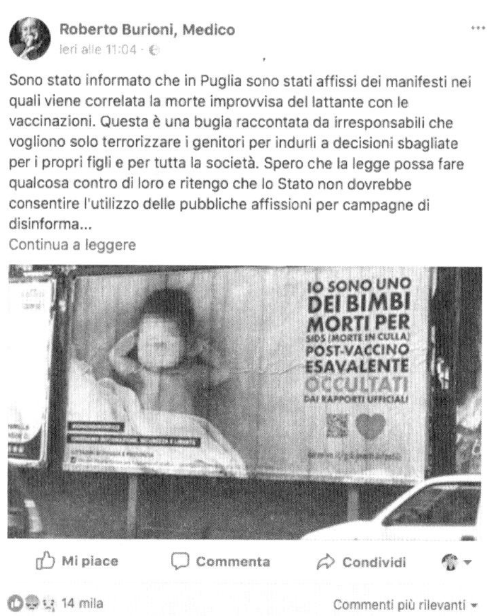

Figura 12.13 Post su una campagna di affissioni in Puglia che mette in correlazione i vaccini con la morte improvvisa del lattante.

I post di Burioni sono quasi assimilabili a post di blog: la piattaforma Facebook si fa culla di contenuti molto lunghi, in completa antitesi con quelle che fino a poco tempo fa erano ritenute da molti le best-practice del social.
In questo caso l'influencer ha individuato:

1. una problematica sentita dagli utenti;
2. un modo di comunicare le proprie idee;
3. rappresentare il pensiero di molti utenti in relazione a un argomento complesso;
4. modalità convergenti di più strumenti di comunicazione.

Figura 12.14 Roberto Burioni è solito far convergere *medium* precedenti in *medium* contemporanei, nella piena ottica del concetto di remediation.

L'influencer marketing si cela anche dietro la promozione di valori oltre che di servizi o prodotti, in un filo logico di diffusione e comunicazione perenne del proprio personal branding collegato ad aspetti collettivi che accomunano l'opinione pubblica.

Sia Nico Caradonna sia Roberto Burioni, seppur molto lontani tra loro, con il loro personal branding sono diventati influencer del settore che abitano, ponendosi come punti di riferimento per le persone che li seguono.

L'antitrust e l'advertising

Dal nuovo rapporto Klear[1] "The State of Influencer Marketing", in cui si tirano le somme dell'influencer marketing per il 2018, si evince che questa leva di marketing è utilizzata su Instagram per il 49% in USA; inoltre in Italia solo il 5% dei post riporta la dicitura #ad o #adv. In un'epoca in cui il visual è sinonimo di immediatezza e rappresentazione è fondamentale lavorare sullo strumento Instagram.
Il 2017 è stato l'anno che ha sancito l'importanza dell'influencer marketing come ulteriore leva utile nel processo di comunicazione; è stato anche l'anno in cui l'Antitrust ha definito che la pubblicità deve essere sempre trasparente e riconoscibile come tale:

> *L'Autorità ha pertanto individuato criteri generali di comportamento e ha chiesto di rendere chiaramente riconoscibile la finalità promozionale, ove sussistente, in relazione a tutti i contenuti diffusi mediante social media, attraverso l'inserimento di avvertenze, quali, a titolo esemplificativo e alternativo, #pubblicità, #sponsorizzato, #advertising, #inserzioneapagamento, o, nel caso di fornitura del bene ancorché a titolo gratuito, #prodottofornitoda; diciture alle quali far sempre seguire il nome del marchio*[2].

Il sostegno pubblicitario generato dagli influencer si cela dietro messaggi pubblicitari non palesati agli utenti, che si trovano di fronte a una comunicazione persuasiva e poco chiara. Così l'Antitrust ha definito come inaccettabili i racconti privati di una quotidianità che possono indurre all'acquisto o alla trasmissione di valori aziendali.

---

1. https://klear.com.
2. http://www.agcm.it/stampa/comunicati/8853-antitrust-su-influencer-marketing-la-pubblicità-deve-essere-sempre-trasparente.html.

Non pensate a diventare influencer, pensate ai contenuti

In conclusione di capitolo possiamo dire che "diventare influencer" e fare marketing attraverso la propria Fanpage è solo il risultato finale di un lungo percorso. Un percorso che passa attraverso la costruzione di contenuti di valori per la scelta di un pubblico preciso, e la costruzione di un brand, sia esso personale (Vita da Commessa) o meno (gli Autogol, per intenderci). È un lavoro costante, e Facebook – ovviamente con esso Instagram, là dove i contenuti sono per lo più visivi – può aiutare tantissimo, a patto che non diventi un'ossessione seguire delle regole prestabilite, che la big idea sia unica e originale. Poi possono arrivare 10, 100 e 100.000 fan. Ma come dice Riccardo Scandellari: "Bastano 1.000 veri fan per vivere del tuo lavoro". Vale la pena citare un pezzo di un suo bellissimo post pubblicato sul blog Skande.com.

> *Kevin Kelly nel suo profetico post "1,000 True Fans" (anno 2008), racconta ciò che è più un'evidenza matematica che una tecnica di marketing. Bastano 1.000 entusiasti di te, dei tuoi prodotti o servizi, per fornirti una rendita annuale con cui vivere e prosperare. Ci sono migliaia di esempi che si possono fare: un ristorante che ha 1.000 affezionati clienti che lo visitano almeno una volta ogni tre mesi, un medico dentista con 1.000 clienti a cui fare la pulizia annuale oppure un blogger che abbia 1.000 veri fan che, oltre a sostenerlo e condividerlo, acquistino almeno una volta all'anno un webinar, un libro o un corso la cui somma abbia il valore minimo di 100 euro.*
>
> *Come dice Kevin, mille non è un numero assoluto. In base a ciò che si vende, potrebbe ridursi a 500 o aumentare a 2.000, tuttavia ti insegna che non hai bisogno di decine di migliaia di follower, veri o presunti che siano, ma di pochi e convinti collegamenti. "Le grandi aziende, gli intermediari, i produttori commerciali, sono tutti sotto-attrezzati e non adatti a connettersi con questi mille veri fan. Sono istituzionalmente incapaci di trovare e soddisfare questo difficile pubblico e i consumatori di nicchia. Ciò significa che la 'coda lunga' delle opportunità è aperta a te [...] gli strumenti per la connessione continuano a migliorare, incluse le recenti innovazioni nei social media. Non è mai stato così facile raccogliere 1.000 veri fan attorno a un interlocutore, e non è mai stato così facile tenerli vicini"*[3].

3. https://www.skande.com/mille-veri-fan-201801.html.

No, non diventeremo tutti influencer, ma abbiamo ottime possibilità di trasformare la nostra Pagina Facebook in un posto che la gente ha voglia di frequentare. Dove le persone possono commentare, interagire, condividere, e non dove postare soltanto bigliettini di auguri per Natale.

Cinque cose che potete fare oggi

1. Provate a scrivere un post lungo sulla vostra Pagina/profilo! Approfondite, scavate, scrivete. Qual è la reazione della vostra audience?
2. Gestite un brand aziendale? Provate a cercare degli influencer in linea con i valori del vostro brand. Gli affidereste uno dei vostri messaggi?
3. Riflettete su quante persone "fedeli" vi seguono e su quali canali. In quali argomenti vi ritengono autorevoli, esperti e affidabili?
4. Cambiate il vostro calendario editoriale: meno contenuti, più qualità. Il budget Ads segue il calendario editoriale.
5. Provate a sperimentare sulla vostra Pagina Facebook alternando la tipologia di contenuto, post solo testo, blog article direttamente in Pagina, video live, con l'obiettivo di far restare le persone su Facebook e costruire quindi una fanbase. Dal blog passa una maggiore energia comunicativa. Chi vi legge lì, vi dedica la massima attenzione, non è distratto dalle decine di notifiche o dal continuo aggiornamento del News Feed. Ma se guardate ai risultati relativi ai contatti, alla fiducia generata e alle buone percezioni suscitate, nulla può più sostituire Facebook.

Capitolo 13
Strategie e azioni per creare video business o per uso personale

Noi esseri umani nasciamo con un'intima propensione a esplorare la natura di quanto ci circonda.
Steve Wozniak

I contenuti video offrono l'opportunità di fare in maniera continuativa e immediata un'esperienza con la fonte che li emette, sia essa un'azienda, una persona o un'istituzione. La rapidità dei giorni che stiamo trascorrendo, la dinamicità delle interazioni permettono all'utente di vivere un'avventura interattiva e coinvolgente.
I dati sono chiari: è in aumento il numero di utenti che guardano video su Facebook, Instagram, Snapchat e Twitter; in Europa il 46% degli utenti interagisce con un contenuto video[1].
I nuovi linguaggi della comunicazione tendono a produrre ipermedia: la digitalizzazione consente una specifica ri-produzione, ri-elaborazione, ri-mediazione[2] dei contenuti e dei media stessi che si sono succeduti negli anni, in forma diffusa e continuata.
In questa nuova era, si presenta più che mai l'esigenza (in chiave personale o business) di creare forme di promozione, di pubblicità, di comunicazione che siano veloci, brevi e distintive.

---

1. https://blog.globalwebindex.net/chart-of-the-day/1-2-now-watch-video-social-month/.
2. J. D. Bolter, R. Grusin, *Remediation. Competizione e integrazione tra vecchi e nuovi media*, Guerini e Associati, Milano 2003.

In un contesto simile, i contenuti video sono lo strumento attraverso il quale poter:

- informare;
- promuovere;
- persuadere.

La pianificazione dei contenuti da diffondere con i video

(a cura di Antonio Meraglia[3])

I contenuti video sono molto importanti: occorre però essere attenti ai dettagli. Per esempio, ogni momento dell'evento richiede un tipo di video differente, come:

- **teaser**: invogliano le persone a partecipare, partendo da campagna pubblicitaria preliminare con l'obiettivo di suscitare curiosità e stupore nell'utente;
- **video storytelling**: sono minidocu dell'evento, che descrivono direttamente il concept, chi sono i partecipanti, lo staff, la location e i relatori;
- **live video**: in genere pensati per il real time, permettono di partecipare anche a tutti coloro che non sono fisicamente presenti a un evento;
- **video recensioni**: descrivono le testimonianze e permettono di essere sfruttate attraverso la riprova sociale nelle successive edizioni.

L'importanza dello script

La pianificazione è alla base della buona riuscita dei video relativi a un evento o alla promozione del personal branding. Ipoteticamente tutte le tipologie di evento o di professioni possono essere riprese, ma occorre pianificare e organizzare i contenuti da filmare come dettagli, persone ed essenza del progetto. La maggior parte delle volte sono presenti ottimi tecnici che aspettano input utili su cosa materialmente filmare e non esiste una figura che leghi l'evento agli operatori, che non hanno concetti strategici. Il video strategist si occuperà, quindi, di tutta la pianificazione dei contenuti da raccogliere per le successive azioni

> ***"La pianificazione è alla base della buona riuscita dei video."***

3. Antonio Meraglia è un digital strategist esperto in progetti di comunicazione e strategie di web marketing e di video. Il suo sito è concentratore.it.

marketing, come campagne advertising Facebook, post Instagram, contenuti Vimeo o YouTube e quant'altro.
Ogni tipologia di contenuto dovrebbe contenere al suo interno un micro obiettivo che condurrà la strategia allo step successivo, come per esempio una lead, una adv, un acquisto e via dicendo.

Branding e video, la creazione improvvisata che danneggia

Realizzare un video senza strategia e pianificazione può mettere a repentaglio la brand identity aziendale o il personal branding. Occorre quindi confezionare un video che:

- mostri l'autorevolezza del soggetto o dell'azienda;
- trasmetta l'aspetto valoriale che porta in sé;
- descriva adeguatamente la rappresentazione sociale.

Proprio perché, quando si giudica un prodotto video, lo si fa considerando:

- il ritmo con il quale parlano i protagonisti;
- la mimica facciale;
- la prossemica;
- il contenuto.

Oggi gli smartphone permettono a tutti gli utenti di fare video, ma occorre individuare sempre l'obiettivo di fondo: il video di una profumeria deve essere diverso dal video di un avvocato, altrimenti si sta sbagliando strategia o non si è individuato il target di riferimento. In un certo senso, la parte operativa della realizzazione è marginale all'interno di una strategia ben più ampia fatta di analisi del target, gestione dei contenuti, script del parlato, preparazione del soggetto parlante sotto il punto di vista psicologico e comportamentale.

Tipo di video e formati: l'esperienza verticale

La scelta del tipo di video dipende dalla strategia pianificata, un contenuto video su Facebook per il lancio di un nuovo prodotto avrà sicuramente una landing page e quindi formati diversi a seconda dell'utilizzo che se ne farà.
Il formato standard per i video Facebook è in HD o Full HD 1280 x 720 px e 1920 x 1080 px (Figura 13.1): è importante considerare le dimensioni dei video anche per i successivi usi dei contenuti.

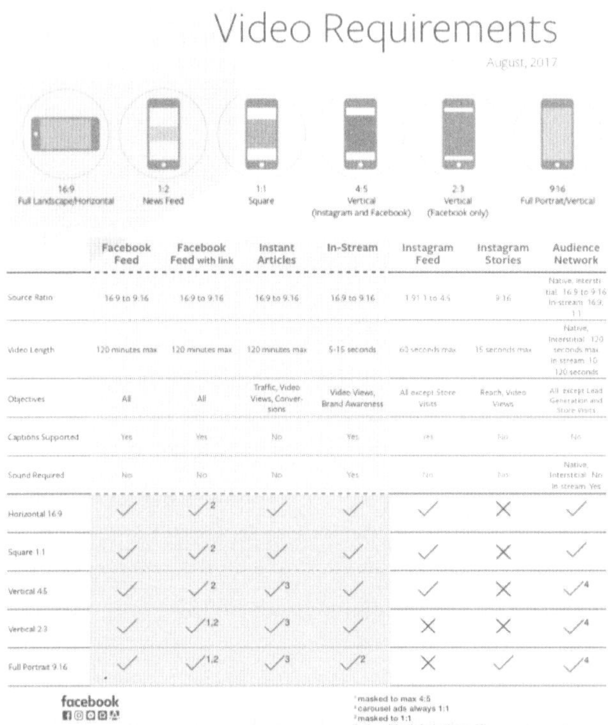

Figura 13.1 Dimensioni richieste per i video.

Ricordiamo che i video per campagne adv devono avere le seguenti caratteristiche:

- proporzioni: verticale (4:5);
- formato: .mp4, .mov o .gif;
- risoluzione: larghezza minima di 600 pixel;
- dimensione del file: fino a 4 GB;
- per la creazione di inserzioni video senza link su Facebook, meglio utilizzare il formato 9:16. Occorre ricordare che il formato 9:16 ha necessità che le parti più importanti del video vengano visualizzate anche nel formato 2:3, il formato in cui verrà visualizzato il video nella sezione mobile di Facebook;
- nella sezione Notizie, i video carosello vengono mostrati in formato 1:1;
- i video a 360° sono in formato 1:2 nella sezione Notizie e a schermo intero dopo il click.

Per Instagram invece:

- le Stories sono solo in formato 9:16;
- i formati supportati sono 1:91 e 4:5.

La durata dei video è relativa all'attività di pianificazione e strategia, di fatto poi il contenuto video deve essere diviso in tre macro aree, come:

- apertura;
- corpo centrale;
- chiusura;

che interessino l'utente e lo guidino fino all'obiettivo business, senza lasciarlo mai solo.

Facebook For Creators

La piattaforma Facebook ha da poco lanciato un restyling di una sezione dedicata ai video diffusa nel 2014 (Facebook Mentions) che offre risorse gratuite e il supporto dei creativi Facebook per guidare chi ama fare video e condividerli con la propria community: Facebook For Creators[4].
Il sito web è collegato all'app dedicata[5], che si integra facilmente con Facebook Watch e si pone l'obiettivo di indurre gli utenti a veicolare contributi video qualitativamente elevati. Oltre ciò, è possibile, attraverso il supporto[6] creativo di Facebook, far crescere la propria community d'ascolto.
Comprendendo quanto l'ambiente video sia sentito dagli utenti, il team di sviluppatori Facebook ha messo a punto questo prodotto[7] che comprende:

- **Live Creative Kit**: vi permette di accedere a una serie di tab uniche per rendere il vostro video meraviglioso sotto ogni punto di vista, con adesivi, filtri e la possibilità di far interagire gli utenti con disegni e forme grafiche in real time.
- **Community Tab**: vi offre l'opportunità di connettervi con gli utenti attraverso una casella di posta unificata con Facebook e Messenger.
- **Camera & Stories**: è utile per un uso creativo della fotocamera e inserire nel contenuto video anche cornici e disegni; oltre ciò consente di accedere alle Stories di Facebook, per creare ancor più engagement.
- **Insights**: per accedere alle analisi relative ai video, alla Fanpage e alla community.

---

4. https://www.facebook.com/creators#.
5. Disponibile al momento di scrittura del capitolo (novembre 2017) solo per utenti iOS (https://itunes.apple.com/app/id894913642), a breve verrà lanciata anche per dispositivi Android.
6. https://www.facebook.com/facebookmedia/support.
7. www.facebook.com/facebook/videos/10156746971476729/.

Come registrarsi a Facebook For Creators

Dopo aver eseguito la registrazione (Figura 13.2), la piattaforma Facebook For Creators vi permette di scegliere quale categoria rappresenta meglio i vostri video e la frequenza di creazione.

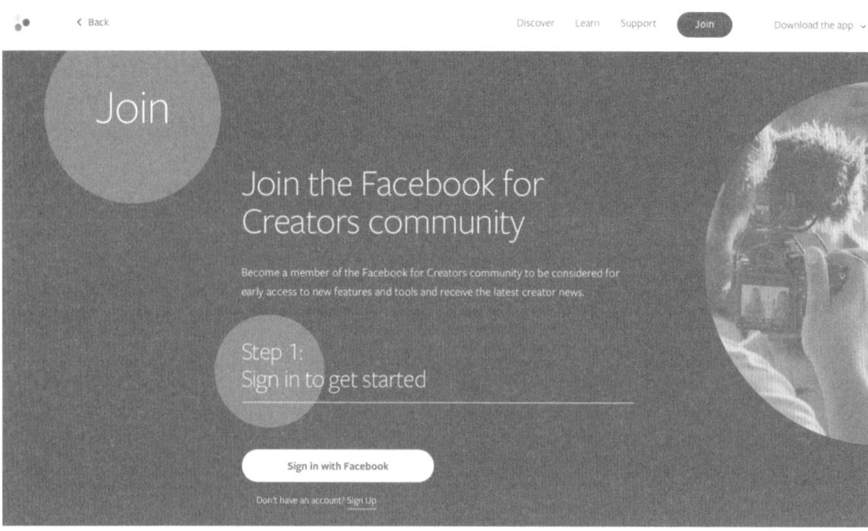

Figura 13.2 Schermata di registrazione a Facebook For Creators attraverso social login Facebook oppure registrazione dell'account.

Oltre ciò, Facebook For Creators vi chiederà di inserire i vostri account social con i quali condividete abitualmente i vostri video e procedere con il download dell'app per iOS.
Per poter iniziare a utilizzare l'app dedicata, è necessario avere un profilo o una Fanpage; offrono strumenti diversi, meglio comprendere a pieno il proprio obiettivo di fondo.
Facebook For Creators permette di avere a disposizione degli strumenti importanti per creare video e:

- imparare come renderli interessanti;
- trovare le risposte alle domande specifiche e confrontarsi con gli altri creatori;
- unirsi alla community;
- avere le anticipazioni su nuove funzionalità e strumenti.

Sul sito esistono diverse sezioni dedicate alla comprensione, che affrontano via via i nodi da sciogliere per conoscere meglio lo strumento e l'app. Abbiamo dunque tre macro aree (Figura 13.3):

1. Create;
2. Connect;
3. Grow.

Ciascuna al suo interno dedica approfondimenti relativi alla pianificazione dei contenuti, alla crescita della propria community, alle impostazioni video, alle collaborazioni con altri utenti e all'importanza di Facebook Live.

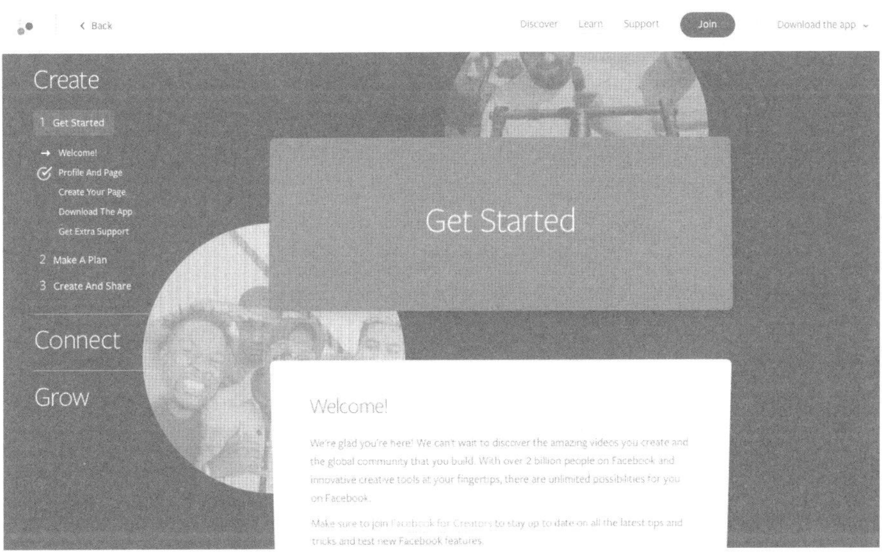

Figura 13.3 La sezione dedicata all'apprendimento e alla conoscenza di Facebook For Creators.

Facebook Live, pianificazione e diffusione di Live Video

Facebook Live[8] vi permette di interagire e connettervi con la vostra community in real time; questa funzione di Facebook offre l'opportunità di fare comunicazioni importanti, dare modo alle persone di partecipare a eventi esclusivi senza essere fisicamente presenti, condividere più comunemente

8. https://live.fb.com.

la quotidianità aziendale o personale, fare interviste o lanciare sondaggi tra gli utenti.
Per utilizzare in modo ottimale Facebook Live bisogna:

- assicurarsi di avere un segnale potente a Internet;
- disabilitare le notifiche sul telefono, per evitare interruzioni durante il Live;
- creare un titolo interessante, che possa indurre le persone a guardare il video;
- essere pronti a improvvisare, ma avere chiaro in mente cosa si vuole comunicare;
- pianificare una diretta tramite le API Live[9].

Cosa sono le API Live

I dispositivi mobile offrono l'opportunità di attivare le dirette live (cliccando su "Live" per gli account personali e su "Video in diretta" da Fanpage), inserire il titolo e accedere allo streaming (Figura 13.4).

Figura 13.4 Live streaming da account personale.

9. https://media.fb.com/2016/04/12/introducing-the-facebook-live-api/.

Questo grazie alle API Live, una grandissima opportunità per gli sviluppatori, oltre che una risorsa che permette a videoeditor o videomaker di creare video live interattivi da condividere attraverso la piattaforma Facebook.
Per quanto riguarda i dispositivi fissi[10], invece, occorre scegliere tra un software per dirette streaming come XSplit[11], OBS[12] o Wirecast[13], connettere una Pagina, un gruppo, un evento o un account personale, copiare la chiave dello streaming e iniziare la diretta (Figura 13.5).
Grazie a queste nuove API, presentate e lanciate durante l'F8 Developer Conference del 2016[14], il servizio di Live Video di Facebook potrà essere integrato all'interno della propria strategia di comunicazione, oppure gli sviluppatori potranno addirittura integrare le dirette streaming su Facebook anche all'interno di vari dispositivi fissi, mobile o di domotica.
Per esempio, proprio durante l'F8 Developer Conference del 2016, in sala è volato un drone DJI Phantom 4 che trasmetteva in diretta[15] sul social network le riprese che stava facendo, proprio grazie all'integrazione delle nuove API nell'app di gestione del drone.
Tra i possibili utilizzi pratici delle nuove API per i live video, c'è la possibilità di mescolare i flussi video provenienti da altre sorgenti come webcam, smartphone, droni e tablet, in un'unica diretta su Facebook.
Queste nuove API Live possono essere utilizzate da tutti coloro che hanno la Pagina verificata, dopo l'accesso tramite gli "Strumenti di pubblicazione" o contattando uno dei partner "Media Solutions".
Invece, per quello che riguarda gli sviluppatori, essi possono imparare a utilizzare i nuovi strumenti offerti per Facebook Live accedendo alla documentazione dedicata alle nuove API.
Inoltre, combinando le nuove API Live con le Graph API, i video in diretta sono abilitati ai commenti, alle reazioni e alle menzioni. Queste funzioni sono molto utili per misurare il grado d'interazione degli utenti che seguono o hanno seguito la diretta[16].

10. https://www.facebook.com/live/create.
11. https://www.xsplit.com.
12. https://obsproject.com.
13. https://www.telestream.net/wirecast/overview.htm.
14. https://www.theverge.com/2016/4/12/11415340/facebook-f8-developer-conference-2016-news-announcements-recap.
15. https://www.youtube.com/watch?v=bFe-k5yl1Uk.
16. https://developers.facebook.com/docs/videos/live-video?locale=it_IT%20https://developers.facebook.com/docs/videos/live-video/getting-started.

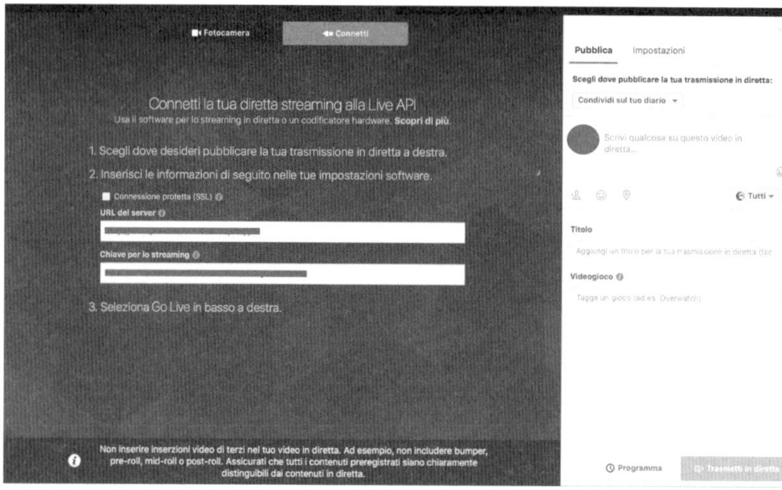

Figura 13.5 Schermata di creazione di live streaming da dispositivi fissi.

Oltre questo permette di accedere alla parte relativa alle analisi dei dati dei video, per capire quali stanno riscuotendo maggior successo. Facebook For Creators vi consente di operare sulla vostra brand identity e profilarvi come un utente che crea video in modo corretto e ha premura di analizzarne le performance. Le Pagine pubbliche accederanno Live Map (Figura 13.6), una visual map che concentra tutte le dirette in real time.

Figura 13.6 Live Map.

Facebook For Creators mette a disposizione un'area dedicata al supporto[17] suddivisa per argomenti d'interesse, come quella attinente alla musica, che permette di capire come dotare i propri video di una colonna sonora che non violi copyright esistenti, oppure cosa succede facendo un mashup di differenti canzoni; il supporto prevede anche una sezione relativa all'advertising, al Business Manager e alla pubblicità su Facebook e Instagram o la possibilità di creare video per i gruppi (Figura 13.7).

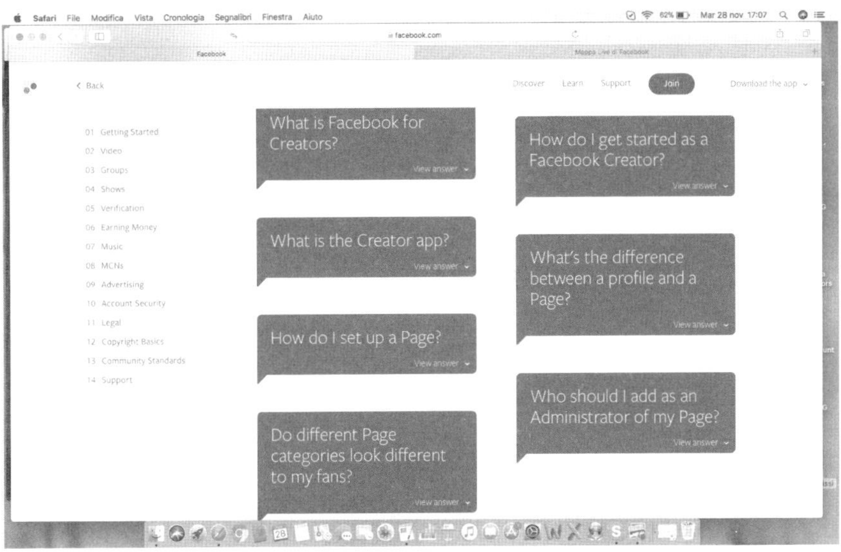

Figura 13.7 Supporto di Facebook For Creators diviso per sezioni.

Cinque cose che potete fare oggi

1. Accedete a Facebook For Creators e installate l'app.
2. Analizzate il vostro settore di appartenenza, il vostro target e i vostri competitor.
3. Create una strategia e contenuti adeguati per i vostri video.
4. Analizzate i dati relativi ai minuti di visualizzazione dei vostri video.
5. Offrite video esteticamente gradevoli con contenuti utili in modo continuativo.

17. https://www.facebook.com/creators/support.

Capitolo 14

Case study: quando i dati della gestione digitale raccontano il concept aziendale

Un marchio per una società è come la reputazione di una persona. Puoi guadagnare reputazione, cercando di fare bene le cose difficili.
Jeff Bezos

In questo capitolo analizzeremo, con l'ausilio dei dati messi a disposizione da Talkwalker, dei casi studio, in modo da comprendere la strategia alla base della presenza digitale di due brand.
Come abbiamo detto più volte in questo testo, avere l'opportunità di raccogliere i dati, analizzarli e inserirli in visioni ampie offre la possibilità di considerare più aspetti e comprendere al meglio la situazione che stiamo valutando.

Lactacyd, il detergente intimo che celebra le donne (ed è amato dagli uomini)

Dei mille risultati di ricerca riguardanti la parola Lactacyd, quelli attinenti Facebook sono 28, nei 30 giorni analizzati (quasi un post al giorno).
La Fanpage di Lactacyd conta circa 92k utenti, 76,5% donne e 23,5% uomini (Figura 14.1): è importante notare come si interessi a un prodotto prettamen-

te femminile anche una parte importante di utenza maschile, nel 59,16% dei casi con un'età dai 25 ai 34 anni, contrariamente alle donne che, nel 55,9% dei casi analizzati, sono nella fascia d'età 18/24 anni.

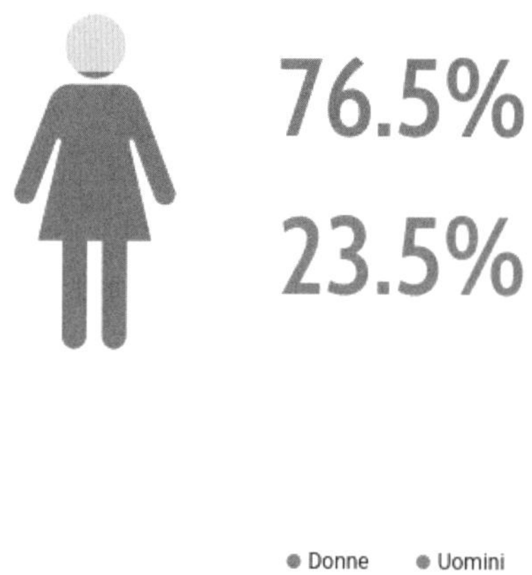

Figura 14.1 Distribuzione per genere dei fan Facebook di Lactacyd.

Il claim "Celebra la tua femminilità con Lactacyd" viene supportato da una comunicazione attenta all'editing delle immagini e alla copy description. Sul sito web, contenuti utili e sottoposti in forma di game alfabetizzano la popolazione su temi troppe volte non considerati, come per esempio le norme igieniche da seguire dopo un rapporto sessuale e il rinforzo del pavimento pelvico. La comunicazione social di Lactacyd appare chiara, diretta e informativa, forse a tratti troppo autoreferenziale, ma che non mette mai in difficoltà l'utente. La distribuzione dei contenuti, nei 30 giorni analizzati, è duratura e ripartita nel tempo (Figura 14.2).

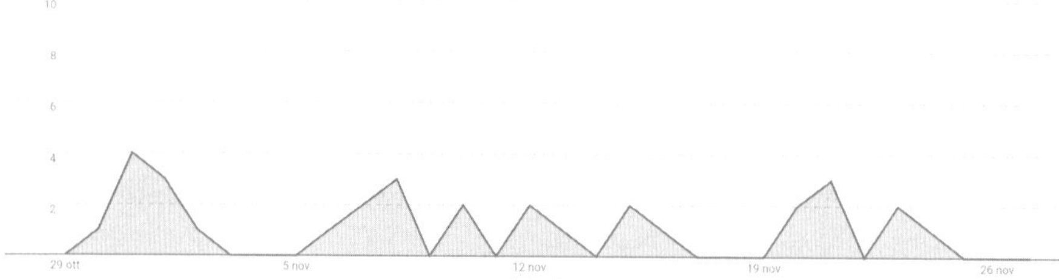

Figura 14.2 Insights sui post Facebook di Lactacyd (30 giorni).

I contenuti Lactacyd hanno un chiaro riferimento grafico all'apparato intimo femminile: senza eccessi parlano di argomenti che suscitano ritrosia. In questo modo delicato le donne possono così trovare confronto e consigli d'acquisto anche senza partecipare in forma attiva.

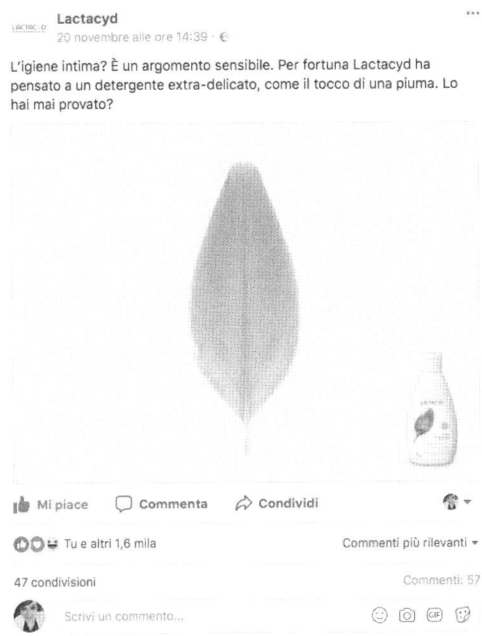

Figura 14.3 Un top post per engagement di Lactacyd.

Il mantenimento del contatto con la community è assicurato, la Fanpage è luogo di interazione e passaparola tra donne adulte con problemi relativi all'età o ragazze più giovani alle prese con i primi dubbi. Certamente la comunicazione e il copy confidenziale permettono un collegamento diretto tra la marca e le brand lover. Una tab della Fanpage consente di partecipare al gioco "Scelgo dunque sono" dove, attraverso il caricamento di una foto propria con il segno di vittoria, si sceglie di appartenere alla community Lactacyd e di non avere tabù in fatto di igiene intima.
Con circa 1.6k Like, 95 commenti e 48 condivisioni, il post in Figura 14.3 ha permesso il coinvolgimento e la confidenzialità tra donne di diverse fasce di età (Figura 14.4).

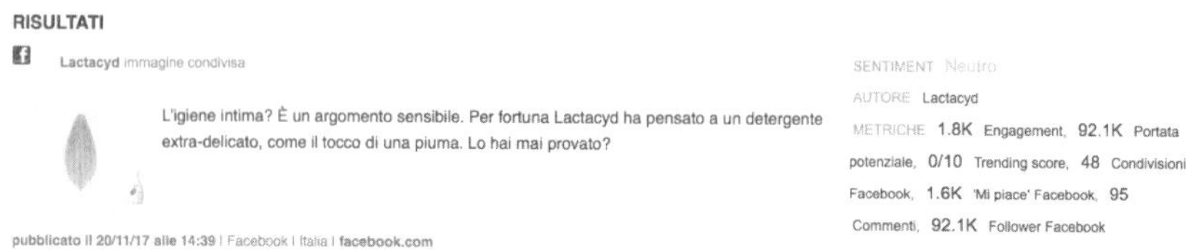

Figura 14.4 Risultati ottenuti dal post nella figura precedente.

Ichnusa, l'anima sarda che si fa nazionale

L'official spot[1] *Ichnusa* è un tuffo nella storia di questa porzione d'Italia che non dimentica e non rinnega le sue origini. Votato come miglior film pubblicitario, si è aggiudicato il Key Award 2017[2], prestigioso riconoscimento per i film pubblicitari nella categoria "Bevande e alimentari". La produzione è stata curata da The Family[3]. Il claim della comunicazione ufficiale di Ichnusa è "Questi siamo noi, questa è la nostra anima", in ogni testo da sito web[4] o da Fanpage[5] si respira la ferma volontà di portare avanti un concept che si fa appartenenza regionale e filosofia di vita, immutate lungo gli anni. "Ichnusa, questi siamo noi, questa è la nostra birra": nello spot ufficiale si susseguono contrapposizioni ricche di significato e gli stereotipi di una società contemporanea che ha perso il legame con le proprie origini. Ichnusa, invece, racconta come il pesce crudo appena pescato sia il sushi dei sardi, i nuraghi i loro loft e il mare i loro social. Uno storytelling forte e delicato al tempo stesso che apre il cuore e prepara il palato alla birra che descrive la Sardegna.

Di 871 risultati provenienti da tutti media analizzati sui 30 giorni considerati (Figura 14.5), 37 fanno riferimento a Facebook. La distribuzione dei contenuti è continuativa e lungo il mese analizzato: voce importante sono i contenuti provenienti da Instagram (40,2%, Figura 14.6), sicuramente data dall'alto valore aggiunto e dalla forza dell'editing grafico sul quale si poggia lo storytelling del brand.

1. https://www.youtube.com/watch?v=d_D-Mq97_iE&has_verified=1.
2. http://www.sardiniapost.it/cronaca/anima-sarda-lo-spot-ichnusa-vince-prestigioso-key-award-2017/.
3. https://thefamilyfilm.net.
4. http://www.birraichnusa.it.
5. https://www.facebook.com/Ichnusa/.

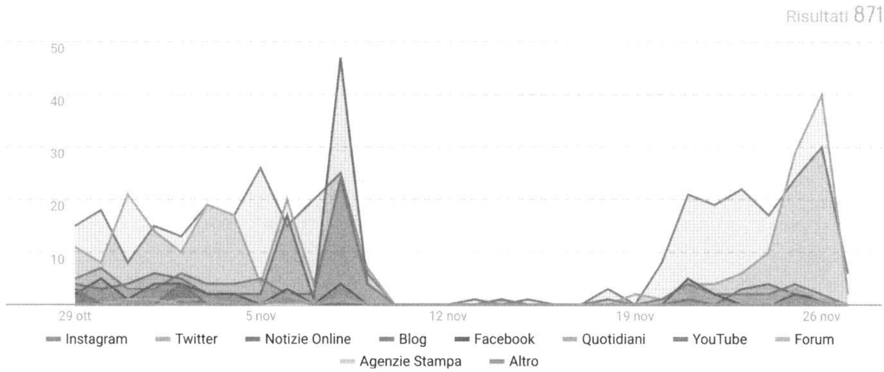

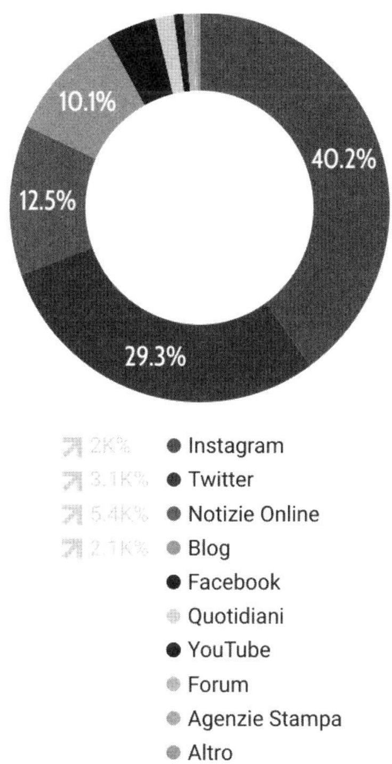

Figure 14.5 e 14.6 Results Ichnusa (tutti i media).

Il seguito di Ichnusa su Instagram (Figura 14.7) è distribuito nella quasi totalità tra utenti degli Stati Uniti d'America e italiani, comprendendo nella totalità più del 93% dei follower.

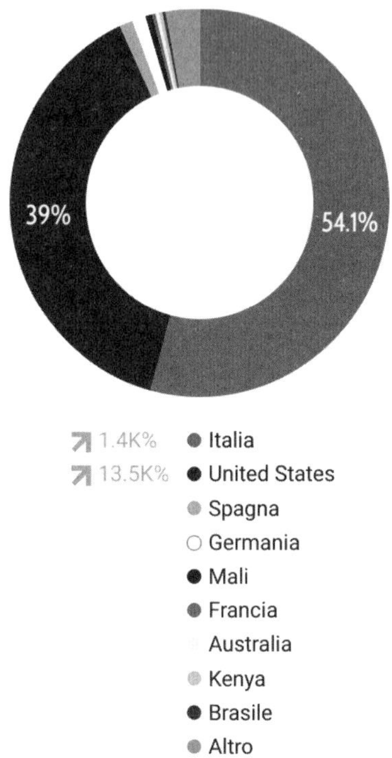

Figura 14.7 Distribuzione per Paese del seguito Instagram.

L'engagement arriva anche da post dall'alto contenuto ironico, non autoreferenziali e non nativi, come quello di Pallavolisti Brutti[6], una Fanpage Facebook che si pone l'obiettivo di parlare in modo simpatico del mondo della pallavolo, senza offendere nessuno.
Nel post in Figura 14.8 su Instagram si tira in ballo l'antagonismo tra Peroni e Ichnusa, facendo accenno al campione di volley maschile Ivan Zaytsev; senza accenno a ostilità o torti, il post porta con sé la filosofia di fondo dell'essere testardi, rudi e autentici. L'anima sarda di Ichnusa racconta la territorialità della regione da più di 100 anni, rafforzando il legame con la popolazione del posto ed esportando fuori dai confini una filosofia di vita che si poggia sull'autenticità e sulla veracità.
La fanbase di Facebook è composta da circa 680k persone, distribuite per il 67,9% da uomini con una buona percentuale di donne (32,1%).

6. https://www.facebook.com/PALLAVOLISTIBRUTTI/.

Figura 14.8 Top post per engagement Ichnusa su Instagram, relativo a Pallavolisti Brutti.

Il primo dei top post per engagement che si registra è relativo ad Halloween e alla ferma distinzione che si fa unione con le maschere native sarde dei Mamuthones di Mamoiada (Figura 14.9)[7].

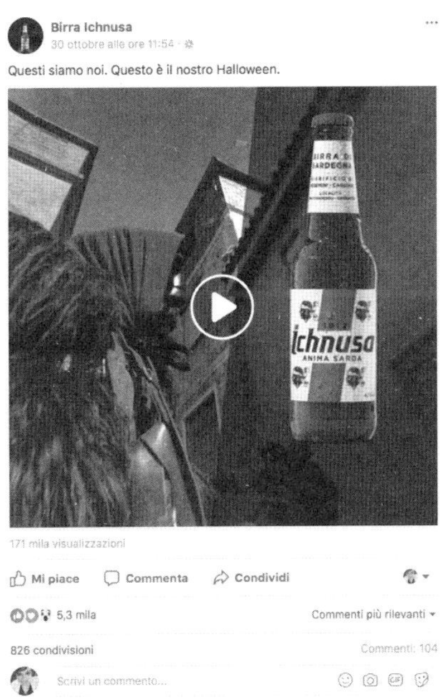

Figura 14.9 Ichnusa, top post per engagement su Facebook.

7. https://www.youtube.com/watch?v=6hpvYmSrnWo.

Figura 14.10 Cagliari Calcio, top post per engagement con link alla tab vetrina per l'acquisto di maglie ufficiali.

Figura 14.11 Metriche relative al post nella figura precedente.

Lo storytelling Ichnusa si basa su una stretta connessione che è al tempo stesso distinzione e unione con l'occidentalizzazione delle tradizioni e delle prassi quotidiane: termini come "sound", "social", "sushi", "hipster" sono forniti come aggancio per i follower statunitensi e come presa stretta di amore per la propria regione.

Altro top post per engagement è relativo alla gara del Cagliari Calcio contro l'Inter (Figura 14.10). Ichnusa, sponsor di Cagliari Calcio, è taggata nel post e geolocalizzata nello stadio Sardegna Arena; il post descrive la formazione

che scenderà in campo e un brindisi con Ichnusa, un contenuto video apparentemente molto semplice ma che ha generato un alto livello di engagement tra gli utenti (Figura 14.11).
Indubbiamente la strategia Ichnusa si poggia su una comunicazione integrata che include:

- ciò che avviene online e offline: troppo spesso si fa attenzione solo a una parte della comunicazione, digitale o no, non considerando quella integrata;
- un community management che dialoga con gli utenti usando molto spesso le inflessioni sarde, mantenendo uno stretto il legame con le origini e non snaturando il prodotto;
- una brand identity fissa su valori dell'uomo che si trasformano in quelli del prodotto;
- una visual identity ferma sui colori bianco, nero e rosso della bandiera dei quattro mori.

Ichnusa trasmette tutto il suo essere attraverso le leve marketing correttamente attivate, senza perdere il legame con l'anima semplice della Sardegna. La viral map in Figura 14.12 mostra la vita del post di Halloween, che dal 30 ottobre giunge fino al 25 novembre, attraversando quasi un mese intero e portando le maschere dei Mamuthones in giro per web.

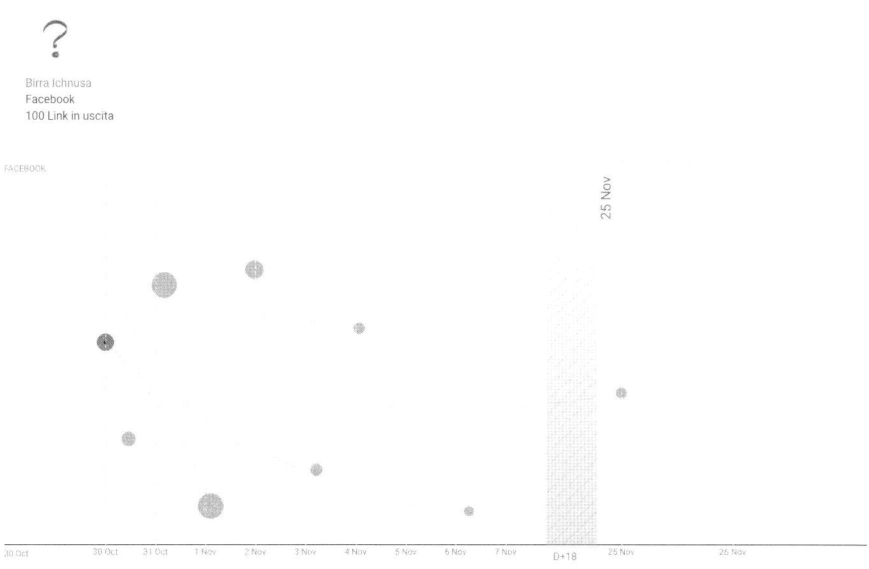

Figura 14.12 Virality map Ichnusa relativa al post Halloween in Figura 14.9.

Cinque cose che potete fare oggi

1. Analizzate i dati che provengono dalla vostra Fanpage e in termini di community.
2. Riflettete se la comunicazione integrata sia conforme alla strategia.
3. Interagite con i vostri utenti, nella loro lingua, non allontanandovi troppo dalle origini.
4. Date spazio ai temi che possono interessare i vostri follower, anche in stretta connessione con il territorio e i partner.
5. Osservate i vostri competitor.

Conclusioni

Viviamo un'epoca di cambiamenti dove il vivere quotidiano si mescola all'innovazione del settore high-tech, ai progressi del settore digital, all'automazione e alla robotica senza lasciare da parte l'essere umano. Un'epoca in cui la società incredula assiste a quella che viene definita la quarta rivoluzione, dove i talenti avranno l'estrema supremazia sui materiali, dove la relazione vincerà sui prodotti e dove l'interoperabilità determinerà il successo o l'insuccesso delle aziende.

Facebook offre l'opportunità di vivere in un contesto sociale allargato che si fa aperto e connesso verso il futuro; in maniera del tutto nuova affonda le sue radici nelle società, ascoltandole e proponendo vecchi paradigmi sociologici e antropologici trasformati in strumenti contemporanei. Si mescola la psicologia sociale con l'educazione civica, la creatività con il saper stare in gruppo, anche seppur nella propria individualità.

Il business stravolge la sua essenza, da entità diretta diviene artefice indiretto di creazione di bisogni e necessità. Si è detto diverse volte, in questi ultimi anni, che le aziende debbano mettere al centro il cliente, che i processi si debbano fare snelli e che il processo di vendita non si poggi più su logiche tradizionali, ma riveda la sua forma per plasmarsi con l'individuo.

In definitiva, si deve allontanare la logica business, pur perseguendola, distaccarsi dal valore del denaro per cercare fatturati e perdere di vista il singolo per considerare la collettività, così unita anche se così lontana.

Le tesi sociologiche tradizionali, come la forza del gruppo e la riprova sociale, aiutano a capire a fondo l'essenza di Facebook. La piattaforma nasce e continua a esistere grazie alle persone, che si fanno terreno fertile per nuove scoperte e nuovi orizzonti. Una nuova ricerca Gartner[1] sostiene che i robot, entro il 2020, faranno perdere 1,8 milioni di posti di lavoro nel mondo, ma ne creeranno altri 2,3 milioni. Ciò vuol dire che le piattaforme social con-

1. Digitalic 11/2017_n.67.

tinueranno a vivere grazie all'interazione perpetua e perenne tra uomo e macchina, tra individuo e tecnologia, tra online e offline. Solo le aziende che comprenderanno il passaggio epocale che stiamo vivendo avranno modo di accedere a nuovi mercati e diversi processi operativi e dirigenziali, dove non esisterà più lo stretto controllo fisico delle risorse umane e l'appellativo di dipendente, dove il successo del singolo sancirà la riuscita del totale.

La realtà aumentata è già parte della rivoluzione e sicuramente in un futuro molto prossimo sarà parte di Facebook, magari attraverso i Facebook Beacon o attraverso azioni di proximity marketing più marcate. Avremo l'opportunità di entrare nei negozi e acquistare online, con importanti vantaggi per le aziende dal punto di vista dei costi e dei fatturati e per gli acquirenti dal punto di vista dei tempi e del risparmio. Il tempo, grazie agli strumenti della nuova tecnologia, si farà ampio, pieno e libero. Un tempo del loisir[2], svincolato da obblighi e confini.

Siamo certi che Facebook possa condividere con ognuno di noi ancor più quotidianità di quella di ora: è uno strumento potentissimo che si divide in diverse altre accezioni replicando i *medium* tradizionali conosciuti fino a oggi.

Così troveranno impiego nuovi talenti che hanno compreso che i soli strumenti per essere a posto con se stessi sono la riflessione mista alla competenza, l'empatia mista alla professionalità, la tecnologia mista all'umanità.

Sarà non perdendosi, non smarrendo le proprie origini e comunicando la propria essenza che si sancirà la differenza tra coloro che ce la faranno e coloro che rimarranno indietro, sia in termini di personal branding che di business ad ampio spettro.

2. I. Mingo, *Il tempo del loisir, Media, new media e altro ancora*, Guerini e Associati, Milano 2003.

Appendice

Evoluzione e rivoluzione di Facebook

Noi e Facebook

Il numero di accessi a Facebook è in crescita esponenziale, non serve ribadire i dati che avete avuto modo di leggere in questo testo. Occorre comprendere quanto questi dati siano destinati a crescere ancora o implodere.
In economia esiste, come probabilmente saprete, il ciclo di vita del prodotto, che sancisce le fasi che ne caratterizzano l'evoluzione: nascita, crescita, maturità e declino. Proprio come ogni essere vivente, anche l'offerta aziendale, di qualsiasi natura essa sia, è destinata a vivere diverse fasi di vita.
Facebook, dalla sua nascita, continua a coinvolgerci nelle sue evoluzioni.
L'introduzione sul mercato è stata una vera e propria rivoluzione che ha preso alla sprovvista la maggior parte degli utenti. Giungevamo inconsapevoli da piattaforme vagamente simili, protetti dentro la rete di persone che realmente conoscevamo, secondo i tempi soggettivi di vita. Con Facebook la condivisione e l'interazione con gli altri abitanti della piattaforma hanno perso molti filtri: il risultato è stata la crescita di quella che Elisabeth Noelle-Neumann definiva negli anni Settanta "la spirale del silenzio". Questa teoria, resa pratica poi da strumenti della comunicazione digitale come Facebook, sostiene che una persona è disincentivata a esprimere la sua opinione che sa essere in contrasto a quella della maggioranza; esisterebbe dunque una minoranza silenziosa che non interviene e che si relaziona quotidianamente in modo invisibile a un'importante fetta di popolazione che agisce in maniera compulsiva e che guarda lo smartphone per oltre tre ore al giorno.
Lo stesso Adam Alter, psicologo e autore di *Irresistible*, rende necessaria e doverosa un'analisi dei social media, chiedendosi se questi rendono felici o

tristi a breve termine. Il problema più profondo è che l'utilizzo molto spesso è compulsivo e coinvolgente, quindi interrogarsi è obbligatorio. D'altronde l'interazione attiva con le persone (in particolare la condivisione di messaggi, post e commenti con amici intimi e la reminiscenza di interazioni passate) è legata a miglioramenti di vita superficiale. La composizione organizzativa interna di Facebook è quella classica del settore tecnologico, dove le aziende creano prodotti da cui difficilmente ci si allontana. Prodotti "appiccicosi", come li definisce Alter.

> ***"Facebook ha regalato diversi momenti pieni di dopamina alle aziende e alle persone."***

Facebook ha regalato diversi momenti pieni di dopamina alle aziende e alle persone, attimi di reale gioia per aver raggiunto un discreto pubblico o un numero congruo dei membri che compongono la fanbase. Pensiamo a tutte le vanity metrics: quanti social media manager o digital strategist in passato hanno applaudito incrementi di Like o engagement rate? Le persone del resto non sono esenti da queste dinamiche aziendali: quanti esultano per foto che ricevono tanti Like su Facebook o Instagram e fanno a gara con l'amico meno social?
La riprova sociale oggi è una costante in diverse piattaforme. Il passaparola virtuale che un tempo si trasmetteva nelle piazze di paese tra amici e conoscenti, oggi avviene in connessione; a ogni modo, il funzionamento interno dei meccanismi sociali ha stravolto la sua essenza. Alcuni vertici aziendali di Facebook, come Sean Parker e Chamath Palihapitiya, hanno affermato con forza che il funzionamento del social media è dato da un ciclo di feedback fondato sulla validazione sociale e sulla vulnerabilità nella psicologia umana. Se l'obiettivo originario di Facebook era quello di connettere le persone, oggi il lavoro sulla piattaforma punta alla crescita dei tempi di permanenza dell'utente, grazie alla maggiore spinta data alle notizie provenienti da fonti locali, gruppi e amici.
La tecnologia non nasce né buona né cattiva; proprio come afferma l'amministratore delegato di Apple, Tim Cook, è opportuno ci siano ruoli importanti affidati a esseri umani che rispettino la psicologia umana e non forzino i meccanismi di coinvolgimento e difesa.
L'intelligenza artificiale, la robotica e gli input di programmazione possono agevolare innumerevoli compiti dell'essere umano, ma occorre far in modo che la tecnologia sia inclusiva e non sostitutiva, che le macchine possano lavorare con gli esseri umani, non per gli esseri umani o al posto di essi.
Di fondamentale importanza è utilizzare Facebook nella maniera corretta nella vita personale e a proprio vantaggio sul versante lavorativo. È uno strumento di comunicazione in grado di offrire dati importanti alla vostra

azienda e miglioramenti significativi lato utente, ma non deve in nessun modo diventare l'unico centro di comunicazione esistente per il vostro brand o la vostra persona: quello esiste già di default ed è l'umana ragionevolezza.

Perché utilizzare Facebook per il business

È gente che conosce gente, e mi servono le loro email.
Mark Zuckerberg in *The Social Network*[1]

Per l'etno-antropologo francese Marc Augé, i social media sono la quintessenza dei non luoghi[2], cioè di quegli spazi anonimi e privi di un'identità, senza tradizione e storia, in cui milioni di individualità si incrociano senza entrare in relazione. Sembra un paradosso, considerato quanto saldamente – specie da 10 anni a questa parte – l'aggettivo "social" sia legato nelle nostre menti al sostantivo "network", eppure Augé ci ricorda che, se è vero che sono questi luoghi virtuali a creare una relazione fra persone, il problema è se possiamo usare il termine "relazione" per definire questi legami di comunicazione.

I social network sono la quintessenza dei non luoghi.
Marc Augé

Come è quindi riuscito il social blu a cambiare i legami fra le persone e che cosa dovrebbero spiegare i professionisti della comunicazione a quei clienti che spesso pronunciano frasi come "Non voglio una Pagina Facebook, altrimenti sarò sommerso di critiche e recensione negative" o, al contrario, "Voglio la Pagina perché il mio concorrente è online con la sua" passando per il rifiuto ostinato a investire in campagne Facebook? Vediamolo insieme in questo breve *excursus* riepilogativo.
Fra la fine degli anni Novanta e l'inizio del nuovo millennio, è stata la volta di SixDegrees, Ryze, Friendster e del celeberrimo Myspace. Poi è arrivato il social di Zuckerberg, con la sua interfaccia semplice in cui anche gli utenti con un livello di alfabetizzazione digitale bassa riescono a muoversi con facilità; perché le persone amano così tanto Facebook? Perché vi coesistono

1. *The Social Network* è un film statunitense del 2010, con Jesse Eisenberg e la regia di David Fincher, che racconta della nascita di Facebook.
2. http://www.rainews.it/dl/rainews/articoli/marc-auge-parla-dei-tic-della-modernita-e-sui-social-network-dice-loro-sono-la-quintessenza-dei-nonluoghi-f6d9fe7e-5cc3-44bc-9f55-b949b7d219b7.html.

il ludico e l'utile senza la limitazione ai 140 caratteri di Twitter o la formalità di LinkedIn.

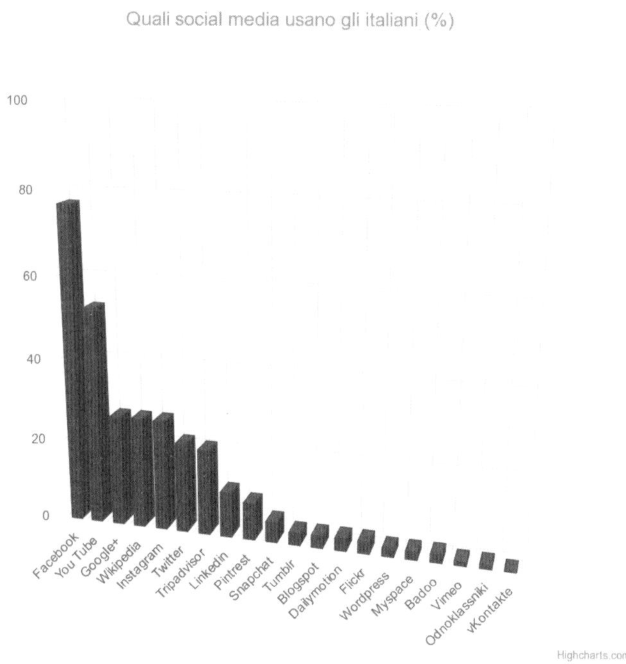

Figura A.1 I social più utilizzati dagli italiani.

Nato come spazio per agevolare le relazioni presso l'università di Harvard e in origine utilizzato per mantenere in contatto amici, colleghi e conoscenti, questo continente virtuale è popolato da 2.100 miliardi[3] di utenti attivi in tutto il mondo.

Quotato in Borsa, Facebook appassiona circa il 55% degli italiani: secondo il report "Digital[4]", su 59,80 milioni di persone, 28 milioni sono utenti social attivi da mobile e 39 milioni si connettono abitualmente a Internet. Secondo la ricerca gli utenti italiani passano 6 ore al giorno seduti davanti a un computer fisso e 2 ore con uno smartphone tra le mani.

Facebook è una grande opportunità di business per le aziende non solo per i suoi numeri straordinari, ma anche per la rivoluzione copernicana che ha

3. Post Facebook Mark Zuckerberg, https://www.facebook.com/zuck/posts/10104146268321841.
4. Digital 2017, We Are Social 2017, diapositiva 110/255, Digital Yearbook.

creato nel campo del marketing: gli utenti non sono più soggetti passivi di pubblicità top/down, ma protagonisti di conversazioni sia tra di loro sia con i brand. Il social blu permette di rivolgersi a utenti specifici e non a una massa indistinta di prospect, e di aver un approccio data oriented grazie agli insights nativi e ai dati derivanti dai tool che possono essere utilizzati per condurre analisi approfondite. Proprio perché l'utente dichiara continuamente i propri interessi legandosi a Pagine e gruppi di suo gradimento, i contenuti che gli vengono proposti da Facebook si inseriscono a pieno titolo in un ampio processo, quello dell'**inbound marketing**: l'audience va conquistata fornendo contenuti interessanti e utili per il target di riferimento, in contrapposizione a quanto avviene nel classico **interruption marketing**, tipico di altri media. Quante volte, trovandovi davanti a una pubblicità o a un programma non di vostro gradimento, avete fatto zapping o abbandonato la TV per fare altro?

La conversazione si contrappone con forza al direct marketing dei mezzi di comunicazione tradizionali.

Facebook permette alle aziende di impostare i propri messaggi sponsorizzati su pubblici personalizzati e specifici interessi per un periodo di tempo determinato anche dalla capacità economica dell'investitore. Nonostante sia chiaro il vantaggio economico di investire budget solo su porzioni precise di target, le aziende ancora spendono fiumi di denaro, che non vedranno mai tornare indietro sotto forma di conversioni, in contenuti pubblicitari non monitorabili, come per esempio il volantinaggio o la cartellonista stradale. A sottovalutare ancora il potere di una gestione professionale di Facebook non sono solo PMI, ma anche grandi aziende: perché non riusciamo a comunicare a molti clienti che il budget destinato alla stampa di leaflet sarebbe probabilmente meglio allocato in una campagna Facebook Ads?

Le persone su Facebook narrano la loro vita e i loro interessi, le aziende rimangono in ascolto.

Perché molte aziende non investono nel digitale

Il motivo per cui le aziende ancora investono in pubblicità classica di cui non vedranno mai i risultati è una totale **mancanza di conoscenza del settore digitale**, delle figure professionali che sono al suo interno e delle possibili leve marketing attivabili attraverso di esse. Ogni settimana Facebook si arricchisce di nuove feature, evolve continuamente nel layout, sviluppa sinergie con altri social network e diventa sempre più interattivo e utile per gli utenti: in questa logica, è fondamentale affidarsi a professionisti specializzati e aggiornati. Quanti professionisti del digitale nella propria carriera si sono visti rifiutare un preventivo per un lavoro poi affidato ad amatori? Quanti si trovano a dover gestire le pubblicazioni dirette dei clienti sulla Fanpage? Quanti ancora devono cercare di raggiungere risultati solo organicamente, senza poter contare su un budget adv?

> ***"È fondamentale affidarsi a professionisti specializzati e aggiornati."***

La mancata conoscenza del settore e dello strumento da parte dei clienti crea falsi timori e una diffidenza generalizzata che sul medio-lungo periodo può inficiare i risultati di marketing di una azienda. Molte PMI conoscono la valenza del comparto digitale, ma il tema fondamentale che bisogna chiarire al cliente è che non occorre presidiare più canali social della concorrenza, ma **orientare i propri obiettivi business verso la strategia digitale più affine al percorso che si è scelto di seguire**.

Le aziende, le organizzazioni, i liberi professionisti, ma anche i dipendenti hanno il dovere di conoscere uno strumento che si prefigge essere d'aiuto al proprio **branding**. Parliamo di dovere, perché in un contesto in cui le connessioni sono fondamentali per il business e per la vita quotidiana, non ci si può allontanare dalla conoscenza approfondita di uno strumento come Facebook, che può diventare una opportunità di crescita per ogni attore sociale o aziendale. L'obiettivo che ci siamo prefissati nello scrivere questo libro è stato sostenere i professionisti e sottolineare l'importanza del processo di digitalizzazione nelle aziende. Per questo riteniamo fondamentale **ribadire i seguenti concetti**.

Gli utenti usano Facebook anche per comunicare i propri interessi (marketing relazionale)

Quando le persone creano il proprio profilo personale in genere menzionano alla registrazione i loro interessi (film, musica, libri, gruppi musicali, sport e hobby e via dicendo). Queste indicazioni sono importanti per chi imposta una campagna advertising su Facebook, perché permettono di settare messaggi *ad hoc* per i gruppi di interesse. In definitiva è come se gli utenti dicessero: "Ho bisogno di questa informazione, voglio ascoltare questa azienda che parla di questo mio interesse, inviami delle promozioni attinenti". Per esempio, la clinica veterinaria può trovare nell'utenza Facebook chi ha a cuore la cura dell'animale, persone interessate ai prodotti veterinari, che cercano informazioni sulle vacanze con i propri animali e via dicendo; un rivenditore di gioielli può trovare utenti interessati all'acquisto dei suoi prodotti; un ristorante potrà individuare persone che gradiscono il tipo di cucina offerta, specialmente se rivolta a una particolare nicchia: vegani, amanti del biologico, del chilometro zero e così via. Facebook offre anche l'interessante possibilità di ordinare direttamente dalla Fanpage[5].

Lo scopo principale degli utenti non è acquistare

Sicuramente è una conseguenza auspicabile per ogni business, ma il principale obiettivo di un'azienda che investe in Facebook è la conversazione con i propri utenti, e il loro ascolto. Sfruttare gli strumenti che mette a disposizione la piattaforma (quindi i dati quantitativi sugli utenti registrati) e andare a settare una campagna advertising per attivare consequenziali processi di vendita è solo il ritorno di un processo più ampio. È **bene sottolineare che la piattaforma Facebook segue le logiche del sales funnel**. Questo approccio segue il processo di trasformazione di un potenziale acquirente in compratore attraverso la logica dell'imbuto: significa che in cima ci saranno coloro che sono appena venuti a conoscenza del brand e alla base ci sarà chi avrà realmente acquistato il prodotto e lo ha consigliato ad altri conversando in Rete. Attraverso Facebook potete individuare correttamente coloro che sono veramente interessati ai vostri prodotti e investire in pubblicità su di essi, e non su chi è venuto a conoscenza del brand, ha poche informazioni, è ancora confuso e si trova in cima all'imbuto.

Gli utenti social sono molto informati

Non comprano subito, il processo di vendita risulta essere più lungo. Questo principio è la base dell'inbound marketing, che va a pescare solamente i soggetti veramente interessati, conversa con essi e infine fa in modo che il prodotto sia proposto, non come obbligo d'acquisto ma come sostegno alla volontà del cliente. Il successo dell'inbound marketing a medio-lungo termine è una fidelizzazione più ampia e più forte, dove l'utente acquisito difficilmente abbandonerà il brand proposto. Proprio come affermava Fabris ne *Il consumatore post moderno*, l'utente medio oggi è un utente informato, consapevole e determinato: con lui la logica del direct marketing è un approccio passato, che non genererà i risultati auspicati.

Gli utenti utilizzano la riprova sociale come referral

Proprio come afferma il *Cluetrain Manifesto*[6] nella sua prima tesi: "I mercati sono conversazioni" e quindi la riprova sociale è una delle strategie marke-

---

5. https://newsroom.fb.com/news/2017/10/order_food.
6. R. Levine, C. Locke, D. Searls e D. Weinberger, *The Cluetrain Manifesto*, Perseus Books, 1999.

ting più efficaci per aiutare a costruire fiducia intorno alla vostra azienda e sostenere la sua reputazione e credibilità. Un utente sarà più invogliato nel seguire un'azienda o acquistare prodotti da essa se vede che altri utenti sono soddisfatti del brand. Per fare in modo che ciò avvenga anche per la vostra impresa, dovete condividere le recensioni dei clienti e dei testimonial, fare in modo che l'opinione e il giudizio di altri utenti siano ben visibili, quindi dirigere l'attenzione su un feedback positivo ricevuto e consentire ai fan di recensire sulla vostra Pagina Facebook: è fondamentale, per avere dei feedback positivi e quindi generare riprova sociale, ottenere Fanpage verificate, perché evidenzia quanto la presenza digitale sia collegata con la realtà. In genere gli utenti acquistano attraverso il passaparola e il passaparola nell'era delle nuove tecnologie dell'informazione e della comunicazione ovviamente è online. Per esempio, il 75%[7] delle persone che prenota un tavolo al ristorante lo fa andando ad analizzare le recensioni su TripAdvisor e prenota un tavolo solo se altri utenti hanno mangiato bene e hanno avuto una buona esperienza.

La logica su cui si poggia il marketing relazionale è proprio quella della condivisione e del rapporto bidirezionale tra i soggetti implicati, in questo caso gli utenti e le aziende.

Tutto ciò significa che, diversamente da ieri, **gli utenti finali sono realmente parte di un processo più ampio di costruzione del brand**. Differentemente dalla vecchia logica aziendale, gli utenti prendono parte indirettamente alle decisioni dei vertici, all'implementazione di logiche strategiche e si pongono come spartiacque tra le aziende di successo e le aziende di insuccesso.

Che cosa devono fare le aziende?

Le aziende, oltre a non essere autoreferenziali, devono imparare a conversare con gli utenti che hanno scelto di seguirle, rafforzando lo staff dedito al community management, che si relaziona con quello della customer assistance. Il business ha bisogno del social media marketing e ha bisogno, con maggiore forza, della piattaforma Facebook che permette alle aziende di penetrare il mercato con specificità.

Tuttavia gli imprenditori, pur conoscendo la valenza del social media marketing e l'importanza di Facebook, ancora oggi sono restii a investire budget.

7. https://higherlogicdownload.s3.amazonaws.com/HSMAI/1e8cd6e8-21bf-476f-bc30-b600b33c652d/UploadedImages/Past%20Events/HSMAI%20Singapore_TripAdvisor_PDF%20Version.pdf.

Ciò deriva dalla reale analfabetizzazione digitale presente nel nostro Paese: non a caso l'Italia è al 25° posto in Europa nella classifica del Digital Economy and Society Index[8].

Molti vertici aziendali, pur comprendendo la valenza del digitale, non conoscono le regole, i professionisti che operano all'interno della del settore e i relativi budget da destinare ai processi digitali.

È necessario alfabetizzare digitalmente la popolazione **e ridurre il gap tecnologico** tra noi e gli altri Paesi europei ed extraeuropei, per fare in modo che le aziende sfruttino a livello business le potenzialità dello strumento digitale, in particolare Facebook, per raggiungere il proprio target di riferimento e quindi avere dei ritorni di investimenti utili e delle vendite adeguate.

Il mondo dei professionisti del web

Ruoli

Social media manager

Ha una funzione di coordinamento di tutte le figure social; è responsabile della progettazione della presenza online di un brand sui diversi social network e in particolare dell'adattamento dello stile di comunicazione delle strategie dell'azienda ai diversi mezzi che si utilizzano.

Social media strategist

Comunicare con il pubblico di Facebook, Twitter, LinkedIn o Instagram non è la stessa cosa e un bravo social media strategist deve essere in grado di comprendere che tagli utilizzare sui diversi media e legarli alla strategia aziendale.

Content manager

Il lavoro del content manager varia a seconda della grandezza della realtà in cui si trova: se si tratta di un'azienda piccola, scrive e realizza contenuti grafici, altrimenti il content manager organizza la creatività di autori, grafici, designer e videomaker con cui lavora giornalmente nella pianificazione della content strategy.

8. https://ec.europa.eu/digital-single-market/desi.

Community manager

Gestisce la presenza dell'azienda sui diversi profili social e può operare anche al di fuori di essi, per esempio in altri gruppi Facebook e LinkedIn; dialoga con altre community online e con i blogger, e intercetta tutti coloro che potrebbero essere interessanti per l'azienda per portarli all'interno della community.

Social media analyst

Il social media analyst si occupa principalmente dell'ascolto delle conversazioni sul social web, dell'analisi delle stesse e dell'elaborazione di report dagli insights. Attraverso l'utilizzo di software utili alla "scrematura" delle conversazioni online su temi e parole chiave di interesse, analizza i dati relativi alle conversazioni correlate ai prodotti, ai brand o ai temi vicini ai clienti identificando le opportunità per offrire un'analisi qualitativa della conversazione online legata al cliente specifico. Poi produce report periodici per i clienti e supporta la definizione delle strategie, grazie alle informazioni tratte dalle conversazioni online.

Biddable expert

È un esperto di advertising online, sia sui social sia search: pianifica, esegue e gestisce le targettizzazioni e le campagne.

Digital PR specialist

Ha il compito di interagire con tutti gli influencer online in grado di orientare la reputazione dell'azienda sul web. Questi attori sono blogger, social star, editori online, portali online, community e il pubblico dell'azienda che interagisce con essa attraverso i social. È un professionista che prevalentemente si occupa di gestire relazioni online con interlocutori in grado di influenzare la reputazione dell'azienda; agisce sia preventivamente, stimolando la pubblicazione di contenuti, sia in ottica difensiva nei casi in cui individua delle situazioni fonti di possibili crisi.

Reputation manager

Le aziende richiedono spesso alle agenzie di fare delle analisi per capire cosa il pubblico pensa dei propri prodotti, dei propri servizi, delle proprie promozioni, delle proprie iniziative e il reputation manager è in grado, con l'uso di vari software, di intercettare quello che le persone dicono online e di tradurlo in percezioni del brand/prodotto dell'azienda cliente.

Competenze richieste

Per produrre contenuti in grado di interessare gli utenti in ascolto sono necessarie alte competenze nel settore, e una formazione umanistica che si fondi su materie come la **sociologia**, la **psicologia**, la **comunicazione**, la **semiotica**, la **linguistica**. Passare molto tempo su Facebook e utilizzare la piattaforma per scopi personali non farà di voi dei social media manager. Avere un buon seguito a livello personale della propria cerchia di amici o colleghi non garantisce il successo nella creazione di un processo strategico digitale-aziendale.

> ***"La seconda figura professionale più richiesta nel futuro sarà quella del data analyst."***

Il content manager e il social media manager sono figure professionali venute alla ribalta nell'ultimo quinquennio, e non possono improvvisarsi. Proprio perché gli utenti si collegano a Facebook per trovare contenuti utili e allo stesso tempo "leggeri", non è facile creare qualcosa che possa interessare e non infastidire: perciò occorrono studi di settore, analisi preventive e uno sguardo d'insieme sulla comunicazione integrata che inserisca la strategia digitale Facebook nel panorama dell'obiettivo finale.
Il content manager, il social media manager e il social media strategist hanno competenze trasversali che partono dalla comunicazione e dal marketing e possono arrivare all'editing grafico, alla psicologia sociale e alla filosofia.
I professionisti che operano su Facebook hanno anche competenze di analisi e dei dati, necessarie per lo studio dei numeri che provengono da una campagna advertising Facebook o dall'andamento dei post.
Nonostante si stia assistendo a una specializzazione, in particolare per i social media analyst e per i biddable expert, molto spesso un solo professionista tende a ricoprire più ruoli. Il motivo di questa sovrapposizione è molto spesso l'assenza di budget adeguati. Il freelance con le competenze trasversali spesso ha una conoscenza ad ampio raggio della piattaforma, o semplicemente riesce bene a destreggiarsi. Gli obiettivi raggiunti, però, sono quasi sempre inferiori rispetto a quelli realizzabili in team. Occorre individuare diversi professionisti per diversi compiti all'interno del settore digitale: il social media manager, il digital strategist, il grafico, il web analyst e il biddable expert si devono coordinare con il marketing manager per le azioni che coinvolgono l'azienda online e offline. Non a caso, secondo LinkedIn, la seconda figura professionale più richiesta nel futuro sarà quella del data analyst, colui che si occupa di elaborare i big data, le informazioni che diamo – per esempio – attraverso i nostri smartphone, i nostri post sui

social media, la nostra cronologia di navigazione su web e che possono essere utilizzate dalle aziende per le analisi di mercato. Questo settore è cresciuto del 650% in 5 anni[9].

Un aiuto concreto: tool e bot utili per il business su Facebook

Gli strumenti che agevolano il compito delle figure professionali che lavorano con Facebook sono diversi: alcuni sono dedicati alla creatività, altri alle analisi, altri ancora alla gestione e programmazione.
In ogni caso, tool e bot riescono a rendere più snella l'interazione con gli utenti e incrementare l'engagement.

Tool per la creatività

Creazione dei video, slideshow, cover di copertina o visual tip sono imprescindibili per rendere la comunicazione gradevole agli utenti della community e in linea con i propri obiettivi business.
Realizzare creatività accattivanti e originali permetterà di essere distinti e facilmente individuabili nel News Feed e di avere spinta maggiore in sede di advertising.

RAWSHORTS: CREAZIONE DI VIDEO ANIMATI

È un tool di editing video che permette la creazione di tutorial e filmati animati.
La disponibilità insita in Rawshorts (Figura A.2)[10] di video template suddivisi per categorie offre la possibilità di individuare il layout più corretto, anche in relazione al proprio settore di appartenenza, come questi e diversi altri:

- business;
- marketing;
- health;
- educational;
- ristorazione;
- infografiche;
- autopromozione.

9. https://www.studenti.it/lavori-piu-richiesti-professioni-del-futuro.html.
10. https://www.rawshorts.com.

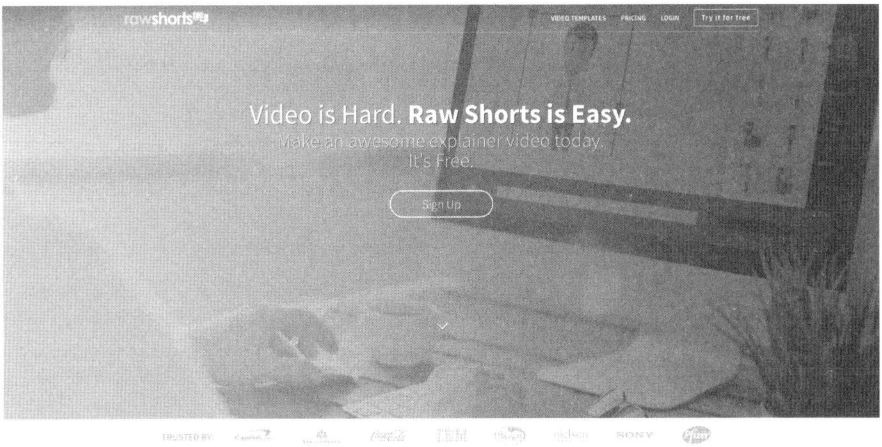

Figura A.2 Homepage di Rawshorts con accesso attraverso social login.

Dopo aver individuato la categoria giusta, si procede con la creazione del video o del tutorial in completa autonomia attraverso il processo drag e drop e l'inserimento di testi, animazioni, basi musicali ed effetti. Oltre ciò è possibile inserire call to action finali e il proprio logo, a beneficio della brand awareness. Rawshorts permette:

1. di salvare i video come file;
2. condividere i video, scegliendo la risoluzione, la privacy e il logo inserito;
3. caricare su YouTube;
4. scegliere il formato Canvas per un'esperienza corretta su Facebook, YouTube o Instagram (Figura A.3).

Oltre ciò, Rawshorts offre l'opportunità di inserire registrazioni vocali e grafici.

Ecco i suoi costi con piani mensili:

1. Free: fino a 5 esportazioni video che non siano nel formato premium, con il watermark di Rawshorts in intro e outro.
2. 49 dollari al mese: fino a 25 esportazioni video, risoluzione a 1080p e formato video utile per i social.
3. 89 dollari al mese: fino a 50 esportazioni video, risoluzione a 1080p, formato video utile per i social e possibilità di lavorare in team.

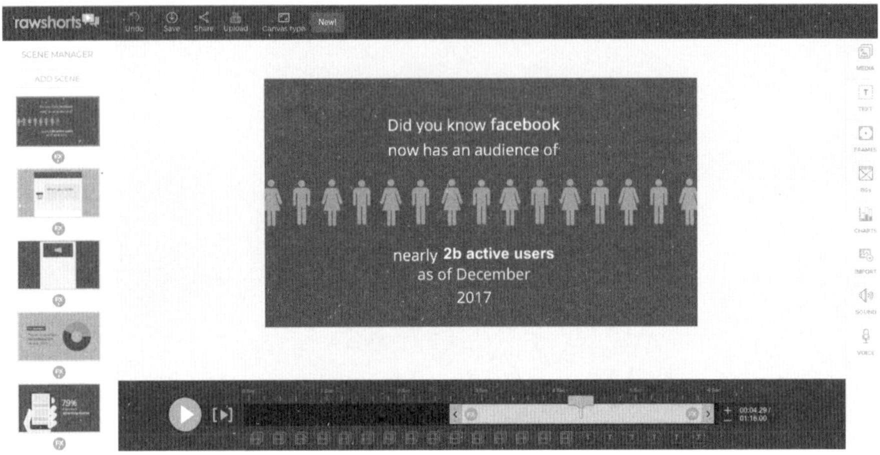

Figura A.3 Creazione video con Rawshorts.

LUMEN5: IL BLOG DIVENTA VIDEO

È un tool[11] che permette di aggiungere una leva importante alle lavorazioni di content marketing. Abbiamo detto che i social sono gli amplificatori in un processo strategico più ampio che si poggia su diversi strumenti: per questa ragione, avete sicuramente necessità di rendere più smart il collegamento tra sito e social. Lumen5 (Figura A.4) ha la particolarità di poter trasformare messaggi testuali in video inserendo l'URL del contenuto blog.

Caricato l'articolo, Lumen5 proporrà l'intero testo e la possibilità di inserire video e immagini nella gallery a disposizione, la base musicale e il proprio logo.

Una volta creato il video si può procedere con il download in formato file, utile per il caricamento su piattaforme di condivisione video, sui social o sul canale preferito.

Ecco quali sono i costi:

1. Gratis potete creare video in numero illimitato a 480p.
2. A 49 dollari avete strumenti predefiniti per lavorare su più progetti di brand a 720p.
3. Con 99 dollari avete la possibilità di lavorare su più progetti a 1080p e creare team di lavoro.

11. https://lumen5.com.

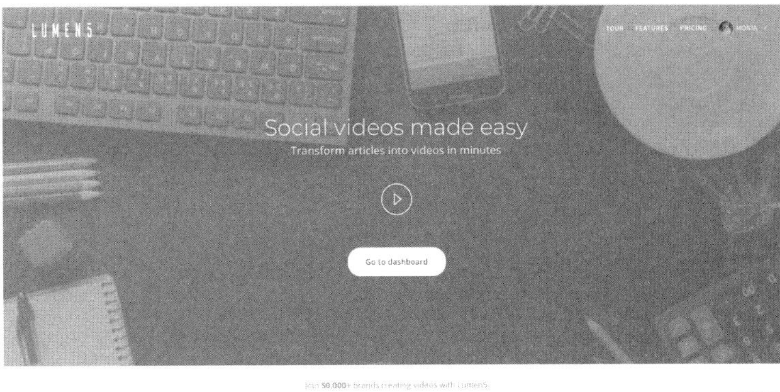

Figura A.4 Homepage di Lumen5.

CANVA: IL DESIGN NELLA TASCA

È un tool[12] di grafica utilizzato per diverse lavorazioni di editing e offre la possibilità di creare immagini per numerosi strumenti di marketing. La maggior parte dei social media manager lo sfrutta per creare visual per post o blog, ma Canva riesce a dare un valido sostegno anche all'email marketing, all'advertising e alle presentazioni.
Si accede a Canva attraverso social login, dopo aver dichiarato l'intenzione di utilizzo.

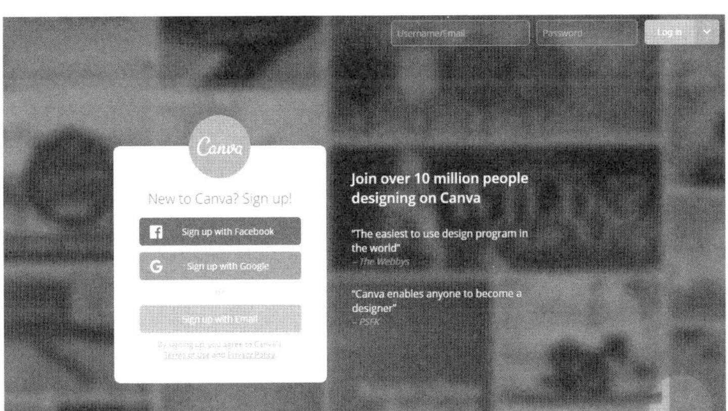

Figura A.5 Homepage Canva.

12. https://www.canva.com.

Una volta dentro il backend, Canva appare in tutte le sue funzionalità suddivise per progetto[13]:

1. post di Facebook;
2. presentazione standard;
3. presentazione (16:9);
4. curriculum vitae;
5. copertina Facebook;
6. post di Instagram;
7. app di Facebook;
8. copertina di eventi Facebook;
9. inserzione Facebook.

Offre funzionalità per diversi altri formati, suddivisi per categoria:

1. post di social media;
2. documenti;
3. blog e eBook;
4. risorse Marketing;
5. intestazioni email e social media;
6. eventi;
7. adv.

Oltre ciò, è possibile creare team di collaborazione e condividere progetti con i colleghi. Diversi template a disposizione, con immagini free e tutorial, permetteranno la creazione di prodotti originali, che renderanno diversa la visual identity. Ecco i costi:

1. free;
2. premium per alcuni layout o risorse a disposizione.

Tool per le analisi

Analizzare i dati significa serve a capire se la rotta tracciata sia corretta, e a comprendere a pieno se occorre aggiustare il tiro o se si stanno raggiungendo gli obiettivi prefissi in strategia.
Oltre ai tool più conosciuti, esistono alcuni strumenti in grado di essere di utile supporto alle attività di analisi.

Social Insider

Social Insider è un tool di analisi Facebook e Instagram, attraverso il quale è possibile analizzare la propria Fanpage in base:

13. https://www.canva.com/templates/.

1. all'engagement (Figura A.6);
2. alle reaction;
3. ai commenti;
4. alle condivisioni.

Secondo il periodo analizzato e in relazione a esso c'è la possibilità di esportare i dati in formato PDF e PPT.

Figura A.6 Crescita quotidiana dei post per tipo, engagement e periodo con Social Insider.

Social Insider offre l'opportunità di analizzare secondo Facebook e Instagram:

1. i migliori post;
2. la variazione del numero di messaggi al giorno dall'intervallo di tempo selezionato;
3. il coinvolgimento totale per ogni tipo di post;
4. la somma di Mi piace, reazioni, condivisioni e commenti per ogni giorno durante il periodo selezionato;
5. la somma di Like, wow, haha, triste, rabbia, amore per ogni giorno durante il periodo selezionato;
6. l'evoluzione delle attività per tipologia di contenuto al giorno durante il periodo selezionato;
7. il numero di post della Pagina al giorno con tipologia di post;
8. l'evoluzione internazionale quotidiana;

9. il numero di condivisioni dai post della Pagina per ogni giorno durante il periodo selezionato;
10. lo scorrimento delle interazioni per ciascun giorno durante il periodo selezionato;
11. quando gli utenti interagiscono con la Pagina;
12. il genere per reaction;
13. il genere per commenti;
14. la distribuzione geografica dei fan.

Ecco i costi:

1. Free fino a 30 Pagine analizzate.
2. 59 dollari al mese per un numero di Pagine illimitate e 50 profili/hashtag Instagram.

Talkwalker

Si tratta del tool[14] di riferimento per analisi approfondite.
Permette di analizzare dati social provenienti da diversi canali: attraverso una suite di social listening e social media analytics misura l'andamento della comunicazione a livello globale (Figura A.7).
Talkwalker monitora query precise in gruppi di analisi altamente affidabili. Considera simultaneamente contenuti in diversi canali come:

1. social;
2. forum;
3. fonti cartacee;
4. TV;
5. radio;
6. blog;
7. news online.

Questo tool è disponibile in 187 lingue ed è in grado di analizzare oltre 30.000 immagini di brand, grazie a una tecnologia dedicata che riesce a individuare loghi e brand image.
È uno strumento preciso che offre l'immediatezza dei dati unita a grafici di eccellente qualità memorizzabili in report pronti da scaricare.
La tecnologia su cui si poggia Talkwalker offre l'opportunità di analizzare, per esempio, contenuti Facebook in relazione a engagement, portata potenziale, trending score, numero di commenti e diverse altre variabili.
Oltre ciò, è possibile procedere con:

1. brand listening;

14. https://www.talkwalker.com.

2. hashtag tracking;
3. social channel analysis;
4. monitoraggio campagne advertising;
5. content analysis;
6. analisi di crisis management;
7. network influencer;
8. analisi del sentiment.

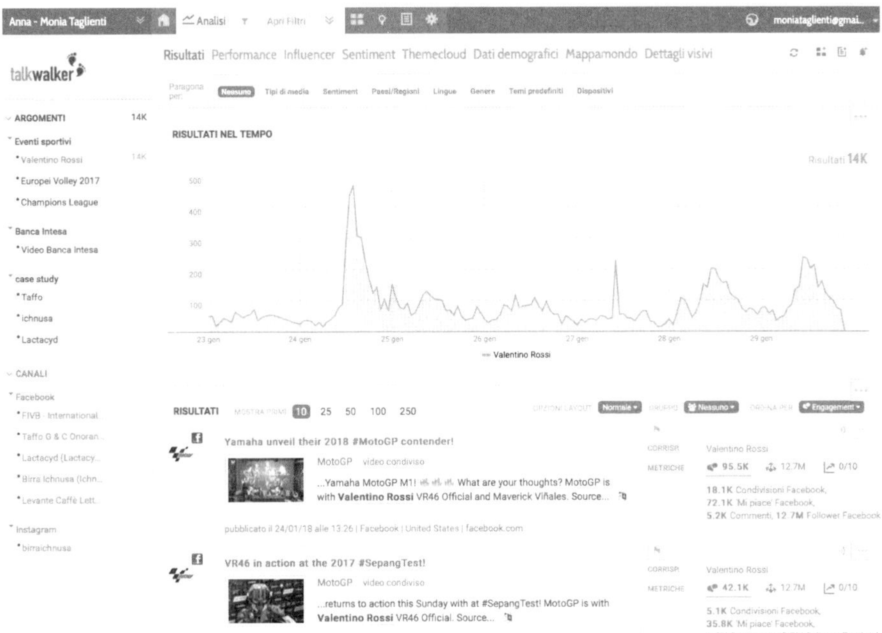

Figura A.7 Analisi svolte con Talkwalker.

Ecco i costi:

1. Basic, 500 euro al mese.
2. Corporate, 1.100 euro al mese.
3. Enteprise, su richiesta.

Altro prodotto utile, veloce e approfondito di Talkwaker è **Quick Search**, che offre l'opportunità di analizzare dati provenienti da diverse fonti grazie a un sistema di KPI verificato. Confronta le perfomance, misura il sentiment e analizza i dati della concorrenza in modo davvero smart. Nella schermata iniziale si ha già una suddivisione per:

1. top hashtag;
2. top brand;
3. top eventi.

Oltre ciò è possibile inserire la chiave di ricerca e analizzarne le perfomance in modo immediato e intuitivo. Tra le funzioni cardine, la possibilità di analizzare lo storico dei dati fino a 13 mesi, utile per agency o aziende che hanno bisogno di dati immediati su situazioni pregresse; inoltre, c'è la possibilità di aggiungere fino a cinque chiavi di ricerca, analisi demografiche, sentiment, influencer ed engagement. Si può procedere con il download dei report pronti per essere presentati e analizzati, salvare o esportare le analisi.

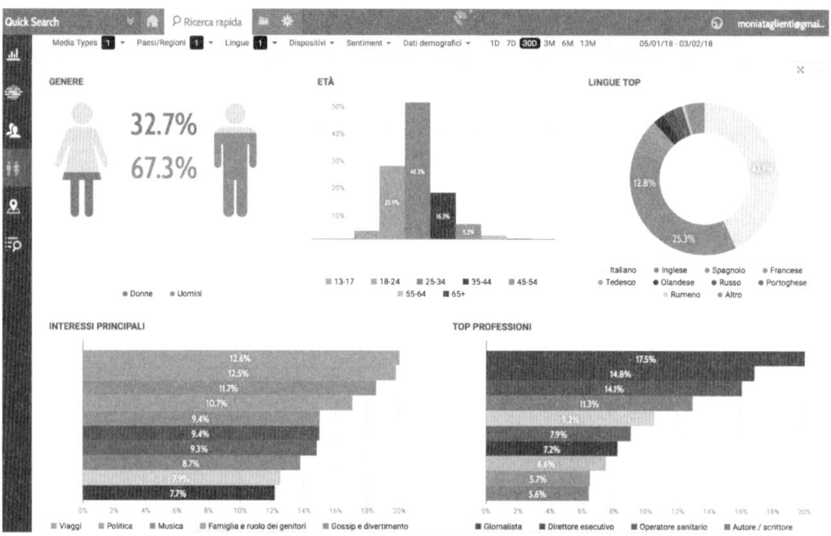

Figura A.8 Quick Search di Talkwalker.

SOCIALBAKERS: IL CONFRONTO NON SARÀ PIÙ DIFFICILE

Socialbakers[15] offre diverse soluzioni per misurare le prestazioni della vostra attività sui canali social e analizzare quelle dei competitor. È un tool di social media analysis e monitoraggio della community che permette di analizzare la distribuzione dei fan.

Questo tool vi consente di utilizzare l'intelligenza artificiale per promuovere solo i contenuti migliori, ottenendo i migliori risultati dall'investimento pubblicitario.

15. https://www.socialbakers.com.

Analizzare i dati provenienti dai canali social, integrarli con quelli aziendali per creare una strategia completa che porti i risultati è l'obiettivo di questo tool che permette di visualizzare dashboard e report per prendere decisioni di marketing intelligenti.

Bot: quando gli automatismi generano una customer experience utile

(con il contributo di Flavius Florin Harabor)

Si parla molto di lavorazioni lasciate all'agire umano e altre date in mano alle macchine o a prodotti frutto di sviluppo e programmazione.
I bot Messenger sono strumenti in grado di promuovere, vendere o assistere l'utente in modo flessibile ed economico. Si possono attivare per diversi motivi come:

1. promuovere prodotti;
2. fornire news in tempo reale;
3. creare engagement;
4. orientare le decisioni di acquisto;
5. fornire assistenza post vendita.

I bot si installano sulla propria Pagina e si occupano di rispondere a necessità espresse o latenti degli utenti che si connettono con la Fanpage, rispondendo proprio come se fossero persone.

Come abbiamo detto esistono diversi bot per diverse esigenze come:

1. CNN[16]: il bot della celebre emittente televisiva americana permette l'invio di news in tempo reale e cdi reare alert per ricevere notizie. Basta raggiungere il bot per iniziare l'esperienza nelle news online di tutto il mondo.
2. Meteo.it[17]: permette di conoscere le condizioni meteo per città e di abilitare le relative notifiche.
3. Meme generator bot: consente di creare simpatici meme caricando la propria immagine oppure prelevandone una da quelle disponibili e aggiungere del testo. Conclusa la lavorazione sarà possibile condividere il meme o salvarlo in gallery.

16. https://www.messenger.com/t/cnn.
17. https://www.messenger.com/t/meteoit.

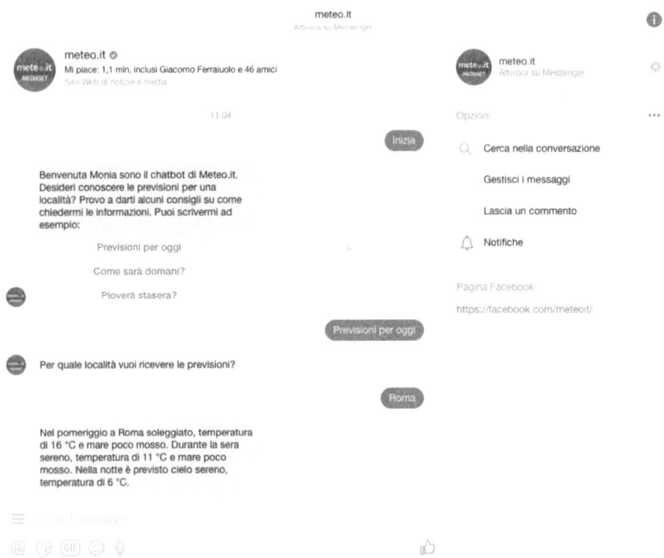

Figura A.9 Chatbot meteo.it

4. Fissan[18]: accoglie l'utente con un messaggio di benvenuto vicino alle persone che stanno vivendo l'emozione di essere genitori. Potete chiedere delucidazioni sui temi affrontati oppure cliccare sui suggeriti.
5. Fox Sports Italia[19]: si scelgono lo sport, la guida TV, news, risultati e classifica. Selezionando l'opzione Sport, si imposta il proprio riferimento tra calcio, volley, basket, motori, arti marziali miste, atletica leggera, football americano e baseball per raggiungere le notizie relative.
6. Alfonsino[20]: è il food delivery su Messenger, per le consegne a domicilio in piccoli centri intorno a Caserta e Aversa. Il chatbot propone diversi menu e locali tra cui scegliere.
7. la Repubblica[21]: il chatbot permette di scegliere tra breaking news e ultime notizie. Attraverso il bot è possibile accedere a tutti gli articoli, alle gallery e ai video caricati sulla piattaforma.

Indubbiamente l'intelligenza artificiale e gli sviluppi della programmazione tendono a fornire alle aziende soluzioni sempre più efficaci in termini di customer assistance e lead generation.

18. https://www.messenger.com/t/505866706142016.
19. https://www.messenger.com/t/FoxSportsItalia.
20. https://www.messenger.com/t/alfonsino.delivery.
21. https://www.messenger.com/t/Repubblica.

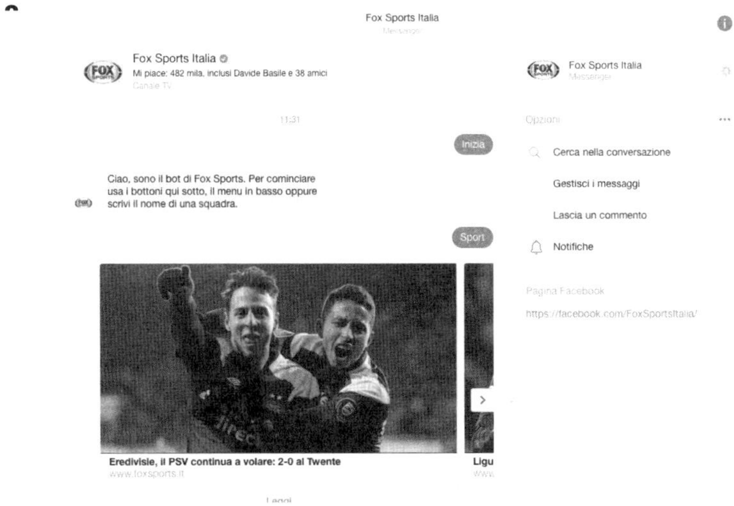

Figura A.10 Chatbot Fox Sports Italia.

Come creare un bot per Facebook Messenger con Chatfuel, senza saper programmare

Per realizzare il proprio bot per Facebook Messenger basta il tool Chatfuel[22], che è una delle piattaforme per la creazione di chatbot più utilizzate e facili da usare. Lanciata nel 2015 dagli sviluppatori russi Dmitry Dumik e Artem Ptashnik permette, al momento, di creare in modo facile e veloce chatbot per Facebook Messenger e Telegram.

Chatfuel (Figura A.11) si pone l'obiettivo primario di consentire a ogni utente di creare un chatbot con un certo livello di intelligenza artificiale, per generare conversazioni con gli utenti. Tra gli altri obiettivi della società c'è anche l'intenzione di operare su altre applicazioni di messaggistica come WhatsApp, Kik, Viber e Slack.

Quindi ecco che oggi la piattaforma Chatfuel non è solo gratuita, ma è il progetto più ambizioso nel panorama degli strumenti per la creazione di bot basilari, adatto a chi non conosce la programmazione e vuole testare un sistema come questo per il proprio business.

La piattaforma dispone di un tutorial a portata di tutti e un sistema intuitivo di creazione del bot (Figura A.12). Basta cliccare su "Get Started for free" nella homepage e collegare la Fanpage per la quale si vuole creare il bot. Chatfuel

22. https://chatfuel.com

permette di scegliere tra 50 lingue disponibili, tra cui italiano, inglese, spagnolo, francese, tedesco e persino il latino, se si vuole. Quello che si deve fare è inserire una parola o una frase e il sistema genera una risposta per quella sequenza specifica.

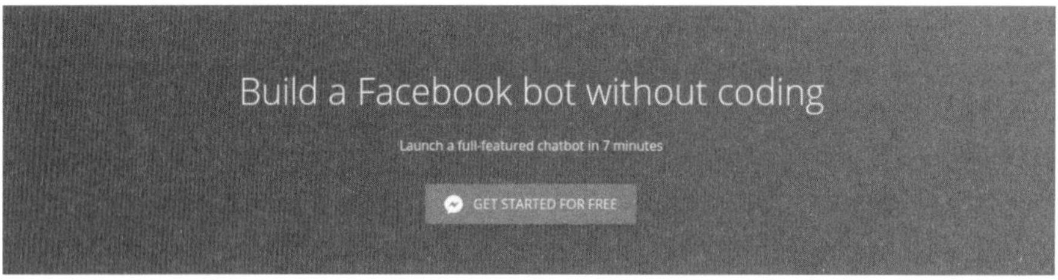

Figura A.11 Schermata iniziale di Chatfuel.

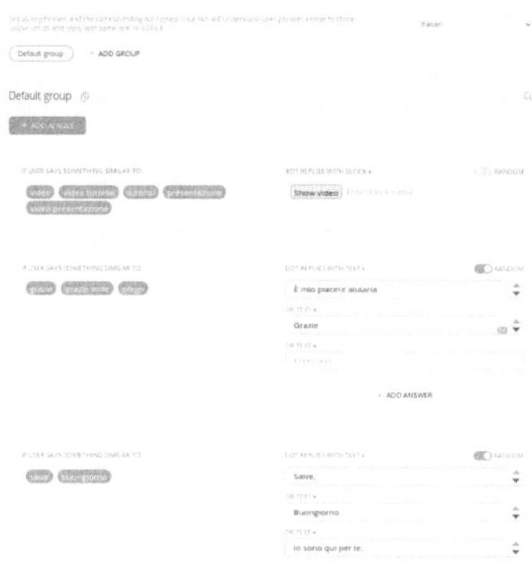

Figura A.12 Impostazioni nel backend di Chatfuel.

Tra le funzioni di Chatfuel c'è anche la possibilità monitorare l'andamento delle interazioni, scoprendo:

1. gli utenti totali che hanno utilizzato il bot;
2. gli utenti nuovi e bloccati ogni giorno;
3. le attività svolte dagli utenti;
4. la fonte di arrivo.